Basiswissen Psychologie

Herausgegeben von
J. Kriz, Osnabrück, Deutschland

Die Lehrbuchreihe im VS Verlag: Das Basiswissen ist konzipiert für Studierende und Lehrende der Psychologie und angrenzender Disziplinen, die Wesentliches in kompakter, übersichtlicher Form erfassen wollen.

Eine ideale Vorbereitung für Vorlesungen, Seminare und Prüfungen: Die Bücher bieten Studierenden in aller Kürze einen fundierten Überblick über die wichtigsten Ansätze und Fakten. Sie wecken so Lust am Weiterdenken und Weiterlesen.

Neue Freiräume in der Lehre: Das Basiswissen bietet eine flexible Arbeitsgrundlage. Damit wird Raum geschaffen für individuelle Vertiefungen, Diskussion aktueller Forschung und Praxistransfer.

Herausgegeben von
Prof. Dr. Jürgen Kriz
Universität Osnabrück

Wissenschaftlicher Beirat:

Prof. Dr. Markus Bühner
Ludwig-Maximilians-Universität
München

Prof. Dr. Thomas Goschke
Technische Universität Dresden

Prof. Dr. Arnold Lohaus
Universität Bielefeld

Prof. Dr. Jochen Müsseler
Rheinisch-Westfälische
Technische Hochschule Aachen

Prof. Dr. Astrid Schütz
Otto-Friedrich-Universität Bamberg

Philipp Yorck Herzberg • Marcus Roth

Persönlichkeitspsychologie

 Springer VS

Prof. Dr. Philipp Yorck Herzberg
Helmut-Schmidt-Universität/Universität
der Bundeswehr Hamburg
Hamburg
Deutschland

Prof. Dr. Marcus Roth
Universität Duisburg-Essen
Essen
Deutschland

ISBN 978-3-531-17897-4   ISBN 978-3-531-93467-9 (eBook)
DOI 10.1007/978-3-531-93467-9

Die Deutsche Nationalbibliothek verzeichnet diese Publikation in der Deutschen Natio-
nalbibliografie; detaillierte bibliografische Daten sind im Internet über http://dnb.d-nb.de
abrufbar.

Springer VS
© Springer Fachmedien Wiesbaden 2014

Lektorat: Eva Brechtel-Wahl, Daniel Hawig

Gedruckt auf säurefreiem und chlorfrei gebleichtem Papier

Springer VS ist eine Marke von Springer DE. Springer DE ist Teil der Fachverlagsgruppe
Springer Science+Business Media
www.springer-vs.de

Für
Marion und Simone

Vorwort

Bene docet, qui bene distinguit
(Gut lehrt, wer die Unterschiede klar darlegt)
(Unbekannter Autor, lateinische Weisheit)

Das Buch wendet sich in erster Linie an Studierende, die im Rahmen des Bachelor-studiums Psychologie Vorlesungen im Fach Persönlichkeitspsychologie besuchen, an Studierende anderer Fachrichtungen mit dem Nebenfach Psychologie sowie Studierendes des Lehramtes mit persönlichkeitspsychologischen Inhalten im Rahmen ihres erziehungswissenschaftlichen Begleitstudiums. Wir möchten vor allem die Neugier für das faszinierende Gebiet der Persönlichkeit wecken und die Leser mit den grundlegenden Fragestellungen der Persönlichkeitspsychologie vertraut machen. Das vorliegende Lehrbuch zeichnet sich dadurch aus, dass es nicht eine Persönlichkeitstheorie an die andere reiht, sondern sich an einem Rahmenmodell orientiert, das nach unserem Verständnis die unterschiedlichen Sichtweisen auf die Persönlichkeit zu strukturieren versucht. In unserer gemeinsam kumulierten Lehrerfahrung von mehr als einem viertel Jahrhundert haben wir des Öfteren von Studierenden zu hören bekommen, dass sie durch das Nebeneinander der vielen Theorien den Eindruck haben, dass in der Persönlichkeitspsychologie eine gewisse Beliebigkeit herrsche und es daher schwer sei, einen Überblick zu gewinnen. Wir hoffen, einen solchen Überblick vermitteln zu können, auch wenn es sich aus diesem Ansatz sowie aufgrund der Vorgaben zum Umfang des Buches zwangsläufig ergibt, dass nicht alle Inhalte des Faches dargestellt werden können, schon gar nicht in der ihnen notwendigen Tiefe. Ob wir den Anspruch, den das Zitat des unbekannten Autors setzt, erfüllen konnten, möge der Leser entscheiden.

Abschließend möchten wir noch darauf hinweisen, dass dieses Buch das gemeinsame Produkt zweier Autoren ist. Die Kap. 1, 2, 5, 8 und 9 wurden von Philipp Yorck Herzberg und die Kap. 3, 4, 6 und 7 von Marcus Roth federführend verfasst. Wir danken dem Herausgeber dieser Reihe, Herrn Prof. Dr. Jürgen Kriz für die

Einladung zu diesem Buch und seine hilfreichen Anmerkungen und Frau Brechtel-Wahl vom VS-Verlag für die geduldige Unterstützung bei der Umsetzung des Buches. Frau Susanne Reichert, Marina Bölck und Frau Sabine Pings danken wir für das Korrekturlesen des Manuskriptes.

Hamburg und Essen im Juni 2013   Philipp Yorck Herzberg

Marcus Roth

Inhaltsverzeichnis

Einleitung 1

Der Gegenstand der Persönlichkeitspsychologie ist das empirische Studium der individuellen Besonderheiten im Erleben und Verhalten des Menschen. Betrachtet man Menschen in Bezug auf körperliche und psychische Merkmale, so wird man feststellen, dass sie einerseits gleich und andererseits auch ganz verschieden sind. Die relative Gleichheit in morphologischen (z. B. Beschaffenheit und Anzahl der Extremitäten und Zähne) und physiologischen Merkmalen ist Ausdruck unserer Artspezifität. Neben dieser artspezifischen Gleichheit besteht eine beträchtliche Variabilität zwischen den Angehörigen einer Gattung. Menschen unterscheiden sich in Größe, Gewicht und ihrer Physiognomie ebenso wie in psychologischen Merkmalen, beispielsweise ihrer Intelligenz, ihrem Wissen, ihren Motiven, ihren Einstellungen und ihren Werthaltungen. Kluckhohn et al. (1953, S. 53) fassen die simultane Gleichheit und Unterschiedlichkeit des Menschen treffend zusammen: Jeder Mensch ist in gewisser Hinsicht a) wie alle anderen Menschen b) wie einige andere Menschen und c) wie kein anderer Mensch.

Zur Beschreibung und Erklärung der Gemeinsamkeiten und Unterschiede der Persönlichkeit gibt es in der Persönlichkeitspsychologie keine einheitliche Theorie, die dem strengen Theoriebegriff der empirischen Wissenschaften entspricht. In der relativ kurzen Geschichte der Persönlichkeitspsychologie wurde eine Vielzahl von Paradigmen entwickelt, die sehr unterschiedliche Perspektiven auf das Erleben und Verhalten von Menschen haben.

Definition: Ein Paradigma ist eine Modellvorstellung, die als allgemein anerkannter Konsens gilt und mit der versucht wird, Phänomene zu erklären.

In Tab. 1.1 sind die wichtigsten Paradigmen der Persönlichkeitspsychologie mit ihren Vertretern aufgeführt. Jedes dieser Paradigmen zeichnet sich durch einen speziellen Blickwinkel auf die Persönlichkeit aus. So betont das psychoanalytische Paradigma die unbewussten Aspekte der Persönlichkeit und vernachlässigt auf der anderen Seite behaviorale Einflüsse, wie beispielsweise Verhaltensänderungen durch Bestrafung oder Beobachtungslernen.

P. Y. Herzberg, M. Roth, *Persönlichkeitspsychologie*, Basiswissen Psychologie, DOI 10.1007/978-3-531-93467-9_1, © Springer Fachmedien Wiesbaden 2014

Tab. 1.1 Die wichtigsten Paradigmen der Persönlichkeitspsychologie

Paradigma	Zentrale Themen	Vertreter
Psychoanalytisches Paradigma	unbewusste Triebe und Bedürfnisse Struktur der Psyche: Es, Ich, Über-Ich Abwehrmechanismen	S. Freud
	Archetypen	C.G. Jung
	Phasen der Identitätsbildung	E. Erikson
Behavioristisches Paradigma	Reiz-Reaktion, Verstärkung, Bestrafung,	B.F. Skinner
	Klassische und operante Konditionierung,	J. Dollard & N. Miller
	Generalisierung, Diskrimination, Shaping, Löschung	R. Sears
Humanistisches Paradigma	Selbstaktualisierung	C. Rogers
	Existenzialismus	V. Frankl
	Subjektives Wohlbefinden, Positive Psychologie	M.E.P. Seligman
Eigenschaftsparadigma	Persönlichkeitseigenschaften, lexikalischer Ansatz, Faktoranalyse	G. Allport R.B. Cattell H.J. Eysenck P.T. Costa & R.R. McCrae
Kognitives und Sozial-kognitives Paradigma	Persönliche Konstrukte Schemata und Skripte Selbstwirksamkeitserwartungen	G. Kelly J. Rotter W. Mischel
Biologisches Paradigma	Temperament, Erregung und Aktivität des Nervensystems, Neurotransmitter, Verhaltensgenetik, Evolution, natürliche Selektion	J.A. Gray C.R. Clonninger R. Plomin D. Buss

Übersicht 1: Paradigmenvielfalt der Persönlichkeitspsychologie
Frage: Warum gibt es unterschiedliche Paradigmen zur Erforschung der Persönlichkeit?

Antwort: Die Vielfalt der Paradigmen und deren unterschiedliche Schwerpunktsetzung erklärt sich einerseits aus den unterschiedlichen Zeitepochen, in denen sie entwickelt wurden und den Einflüssen, den andere Wissenschaftsgebiete, aber auch der Zeitgeist ausübten. Und die unterschiedlichen Paradigmen fokussieren auf verschiedene (Teil-)Aspekte der Persönlichkeit und bieten unterschiedliche Möglichkeiten der Erklärung menschlichen Verhaltens an. Die einzelnen Paradigmen sind auch nicht von anderen Paradigmen abgelöst worden, jedes Paradigma hat seine Anhänger, die die Stärken des favorisierten Paradigmas befürworten. Daher bestehen viele der Paradigmen nebeneinander, wenngleich zu einem Zeitpunkt zumeist ein Paradigma besonders beachtet wird und den Forschungsprozess über eine Zeitspanne dominiert.

Keines der in Tab. 1.1 aufgeführten Paradigmen bezieht sich auf die gesamte Persönlichkeit. Aus diesem Grund sind die meisten Lehrbücher der Persönlichkeitspsychologie entweder chronologisch aufgebaut, d. h. die verschiedenen Paradigmen werden mehr oder weniger umfassend in zeitlicher Reihenfolge, meist beginnend mit der Theorie von S. Freud, gefolgt von C.G. Jung bis hin zu den aktuellen Persönlichkeitsparadigmen dargestellt (z. B. Maltby et al. 2009). Oder Lehrbücher umfassen eine Auswahl persönlichkeitspsychologischer Themen, deren Auswahlkriterien meist vage oder wenig explizit sind.

In Abkehr von den dargestellten chronologischen Konzeptionen bisheriger Lehrbücher verfolgt das vorliegende Lehrbuch eine hierarchische Konzeption, die drei Ebenen der Persönlichkeit unterscheidet: Erstens die der stabilen Persönlichkeitseigenschaften, zweitens die der charakteristischen Adaptationen und drittens die der Einzigartigkeit des Menschen. Diese Ebenen werden in Kap. 2 vorgestellt und dann jeweils in einem eigenen Kapitel ausführlich dargestellt.

Dieser Aufbau soll die unterschiedlichen Paradigmen integrieren und eine ganzheitliche Sicht auf die Persönlichkeit ermöglichen. Viele der klassischen Kontroversen in der Geschichte der Persönlichkeitspsychologie (siehe Kasten) lassen sich durch diese Konzeption auflösen, indem deutlich gemacht wird, dass sich die Kontrahenten auf unterschiedliche Ebenen der Persönlichkeit bezogen haben. Die Kontroversen werden in den passenden Abschnitten des Buches dargestellt und wie bei vielen Kontroversen gilt auch hier der Aphorismus von Moritz Heiman (1966, S. 5): „Die Wahrheit liegt in der Tat zwischen zwei Extremen, aber nicht in der Mitte.". So werden wir zeigen, dass die meisten Kontroversen sich mit einem „sowohl als auch" beantworten lassen und möchten den Aphorismus um die Idee ergänzen, dass die Wahrheit sich oft zwischen den Extremen bewegt und nicht fixieren lässt.

Übersicht 2: Kontroversen der Persönlichkeitspsychologie
Zu den wichtigsten Kontroversen der Persönlichkeitspsychologie gehören
die Auseinandersetzungen um:
- Nomothetik vs. Idiographie
- Person vs. Situation
- Anlage vs.Umwelt (Nature vs. Nurture)
- Stabilität vs. Veränderung

Auf die in Übersicht 2 vorerst nur genannten Kontroversen wird in den entsprechenden Kapiteln eingegangen, z. B. auf die Nomothetik vs. Idiographie Kontroverse in Kap. 3.1.

Ein Rahmenmodell der Persönlichkeit

2

McAdams und Pals (2006) haben ein Rahmenmodell der Persönlichkeit mit dem Ziel aufgestellt, die wichtigsten Theorien und empirischen Ergebnisse zum Verständnis des Menschen zu integrieren. Sie nennen fünf fundamentale Prinzipien zum Verständnis der Persönlichkeit.

Das erste Prinzip bezieht sich auf die evolutionäre Einbettung und die menschliche Natur. Eine integrative Persönlichkeitspsychologie muss die biologischen Wurzeln des Menschen berücksichtigen. Diese Ebene bezieht sich auf die Artspezifität des Menschen und stellt damit den Bezug zu der von Kluckhohn et al. (1953) eingangs beschriebenen Gleichheit aller Menschen her. Diese evolutionär bedingten Universalien umfassen beispielsweise die Fähigkeit zu lernen oder die Bedürfnisse sensu Maslow (1954).

Das zweite Prinzip bezieht sich auf dispositionelle Persönlichkeitseigenschaften. Dispositionelle Persönlichkeitseigenschaften sind breite, nicht konditionale, dekontextualisierte und implizit vergleichende Merkmale, die eine Person in unterschiedlichen Situationen und über die Zeit hinweg immer wieder zum Ausdruck bringt. Gemeint sind relativ globale (im Gegensatz zu sehr spezifischen) Eigenschaften, die das typische (also nicht an spezifische Bedingungen oder Situationen/ Kontexte gebundene) Erleben und Verhalten beschreiben. Diese Eigenschaften erklären die relative interindividuelle Konsistenz und Kontinuität von Verhalten und Gefühlen und erlauben die schnelle Beurteilung eines fremden Menschen bezüglich relevanter Interaktionsmerkmale (Goldberg 1981).

Das dritte Prinzip sind die charakteristischen Adaptationen. Durch die Variationen in den dispositionalen Eigenschaften unterscheiden sich Personen im Hinblick auf zahlreiche motivationale, sozial-kognitive und entwicklungsbezogene Adaptationen, die zeitlich und situativ und/oder auch in sozialen Rollen verankert sind. Zu den charakteristischen Adaptationen zählen Motive, Ziele, Pläne, Werte, Einstellungen, Selbstbilder, spezifische Fertigkeiten und Talente, Bindungsstile, Copingstile, Abwehrmechanismen und viele weitere Aspekte der menschlichen Per-

P. Y. Herzberg, M. Roth, *Persönlichkeitspsychologie*, Basiswissen Psychologie, DOI 10.1007/978-3-531-93467-9_2, © Springer Fachmedien Wiesbaden 2014

sönlichkeit. McAdams (1995; McAdams und Pals 2006) weist darauf hin, dass es im Vergleich zu den dispositionellen Persönlichkeitseigenschaften keine vollständige Inventur der charakteristischen Adaptationen gibt und dass die Unterscheidung zwischen dispositionalen Eigenschaften und charakteristischen Adaptationen nicht immer eindeutig ist. Kennzeichnend für charakteristische Adaptationen ist, dass sie sich über die Zeit verändern, z. B. durch umweltbezogene oder kulturelle Einflüsse und damit auch durch Beratung und Therapie modifiziert werden können. Das zwischen dispositionalen Eigenschaften und charakteristischen Adaptationen unterscheidende Element der Kontextualisierung lässt sich am Vergleich zwischen Neurotizismus und Copingstilen (Lazarus und Folkman 1984) verständlich machen. Das theoretische Konzept des Neurotizismus einer Person kommt ohne Annahmen über zeitliche oder anderen Kontextbedingungen aus. Personen mit hoher Neurotizismusausprägung zeigen über Kontextbedingungen hinweg mit höherer Wahrscheinlichkeit bestimmte, mit dem Konzept des Neurotizismus vereinbare Verhaltensweisen. Im Vergleich dazu ist das Copingverhalten einer Person zeitlich und situativ veränderlich, es ist in der Regel vom Verlauf der Krankheit abhängig. Studien belegen unterschiedliches Copingverhalten am Anfang, während und am Ende einer Erkrankung (z. B. Rösche et al. 2004).

Das vierte Prinzip umfasst die Identität und das Sinnerleben eines Menschen. Identität wird als narrative Identität verstanden, d. h. als eine Lebenserzählung, die eine Person immer wieder erzählt, um die rekonstruierte Vergangenheit und die antizipierte Zukunft in ein mehr oder weniger kohärentes Ganzes zu integrieren und damit Sinn und Bedeutung des eigenen Lebens zu konstruieren. Dieses Prinzip korrespondiert mit der von Kluckhohn et al. (1953) beschriebenen Ebene der Einzigartigkeit des Menschen. Jede Lebensgeschichte ist einmalig und individuell. Trotzdem können Gemeinsamkeiten und Ähnlichkeiten in Lebensgeschichten mit idiographischen Methoden (auf die Untersuchung einzelner Personen bezogene Methoden) untersucht und verglichen werden und gemeinsame Muster identifiziert werden. Obwohl empirische Zusammenhänge der Ebenen der dispositionalen Eigenschaften und charakteristischen Adaptationen zur Identität bestehen (McAdams et al. 2004), lassen sich die individuellen Unterschiede der Identität nicht auf Unterschiede in den dispositionalen Eigenschaften und charakteristischen Adaptationen reduzieren. Das Verständnis eines Individuums benötigt die Kenntnis dieser Person auf allen drei Ebenen, den dispositionalen Eigenschaften und charakteristischen Adaptationen sowie der individuellen Lebenserzählung, die dabei die evolutionären und biologischen Wurzeln und Einflüsse berücksichtigt. Zusätzlich müssen die vielfältigen kulturellen Einflüsse auf diese Ebenen berücksichtigt werden.

Das fünfte Prinzip betont den differentiellen Einfluss der Kultur, die in ganz unterschiedlicher Weise auf die unterschiedlichen Ebenen der Persönlichkeit wirkt.

Der Einfluss der Kultur auf die dispositionalen Eigenschaften ist relativ gering. Die als „Big Five" bezeichneten Dimensionen des Fünf-Faktoren-Modells, auf die in Kap. 5.1 eingegangen wird, lassen sich in fast allen Kulturen und Sprachen nachweisen (McCrae und Terracciano 2005). Zu berücksichtigen ist aber, dass die Kultur den phänotypischen Ausdruck der Eigenschaften moderiert. So drücken Personen kollektiver Kulturen ihre Geselligkeit anders aus als Personen aus individuellen Kulturen, und auch innerhalb dieser Kultureinteilungen bestehen Unterschiede in der Expression der Eigenschaften (Adams 2005; Benet-Martínez und John 1998). Einen stärkeren Einfluss übt die Kultur auf die zeitlichen und inhaltlichen Aspekte der charakteristischen Adaptationen aus, die ja als kulturell, sozial und entwicklungsbedingt kontextabhängig definiert wurden. So führen Veränderungen, z. B. in Lebensumständen oder gesellschaftlichen Anforderungen zu Veränderungen in den charakteristischen Adaptationen (Dixon und Lerner 1999). Beispielsweise ändern sich Ziele und Werte in Abhängigkeit von der verbleibenden Lebenszeit (Lang und Carstensen 2002). Den stärksten Einfluss übt die Kultur auf die narrative Identität aus, indem sie Themen und Plots für die Lebenserzählungen in Form historischer und gesellschaftlicher Kontexte bereitstellt (Abb. 2.1).

Diese fünf grundlegenden Prinzipien ergeben ein integratives Rahmenkonzept zum Verständnis der ganzen Person. Dementsprechend definieren McAdams und Pals (2006):

Übersicht 3 Definition

Persönlichkeit ist die individuelle und einzigartige Variation der genetisch bedingten menschlichen Natur, die sich in einem entwickelnden Muster dispositionaler Eigenschaften, charakteristischer Adaptationen und integrierender Lebenserzählungen herausbildet und in komplexer und differentieller Weise von der Kultur beeinflusst wird.

Trotz einiger Kritikpunkte am integrativen Modell von McAdams und Pals (2006), die dem Unbehagen an Universaltheorien (Wood und Joseph 2007) oder der Orientierung an den Big Five als Prototyp dispositioneller Persönlichkeitseigenschaften (Epstein 2007) geschuldet sind, stellt das Modell von McAdams und Pals eine sinnvolle Basis dar, um die bisherige Forschung zum Verständnis von Persönlichkeit einordnen und bewerten zu können.

Nach unserem Verständnis lassen sich die drei Ebenen hierarchisch betrachten, mit der biologischen Basis als basale Ebene der Persönlichkeit, auf der die charakteristischen Adaptationen aufbauen und die Identität an der Spitze steht. Empi-

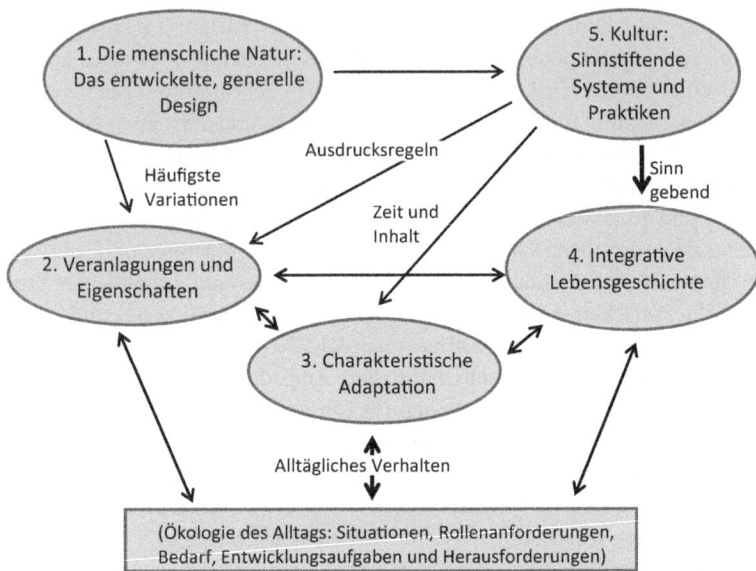

Abb. 2.1 Integratives Modell der Persönlichkeitspsychologie nach McAdams und Pals (2006)

risch werden vielfältige Zusammenhänge zwischen den Ebenen berichtet. So gibt es metaanalytisch gesicherte Zusammenhänge zwischen dispositionellen Persönlichkeitseigenschaften und der Präferenz zu bestimmten Copingstilen (Connor-Smith und Flachsbart 2007), die in Tab. 2.1 dargestellt sind. Ebenso gibt es Zusammenhänge zwischen dispositionellen Persönlichkeitseigenschaften und narrativen Lebensgeschichten. So ist Neurotizismus mit emotional negativ getönten Narrativen assoziiert und Offenheit für neue Erfahrungen mit der strukturellen Komplexität von Narrativen (McAdams et al. 2004).

Tab. 2.1 Zusammenhang von Persönlichkeit und verschiedenen Copingstilen (Meta-Analyse von Connor-Smith und Flachsbart 2007)

	Extraversion	Neurotizismus	Gewissenhaftigkeit	Verträglichkeit	Offenheit
Globale Engagement Copingstrategien					
Engagement	0.15	0.00	0.11	0.05	0.10
Primäre Kontrolle	0.19	−0.06	0.18	0.07	0.11
Sekundäre Kontrolle	0.15	−0.03	0.09	0.07	0.11
Spezifische Engagement Copingstrategien					
Problemlösen	0.20	−0.13	0.30	0.09	0.14
Nutzung sozialer Unterstützung	0.24	−0.01	0.09	0.11	0.06
Kognitive Restrukturierung	0.22	−0.16	0.20	0.14	0.15
Akzeptanz	0.02	−0.10	0.07	0.08	0.07
Emotionsregulierung	0.03	0.00	0.08	0.01	0.06
Ausdruck negativer Emotionen	−0.05	0.41	−0.14	−0.09	0.03
Globale Disengagement Copingstrategien	−0.04	0.27	−0.15	−0.13	−0.02
Spezifische Disengagement Copingstrategien					
Leugnen	−0.02	0.18	−0.17	−0.12	−0.07
Rückzug	−0.05	0.29	0.01	0.08	0.10
Hoffnungsvolles Denken	−0.03	0.35	−	−	0.11
Substanzgebrauch	−0.04	0.28	0.18	−0.18	0.04

Korrelationen 0.10 entsprechen geringen Effektstärken (ES), 0.30 mittleren ES, 0.5 großen ES Zellen mit Bindestrich: Nicht genügend Studien zur Analyse vorhanden.

Geschichte, Gegenstand und zentrale Konzepte der Differentiellen und Persönlichkeitspsychologie

3

3.1 Geschichte der Differentiellen Psychologie

Wie einleitend dargestellt, versteht sich die Persönlichkeitspsychologie als Wissenschaft von den interindividuellen Besonderheiten im Erleben und Verhalten von Menschen. Überlegungen, wie diese Besonderheiten zu beschreiben sind und worauf sie sich zurückführen lassen, finden sich schon recht früh in der Geschichte. Das verwundert nicht, denn seitdem Menschen über sich nachdenken, dürfte auch immer die Frage von Interesse gewesen sein, wieso wir eigentlich so unterschiedlich sind. Frühe Ansätze finden sich vor allem in der Philosophie und in der Medizin. In der griechischen Philosophie dominierten zunächst Überlegungen zur *Persönlichkeitsentwicklung* und zum *Verhältnis von Anlage und Umwelt*. So nahm PLATON an, dass die psychische Anpassung einer Person insbesondere von zwei Prozessen geprägt ist: 1) Im Zuge der persönlichen Entwicklung werden alle Elemente der Seele (Begehren, Mut, Vernunft) der Vernunft untergeordnet. Ziel ist es dabei, zu einem ausgeglichenen Verhältnis dieser psychischen Elemente zueinander zu gelangen. 2) Die hervorstechenden Persönlichkeitsmerkmale werden entsprechend kultiviert, was sich letztendlich auch in einer adäquaten gesellschaftlichen Stellung niederschlägt. Ziel und Folge dieser persönlichen Entwicklung sind für Platon individuelles Glück und eine gerechte Gesellschaft. Platon nahm weiterhin an, dass vor allem die angeborenen Anlagen sowie (untergeordnet) die Erziehung für die Entwicklung der Person und deren Entfaltung entscheidend sind. Auch Platons Schüler Aristoteles sah das Erreichen von Glück und Zufriedenheit von der bestmöglichen Entfaltung individueller Anlagen sowie dem gesellschaftlichen Kontext abhängig.

In der antiken Medizin finden sich demgegenüber erste Ansätze zur Kennzeichnung genuin *interindividueller Unterschiede*, da diese Unterschiede zwischen Menschen im Kontext von Gesundheit und Krankheit besonders offensichtlich hervortreten. Paradigmatisch sei an dieser Stelle die sehr einflussreiche Humoraltheorie von HIPPOKRATES erwähnt. Hippokrates führte sowohl somatische Dispositionen

P. Y. Herzberg, M. Roth, *Persönlichkeitspsychologie*, Basiswissen Psychologie,
DOI 10.1007/978-3-531-93467-9_3, © Springer Fachmedien Wiesbaden 2014

als auch psychisches „Temperament" auf das Mischungsverhältnis von Körperflüssigkeiten zurück. Dabei ordnete er bestimmten Körpersäften (Blut, schwarze Galle, gelbe Galle, Schleim) unterschiedliche Temperamentstypen mit spezifischen Charaktereigenschaften zu: 1) Bei Dominanz des Körpersafts „Blut" liegt der Typus des Sanguinikers vor, der sich durch die Merkmale „positiv gestimmt", „optimistisch", „gesellig und", „emotional" auszeichnet. 2) Das Vorherrschen von „Schwarzer Galle" bestimmt den Charakter des Melancholikers, der als „negativ gestimmt", „pessimistisch" und „ungesellig" beschrieben wird. 3) „Gelbe Galle" dominiert den Choleriker, der als „aktiv", „leicht erregbar" und „unbeherrscht" gilt. 4) „Schleim" überwiegt beim Phlegmatiker mit den Merkmalen „untätig", „schwer erregbar", „langsam". Entscheidend für die Entwicklung von Temperamentsausprägungen waren für Hippokrates sowohl die individuellen Anlagefaktoren als auch die äußeren Umweltbedingungen. Eine Weiterentwicklung erfuhr das Konzept in der Antike durch GALEN, der die vierkategoriale Theorie von Hippokrates weiter ausdifferenzierte, indem er zusätzlich Mischtypen konzeptualisierte und diese in seine Persönlichkeitstheorie integrierte. Galen ging im Rahmen seiner Theorie von einem Zusammenhang zwischen somatischen (auch konkreten physiognomischen) und psychischen Merkmalen aus.

Interessanterweise wurden hiermit bereits Konzepte angesprochen, die wir auch in aktuellen persönlichkeitspsychologischen Ansätzen wiederfinden, wie beispielsweise das „Aktivitätsniveau" oder Merkmale wie „Geselligkeit" und „Impulsivität" (siehe Kap. 5). In den genannten Ansätzen wird der frühe Versuch der Beschreibung, Erklärung und auch der Diagnostik von Charaktereigenschaften deutlich. Allerdings fehlt die *empirische Perspektive* als wesentliches Element der Persönlichkeitspsychologie. Die empirische Verankerung ist dabei insgesamt als entscheidendes Merkmal der wissenschaftlichen Psychologie zu betrachten. So wird als Beginn der wissenschaftlichen Psychologie insgesamt der Zeitpunkt verstanden, an dem zur Untersuchung psychologischer Fragestellungen naturwissenschaftliche Methoden (z. B. Experimente) angewendet wurden – und damit die kontrollierte Beobachtung Einzug in philosophisch-psychologische Forschung gehalten hat. Datiert wird dieser Einzug mit dem Jahre 1879, in dem WILHELM WUNDT in Leipzig das erste Labor für experimentelle Psychologie gegründet hat. Vorherrschend war in seinen Arbeiten allerdings vornehmlich die Analyse universeller psychischer Gesetzmäßigkeiten – interindividuelle Unterschiede zwischen den Probanden wurden als Störquelle interpretiert und waren somit nicht relevant für die Theorienbildung.

Die Untersuchung individueller Unterschiede als eigenständige Teildisziplin innerhalb der Psychologie wurde von WILLIAM STERN begründet. In seinem im Jahre 1911 publizierten Werk „Die Differentielle Psychologie und ihre methodischen Grundlagen" legte Stern den Grundstein für unser Fach, indem er eine Methodologie zur Erfassung von Person und Persönlichkeit vorlegte. Stern sprach von „Differentieller Psychologie" um die Unterschiede zu betonen, die zwischen Menschen und zwischen Merkmalen von Menschen existieren (siehe hierzu Übersicht 4).

Übersicht 4 Differentielle Psychologie und Persönlichkeitspsychologie
In verschiedenen Darstellungen finden wir die Bezeichnungen „Differentielle Psychologie" und „Persönlichkeitspsychologie" teilweise synonym manchmal aber auch mit unterschiedlicher inhaltlicher Schwerpunktsetzung verwendet. Letzterer Ansatz betont in dem auf Stern zurückgehenden Begriff der *Differentiellen Psychologie* vor allem die Unterschiede zwischen Menschen. Angesprochen sind also solche Merkmale, die Menschen voneinander unterscheiden. Hierzu zählen beispielsweise Merkmale wie „Aggressivität", „Geselligkeit" oder „Intelligenz". Eine enge Verbindung besteht dabei zur Psychologischen Diagnostik, da das Erkennen und Abgrenzen von unterschiedlichen persönlichen Merkmalen immer auch in Verbindung mit Möglichkeiten der Messung dieser unterschiedlichen Merkmale betrachtet wird. Gegenüber der Betrachtung der interindividuellen Differenzen im Bereich der Differentiellen Psychologie wird in der *Persönlichkeitspsychologie* oftmals der Fokus auf die Einmaligkeit der Person gerichtet. Dabei wird inhaltlich der Schwerpunkt auf umfassende theoretische Systeme gesetzt, die fundamentale Strukturen und Prozesse des Individuums und damit dessen Einmaligkeit zum Gegenstand haben. Diese umfassenden Systeme werden gemeinhin als Persönlichkeitstheorien beschrieben. Beide Perspektiven – die Beschreibung interindividueller Differenzen sowie die Fokussierung auf umfassende Persönlichkeitstheorien – können allerdings auch als zwei Seiten einer Medaille betrachtet werden: Nehmen wir als Beispiel das Fünf-Faktoren-Modell (vgl. Kap. 5.1): Dieses Modell stellt den Versuch dar, die menschliche Persönlichkeit umfassend auf fünf grundlegenden Dimensionen zu beschreiben und lässt sich insofern der Persönlichkeitspsychologie zuordnen. Andererseits ermöglichen die einzelnen Dimensionen des Modells (z. B. Verträglichkeit oder Offenheit) Unterschiede zwischen Menschen zu entdecken und gehören daher in den Bereich der Differentiellen Psychologie. Es erscheint daher wenig sinnvoll, zwischen beiden Bezeichnungen zu unterscheiden, so dass es sich in den letzten Jahren durchgesetzt hat, die Bezeichnungen Differentielle Psychologie und Persönlichkeitspsychologie synonym zu verwenden.

Stern (1911) unterschied zwischen vier Forschungsfragestellungen bzw. Teilgebieten der Differentiellen Psychologie (Variationsforschung, Korrelationsforschung, Psychographie, Komparationsforschung), die er an einem Schema veranschaulicht. Dabei sollen die Großbuchstaben in senkrechter Anordnung für Personen und die Kleinbuchstaben in waagerechter Anordnung für einzelne Merkmale der Personen stehen (vgl. Abb. 3.1).

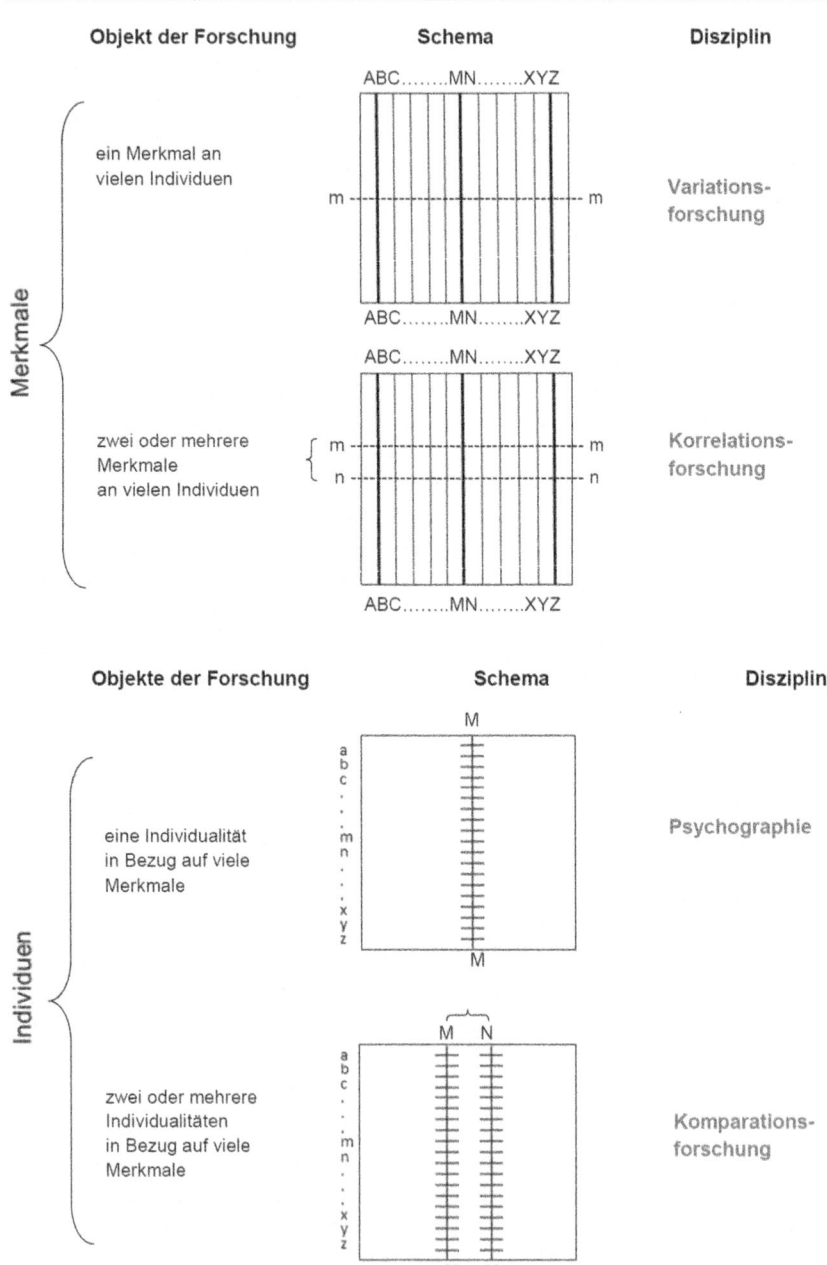

Abb. 3.1 Teilgebiete der Differentiellen Psychologe nach Stern (1911)

In der *Variationsforschung* wird ein Merkmal an vielen Individuen untersucht und damit die Verteilung dieses Merkmals in dieser Gruppe bestimmt. Dabei wird angenommen, dass alle untersuchten Individuen dieses Merkmal aufweisen und sich lediglich hinsichtlich der Ausprägung dieses Merkmals voneinander unterscheiden. Als Beispiel sei die Studie von Roth, Hammelstein und Brähler (2007) genannt, in der die Verteilung des Merkmals „Sensation Seeking" in einer repräsentativen Bevölkerungsstichprobe untersucht wurde (siehe Übersicht 5).

Übersicht 5 Die Verteilung des Merkmals „Sensation Seeking"

Sensation Seeking wird als Bedürfnis nach Stimulation verstanden, wobei davon ausgegangen wird, dass sich Menschen in diesem grundlegenden Bedürfnis zeitstabil voneinander unterscheiden. Um festzustellen, ob die Sensation-Seeking-Ausprägung mit zunehmendem Alter tatsächlich abnimmt (bei weiterhin bestehenden interindividuellen Differenzen), untersuchten Roth et al. (2007) die Verteilung des Merkmals in einer repräsentativen Stichprobe von 2.339 Deutschen im Alter von 14 bis 17 Jahren. Hierzu wurde den Probanden das Need Inventory of Sensation Seeking (NISS), (Roth und Hammelstein 2012) vorgelegt, das aus 17 Selbstaussagen besteht und in Kap. 3.2.1 abgebildet ist. Nachfolgende Abb. 3.2 zeigt die Verteilung der Sensation-Seeking-Werte in der untersuchten Stichprobe.

Den Befunden zufolge nimmt das Bedürfnis nach Stimulation mit zunehmendem Alter deutlich ab, wobei Männer generell leicht höhere Werte gegenüber den Frauen aufweisen.

Abb. 3.2 Ausprägung des Merkmals „Sensation Seeking" bei Personen im Alter zwischen 14 und 79 Jahren (Roth et al. 2007)

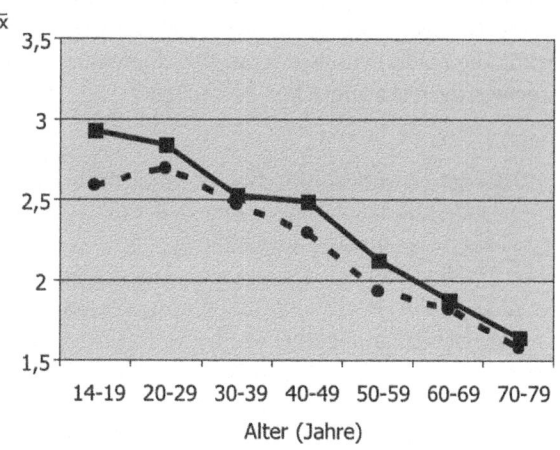

Die *Kovariationsforschung* erweitert diese Perspektive: Analysiert wird hierbei, inwieweit zwei oder mehr Merkmale, die an verschiedenen Individuen untersucht wurden, miteinander zusammenhängen (kovariieren oder korrelieren). Der Grad des Zusammenhangs wird dabei in der Regel durch einen Korrelationskoeffizienten ausgedrückt. Beispiele hierzu wären der Zusammenhang zwischen Intelligenz und Schulerfolg oder zwischen Neurotizismus und Lebenszufriedenheit. Dieser Ansatz wird ausführlicher in Kap. 4 vorgestellt.

Während die Variations- und Kovariationsforschung primär auf Variablen, d. h. deren Verteilung und Zusammenhang, fokussieren, steht bei den beiden folgenden Forschungsstrategien nach Stern (1911) eine personenbezogene, d. h. eine ganzheitlichere Betrachtungsweise im Vordergrund. In der *Psychographie* wird eine einzige Person in Bezug auf viele verschiedene Merkmale untersucht. Diese Untersuchungsstrategie kommt primär in der angewandten Psychologie vor. Beispielsweise im Rahmen eines Gutachtens, das über eine Person zur Frage ihrer Fahrtauglichkeit erstellt wird.

Die *Komparationsforschung* erweitert diesen Ansatz. Hierbei werden viele verschiedene Merkmale an zwei oder mehr Personen untersucht, die hinsichtlich dieser Merkmale miteinander verglichen werden. Als Beispiel für diese ebenfalls primär in der praktischen Anwendung anzutreffende Untersuchungsstrategie wäre die Personalauswahl zu nennen: Bei zwei oder mehr Bewerbern würde eine Vielzahl von Merkmalen (z. B. soziale Kompetenz, Fachwissen, Führungskompetenz) erfasst und anschließend basierend auf dem Vergleich der Einzelmerkmale eine Auswahl getroffen.

Variations- und Kovariationsforschung werden als nomothetische (d. h. an allgemeinen Gesetzmäßigkeiten orientierte), Psychographie und Komparationsforschung als idiographische (d. h. auf den Einzelfall bezogene) Forschungsstrategien betrachtet (vgl. Übersicht 6). Auf das Verhältnis beider wird in Kap. 7 eingegangen. Es sei an dieser Stelle bereits erwähnt, dass in der Persönlichkeitsforschung eindeutig die nomothetischen Strategien dominieren (wie übrigens in der gesamten gegenwärtigen akademischen Psychologie).

Übersicht 6 Idiographischer vs. nomothetischer Forschungsansatz
Die individuellen Besonderheiten eines Individuums können unter zwei Perspektiven beschrieben werden:

Unter der ersten Perspektive wird das Individuum hinsichtlich seiner *Vergleichbarkeit mit anderen* beschrieben. Die Beschreibung einer Person geschieht daher mit Hilfe solcher Merkmale, die für alle Personen Gültigkeit haben, also genereller Natur sind. Als Beispiele wären hier die Dimensionen des Fünf-Faktorenmodells (vgl. Kap. 5) zu nennen, ebenso wie Dimensionen des Selbstkonzeptes oder Werthaltungen (vgl. Kap. 6). Allgemeingültig wären hierbei die Beschreibungsdimensionen; die individuelle Charakteristik ergibt sich aus dem Merkmalsprofil, welches die Ausprägungen der Individuen auf den Merkmalen beschreibt. Allerdings lässt sich damit die Einzigartigkeit eines Individuums nur schwach abbilden, da die Persönlichkeitsdimensionen, anhand derer Personen verglichen werden, starke Abstraktionen darstellen und gleiche Merkmalsprofile als identische Charakteristiken betrachtet werden. Für diese Beschreibungsart hat sich der Begriff *„nomothetisch"* eingebürgert. Der griechische Begriff „nomos" (νόμος) steht für „Gesetz" oder „Brauch"; nomethetisch bezeichnet daher die Beschreibung eines Menschen unter allgemeinen Gesetzmäßigkeiten, im speziellen hier: die generellen, für alle Individuen gültigen Persönlichkeitsmerkmale.

Unter der zweiten Perspektive wird das Individuum hinsichtlich seiner *Unvergleichbarkeit*, beschrieben. Dabei stehen solche Aspekte im Zentrum der Betrachtung, die das Individuum als einzigartig kennzeichnen. Diese Merkmale müssen somit nicht genereller Natur sein, sondern treffen im Idealfall nur auf eine einzige Person zu. Vertreter dieses Ansatzes gehen davon aus, dass Individuen nicht anhand des gleichen Merkmalssatzes beschrieben werden können, da keine Beschreibungsdimensionen existieren, die auf alle Personen gleichermaßen zutreffen. Entsprechend müssen zur Analyse der individuellen Persönlichkeit auch Methoden gewählt werden, die es erlauben „Einzigartigkeit" abzubilden. Für diese Zugangsweise hat sich der Begriff *„idiographisch"* eingebürgert. Das griechische Wort „idios" (ἴδιος) bedeutet „einzigartig" oder „eigentümlich"; idiographisch bezeichnet daher die Beschreibung eines Menschen, bei der versucht wird, den Einzelfall anhand seiner charakteristischen Einmaligkeit abzubilden.

Abschließend sollte nicht unerwähnt bleiben, dass neben den Arbeiten von Stern eine zweite Strömung innerhalb der Psychologie wesentlich zur Entwicklung der Differentiellen und Persönlichkeitspsychologie beigetragen hat: die psychologische Diagnostik. Zu nennen sind hier die Ende des 19. Jahrhunderts von Cattell (1890) entwickelten „mental tests" zur Messung von Leistungs- und Intelligenzunterschieden, die von Binet und Simon (1905) im Auftrag des französischen Kultusministeriums entwickelten Tests zur Messung der geistigen Fähigkeiten eines Kindes im Vergleich zur Gruppe der Gleichaltrigen und schließlich der von Woodworth

(1918) im Laufe des ersten Weltkrieges entwickelte „Personal Data Sheet", dessen Ziel darin bestand, solche Rekruten zu identifizieren, die aufgrund ihrer Persönlichkeit für den Kriegsdienst ungeeignet erschienen.

3.2 Gegenstand der Differentiellen Psychologie

Die von Stern (1911) postulierte Systematik der Differentiellen Psychologie wird auch gegenwärtig noch als wertvolle Hilfe zur Strukturierung der Persönlichkeitsforschung betrachtet. Allerdings spezifizierte Stern in seinem Personen und Merkmale umfassenden Schema nicht hinsichtlich der zeitlichen und situativen Perspektive, die zentral für das Verständnis von Persönlichkeit ist. So wäre bei Stern beispielsweise auch das einmalige Auftreten von Müdigkeit als Merkmal betrachtet worden. Dieser Problematik hat Cattell (1946) Rechnung getragen, indem er eine dritte Dimension (neben den Personen und Merkmalen) einführte: die Messgelegenheiten. Demnach sollen der Persönlichkeit zugeordnete Merkmale sich dadurch auszeichnen, dass sie stabil über verschiedene Messgelegenheiten (d. h. unabhängige Messungen eines Merkmals zu verschiedenen Zeitpunkten) sind. Diese Stabilität kann sowohl als *Stabilität über die Zeit* (Messungen zu unterschiedlichen Zeitpunkten) wie auch als *Stabilität über Situationen* (Messwiederholungen in unterschiedlichen Situationen) aufgefasst werden. Gegenstand der Persönlichkeitspsychologie sind damit Untersuchungen von psychischen Funktionen und Dispositionen, die 1) interindividuell zwischen Personen variieren, 2) eine Stabilität über die Zeit aufweisen und schließlich 3) über verschiedene Situationen hinweg konsistent sind.

Analog zu den allgemeinen Aufgaben der Psychologie besteht die Aufgabe der Persönlichkeitspsychologie im Speziellen darin, diese interindividuellen, zeit- und situationsstabilen Merkmale zu beschreiben, zu erklären, vorherzusagen und zu verändern:

1. Die *Beschreibung* dessen, worin überhaupt wesentliche interindividuelle Unterschiede zwischen Menschen bestehen, ist eine Hauptaufgabe der Persönlichkeitspsychologie. Hierzu wurden mehrere, umfassende Beschreibungssysteme, wie beispielsweise das Fünf-Faktoren-Modell (siehe Kap. 5.1) entwickelt.
2. Daran schließt sich die Frage nach einer *Erklärung* dafür an, wieso wir eigentlich so unterschiedlich sind. Angenommen werden dabei sowohl Einflussfaktoren aus der Umwelt (z. B. das elterliche Erziehungsverhalten) als auch genetische Ursachen. Die Frage, welchen zur Umwelt relativen Einfluss die Gene haben, steht seit vielen Jahrzehnten im Zentrum persönlichkeitspsychologischer Forschung. Zur Beantwortung dieser Frage werden sowohl Zwillings- und Adoptionsstudien als auch molekulargenetische Studien durchgeführt.

3. Damit Persönlichkeitsunterschiede überhaupt von Bedeutung sind, müssen diese zur *Vorhersage* des menschlichen Erlebens und Verhaltens beitragen. So ist es genuines Bemühen der Persönlichkeitspsychologie zu zeigen, dass die festgestellte Unterschiedlichkeit zwischen Personen in ihrer Persönlichkeit dazu beiträgt, vorherzusagen, wie sich diese Personen in zukünftigen Situationen verhalten. Typische Fragestellungen können dabei sein: Wie gut lässt sich aufgrund der Gewissenhaftigkeit einer Person ihr Studien- oder Berufserfolg vorhersagen? Welche Personenmerkmale sind entscheidend, um eine zufriedene Partnerschaft zu prognostizieren? Lässt sich bei straffälligen Personen anhand ihrer Persönlichkeit abschätzen, ob diese rückfällig werden?

4. Schließlich ist die *Veränderung* von Persönlichkeit oftmals indiziert, wenn Studien zeigen, dass bestimmte Ausprägungen in einzelnen Persönlichkeitsmerkmalen oder bestimmte Persönlichkeitsprofile eher dysfunktional für die Person oder die Gesellschaft sind – und damit Leidensdruck für eine von beiden (oder beide) verursachen. Dieser Teilbereich, indem es um das oftmals schwierige Unterfangen der Veränderung von zeitstabilen Erlebens- und Verhaltensweisen der Persönlichkeit geht, ist allerdings vorrangig in der Klinischen Psychologie, aber auch im Bereich des Coachings und Trainings verortet.

3.3 Zentrale Konzepte der Differentiellen und Persönlichkeitspsychologie

In der Persönlichkeitspsychologie existieren einige zentrale Konzepte und Begriffe, die abschließend zu diesem Kapitel kurz genannt und beschrieben werden sollen:

Individuum: Zurückgehend auf das lateinische Verb „dividere", das soviel bedeutet, wie „zerlegen von etwas Ganzem in seine Teile" und der invertierenden Vorsilbe „in", betont der Begriff des Individuums die Einzigartigkeit der Person. Angesprochen ist damit auch eine ganzheitliche Perspektive auf menschliches Erleben und Verhalten.

Persönlichkeit: Person geht auf das lateinische Substantiv „persona" zurück und bezeichnet die „Maske", die in der Antike von Schauspielern getragen wurde, um die Rolle anzunehmen, die sie spielen wollten – womit die „Persönlichkeit" auf die Rolle übertragen wurde. In der Psychologie wird unter „Persönlichkeit" zumeist die Gesamtheit aller Merkmale, die eine Person zeitstabil kennzeichnen und unverwechselbar machen, verstanden. Solche Merkmale können sowohl Temperaments-merkmale (wie Extraversion), wie auch Fähigkeiten (z. B. Intelligenz), Bedürfnisse,

Einstellungen und Werthaltungen sein. Bei manchen Autoren findet sich allerdings eine Bedeutungseingrenzung des Begriffes nur auf solche Merkmale, die den Verhaltensstilen zugerechnet werden (d. h. den Temperamentsmerkmalen).

Temperament: Der Begriff leitet sich von dem lateinischen Verb „temperare" her, was soviel bedeutet wie „mäßigen", „etwas ins richtige Maßverhältnis setzen". In der wissenschaftlichen Psychologie wird der Begriff einerseits als Basis der Persönlichkeit betrachtet, der recht früh beobachtbar und (noch) nicht ausdifferenziert ist (z. B. wird unter dieser Perspektive auch einem Baby oder einem Hund ein Temperament zugesprochen). Anderseits wird die Bezeichnung verwendet, um eine spezifische Klasse von Persönlichkeitseigenschaften zu bezeichnen. Bei dieser Sichtweise handelt es sich bei Temperamentsmerkmalen um solche Eigenschaften, die Formaspekte des Verhaltens beschreiben, also *wie* sich eine Person verhält (z. B. gesellig, aggressiv).

Charakter: Charakter leitet sich her vom griechischen Verb „χαραττω" und bedeutet soviel wie „ich schärfe, spitze, grabe ein". Charakter ist eine umgangssprachliche Bezeichnung für Persönlichkeit und im Unterschied zum Begriff der Persönlichkeit oftmals wertend gebraucht (z. B. „schwacher Charakter", „charakterlos"). In der gegenwärtigen wissenschaftlichen Psychologie wird diese Bezeichnung nicht mehr verwendet.

Eigenschaft und Disposition: Eine Persönlichkeitseigenschaft ist gleichzusetzen mit dem Begriff „Persönlichkeitsmerkmal". Gemeint sind hiermit alle Merkmale einer Person, die, wie oben beschrieben, interindividuell variieren, zeitstabil und transituativ konsistent sind. Im Englischen wird hierfür die Bezeichnung „trait" verwendet. Abgegrenzt werden Eigenschaften von Zuständen, anhand derer Menschen sich nur kurzfristig voneinander unterscheiden (z. B. Müdigkeit, Freude). Persönlichkeitsmerkmale sind nicht beobachtbar, sondern werden aus dem Verhalten erschlossen werden (z. B. wird bei einem Schüler aufgrund der mehrfachen Beobachtung, dass er in Streitigkeiten mit Klassenkameraden gerät und dem Lehrer gegenüber lautstark Gegenpositionen vertritt, vermutet, dass das Merkmal „Aggressivität" bei ihm hoch ausgeprägt ist). Persönlichkeitsmerkmale sind also latente Konstrukte. Diesen Sachverhalt betont der Begriff der „Disposition": Angenommen wird also, dass hinter einem bestimmten Verhalten einer Person ein Persönlichkeitsmerkmal steht, welches ihn genau zu diesem Verhalten veranlasst – und damit eine Tendenz zu diesem Verhalten beschreibt.

Persönlichkeitstypus: Die Bezeichnung „typus" steht im Lateinischen für „Form, Figur, Ausprägung". In der wissenschaftlichen Psychologie wird hierunter einerseits ein abstraktes, auf oberster Ebene in einer hierarchischen Struktur befindliches Persönlichkeitsmerkmal verstanden, welches verschiedene Einzelmerkmale zusammenfasst. Neben der Bezeichnung einer bestimmten Art von Variablen wird der Begriff auch personenorientiert verwendet, indem darunter eine Gruppe von Personen verstanden wird, die sich hinsichtlich ihrer Ausprägung in verschiedenen Persönlichkeitsmerkmalen ähnlich sind, also ein ähnliches Merkmalsprofil aufweisen. Im Folgenden wird der Begriff ausschließlich mit zweiter Bedeutung verwendet. Ein Beispiel für Persönlichkeitstypen findet sich in Kap. 5.1.2.4).

Methoden der Persönlichkeitspsychologie

4

4.1 Untersuchungsmethoden: Strategien wissenschaftlicher Forschung in der Persönlichkeitspsychologie

In der Persönlichkeitspsychologie werden drei voneinander unterscheidbare Forschungsansätze angewendet, aufgrund deren Einsatzes Befunde mit divergierendem Gültigkeits- und Erklärungsanspruch resultieren. Es handelt sich dabei um (1) Zusammenhangs- resp. Korrelationsstudien, (2) Experimentelle Untersuchungen und (3) Einzelfallstudien. Oftmals bestimmt die Fragestellung einer Untersuchung, oder aber auch das Paradigma, in dessen Kontext eine spezielle Fragestellung verortet ist (vgl. Kap. 1.), welcher Forschungsansatz gewählt wird.

4.1.1 Zusammenhangs- resp. Korrelationsstudien

Zusammenhangs- resp. Korrelationsstudien stellen in der Persönlichkeitsforschung die am häufigsten gewählte Untersuchungsstrategie dar. Dies liegt zumeist darin begründet, dass wesentliche Voraussetzungen für experimentelle Designs in der Persönlichkeitspsychologie oftmals nicht gegeben sind. (ausführlicher Kap. 4.1.2).

Zusammenhangsstudien geben darüber Auskunft, in welchem Ausmaß zwei oder mehr Variablen (z. B. Persönlichkeitseigenschaften) in einer definierten Population (z. B. Jugendlichen) kovariieren, d. h. größere Werte der einen Variable zusammen mit größeren Werten der anderen Variable auftreten. Entsprechende Fragen könnten beispielsweise lauten: Sind schüchterne Menschen auch ängstlicher? Besteht ein Zusammenhang zwischen dem Ausmaß der Lebenszufriedenheit und der Höhe des Einkommens?

Der Untersuchungsplan einer Zusammenhangsstudie ist vergleichsweise einfach. Beschrieben werden zwei Variablen, die im Untersuchungskontext von In-

P. Y. Herzberg, M. Roth, *Persönlichkeitspsychologie*, Basiswissen Psychologie,
DOI 10.1007/978-3-531-93467-9_4, © Springer Fachmedien Wiesbaden 2014

teresse sind (z. B. Schüchternheit und Ängstlichkeit), anschließend wird deren Zusammenhang analysiert. Die häufig synonym für Zusammenhangsstudien verwendete Bezeichnung „korrelative Studie" gründet sich auf die statistische Größe, die häufig zur Beschreibung der Relation zwischen zwei Variablen berechnet wird, den *Korrelationskoeffizient (r)*. Dieses statistische Maß drückt zum einen die Enge eines *linearen* Zusammenhangs zwischen zwei Variablen und zum anderen die Richtung dieses Zusammenhangs aus. Der Wert kann zwischen $r = +1.00$, was einen perfekten positiven Zusammenhang darstellt, und $r = -1.00$ (perfekter negativer Zusammenhang) variieren. Ein Wert von $r = 0$ drückt aus, dass kein systematischer Zusammenhang zwischen beiden Variablen besteht, wir also von der Ausprägung der einen Variablen keinen Rückschluss auf die Ausprägung der anderen Variablen ziehen können. In unserem Beispiel könnte so ein mittlerer Zusammenhang zwischen „Schüchternheit" und „Ängstlichkeit" von $r = 0.40$ existieren, was bedeutet, dass Personen mit hohen Schüchternheitswerten dazu tendieren auch hohe Ängstlichkeitswerte aufzuweisen und Personen mit niedrigen Schüchternheits- auch eher niedrige Ängstlichkeitswerte haben. Da der Zusammenhang jedoch deutlich unterhalb von $r = 1$ liegt, lässt sich im Einzelfall vom Ausmaß der Schüchternheit nicht direkt auf das der Ängstlichkeit schließen; diesbezügliche Aussagen können nur in Termini der Wahrscheinlichkeit erfolgen.

Zusammenhangsstudien weisen einen entscheidenden Nachteil auf: Sie lassen keine kausale Interpretation zu. So kann die Korrelation zwischen Schüchternheit und Ängstlichkeit einerseits bedeuten, dass Schüchternheit Ängstlichkeit verursacht, andererseits aber ebenso, dass Ängstlichkeit Schüchternheit bedingt. Und schließlich ist auch eine dritte Interpretation dieses Zusammenhangs möglich, wonach keine der beiden Variablen als verursachender Faktor anzunehmen ist, sondern das Auftreten beider Variablen gemeinsam durch eine dritte unbekannte Variable verursacht wird (wodurch sich ihr gemeinsames Auftreten erklärt). Da Korrelationen somit lediglich Zusammenhänge beschreiben, aber keine Kausalität implizieren, ist ihr Erklärungswert nicht allzu hoch. Allerdings kommt der korrelativen Methode aufgrund bestimmter Bedingungen der Persönlichkeitsforschung ein besonderer Stellenwert zu (vgl. Kap. 4.1.2) – insbesondere einer speziellen korrelativen Methode, nämlich der Faktoranalyse (siehe Übersicht 7).

Übersicht 7: Die Faktoranalyse in der Persönlichkeitsforschung

Eine Faktorenanalyse ist ein datenreduzierendes Verfahren und stellt einen Oberbegriff für unterschiedliche statistische Techniken dar, in denen Korrelationsmuster zwischen quantitativen Variablen analysiert werden. Ihr Ziel besteht darin, eine Vielzahl von Variablen auf eine kleinere Anzahl von

Variablen, die sogenannten „Faktoren", zu reduzieren, die den gleichen Sachverhalt kürzer beschreiben als die Vielzahl. Diese Faktoren setzten sich aus Gruppen von einzelnen Variablen zusammen, die miteinander hoch korrelieren. Prinzipiell gilt dabei: Variablen, die zum selben Faktor gehören, sollen untereinander möglichst hoch, Variablen die zu unterschiedlichen Faktoren gehören, möglichst niedrig miteinander korrelieren. Ziel der Faktoranalyse ist es, voneinander weitgehend unabhängige Beschreibungsdimensionen zu ermitteln, welche die korrelativen Zusammenhänge zwischen den Variablen möglichst vollständig erklären.

In der Persönlichkeitspsychologie kommt diesem Verfahren eine besondere Bedeutung zu, da mittels dieser Technik über die letzten Jahrzehnte hinweg die Frage zu beantworten versucht wurde, anhand wievieler grundlegender, ineinander nicht mehr überführbarer Grunddimensionen die menschliche Persönlichkeit zu beschreiben ist. Die prominentesten Vertreter dieses Ansatzes (Cattell 1965; Eysenck und Eysenck 1969; Guilford 1959) werden daher interessanterweise auch als Faktoranalytiker bezeichnet. Auch das gegenwärtig dominierende Fünf-Faktoren-Modell (siehe Kap. 5.1) ist ein faktoranalytisches Persönlichkeitsmodell. Wenngleich auf den ersten Blick faktoranalytische Persönlichkeitskonzeptionen methodisch-statistisch am stringentesten konzeptualisiert zu sein scheinen, so basieren faktoranalytische Berechnungen doch auf einer Reihe höchst subjektiver Entscheidungen, die unter anderem auch für die Unterschiedlichkeit der Ansätze in diesem Bereich verantwortlich sein dürften. Hierzu zählen zum einen die Auswahl der speziellen Faktoranalysemethode, zum anderen die Festlegung der Faktorenanzahl und schließlich auch die Interpretation der gewonnenen Faktoren (Sedlmeier und Renkewitz 2008).

4.1.2 Experimentelle Untersuchungen

Im Unterschied zu Zusammenhangsstudien, anhand derer keine Ursache-Wirkung-Beziehungen ermittelt werden können, dienen experimentelle Studien der Analyse von Kausalrelationen zwischen zwei oder mehreren Variablen. Experimentelle Studien gehen damit einen Schritt weiter als Korrelationsstudien und fragen, unter welchen Bedingungen bestimmte Zusammenhänge auftreten. Hierzu werden verursachende und beeinflusste Variablen eingeteilt, wobei versucht wird, die beeinflussten Variablen aus den verursachenden zu erklären. Zur Überprüfung solcher *Kausalhypothesen* zeichnen sich experimentelle Untersuchungen durch zwei wesentliche Merkmale aus:

a. *Unterscheidung von unabhängigen und abhängigen Variablen und deren Operationalisierung.* In experimentellen Studien wird bei den beteiligten Variablen a priori festgelegt, welche Variablen unabhängige (UV) und welche abhängige Variablen (AV) sind. Die unabhängigen Variablen sind dabei diejenigen, von denen angenommen wird, dass sie einen Einfluss auf die abhängigen Variablen ausüben. Würde beispielsweise die Hypothese überprüft, dass Lärmbelästigung einen Einfluss auf die Konzentrationsleistung bei Schülern ausübt, so wäre in diesem Beispiel die Lärmbelästigung die unabhängige Variable und die Konzentrationsleistung die abhängige Variable. Beide Variablen müssen für die Untersuchung operationalisiert werden, wobei die unabhängige Variable manipuliert und die abhängige Variable erfasst wird. In unserem Beispiel könnte die Lärmbelästigung (die UV) im einfachsten Fall durch drei Stufen realisiert werden, in denen an der Untersuchung teilnehmende Schüler entweder keinen (Gruppe 1) oder aber starken Geräuschen (Gruppe 2) ausgesetzt werden. Die Konzentrationsleistung (die AV) könnte durch einen Konzentrationstest operationalisiert werden, beispielsweise dem Aufmerksamkeits- und Belastungstest d2-R (Brickenkamp et al. 2010). Dabei würden den Schülern während der Geräuschdarbietung Zeilen mit den Buchstaben p und d, die mit jeweils einem bis drei Strichen gekennzeichnet sind, vorgegeben und die Teilnehmer müssten jeweils die d's diskriminieren, die zwei Striche aufweisen. Anschließend würde anhand der Anzahl der korrekten Markierungen die Konzentrationsleistung jedes Untersuchungsteilnehmers bestimmt und beide Gruppen miteinander verglichen.

b. *Kontrolle von Störvariablen.* Um sicherzustellen, dass die Ausprägung der abhängigen Variable (im Beispiel die Konzentrationsleistung) tatsächlich durch die unabhängige Variable (die Lärmbelästigung) vorhergesagt wird und damit eine eindeutige Ursache-Wirkungsaussage getroffen werden darf, müssen Alternativerklärungen möglichst ausgeschlossen werden. Dies wird z. B. über eine Randomisierung erreicht: Beim Randomisieren werden die Untersuchungsteilnehmer per Zufall den experimentellen Bedingungen zugeteilt. In unserem Beispiel könnte durch Los entschieden werden, welcher Schüler die Konzentrationsaufgaben ohne Geräuschdarbietung (Gruppe 1) und welcher diese mit Geräuschdarbietung (Gruppe 2) bearbeitet. Dadurch soll erreicht werden, dass alle anderen Variablen, die ebenfalls einen Einfluss auf die abhängige Variable ausüben können (z. B. Temperatur im Raum, Tageszeit) konstant gehalten werden, d. h. zwischen beiden Gruppen nicht variieren.

Wenn Untersuchungsteilnehmer unter einer experimentellen Bedingung anders reagieren als unter einer anderen, in unserem Fall beispielsweise eine schlechtere Konzentrationsleistung zeigen, wenn sie unter Geräuschdarbietung gearbeitet haben, dann lässt sich annehmen, dass die unabhängige Variable, die manipuliert wurde (hier die Geräuschdarbietung) *ursächlich* für das erfasste Verhalten (hier die Konzentrationsleistung) verantwortlich ist. Die gilt, weil die Untersuchungsteilnehmer zufällig den experimentellen Bedingungen zugeordnet worden sind und daher alle anderen Bedingungen als alternative Erklärungen ausgeschlossen werden können.

Obwohl einzig die experimentelle Studie in der Lage ist, eindeutige Kausalaussagen zu leisten, so weist diese Forschungsmethode doch auch einige Schwächen auf. Hierzu zählen einerseits Probleme der *ökologischen Validität*. Gemeint ist hiermit, dass die Beziehungen in einem artifiziellen Setting untersucht werden, welches oftmals schwer auf im Alltag auftretende Phänomene verallgemeinert werden kann. Andererseits können nur solche Variablen als Einflussfaktoren auf das Erleben und Verhalten analysiert werden, die manipulierbar und zufällig zuteilbar sind. Letzterer Punkt ist dabei insbesondere ein Problem in der Persönlichkeitspsychologie, da die hierbei interessierenden Variablen in der Regel keine situativen Variablen (wie Lärmbelastung oder Müdigkeit), sondern per definitionem *zeitstabile* Persönlichkeitseigenschaften sind (wie beispielsweise Ängstlichkeit oder Schüchternheit), deren Ausprägungsgrad wir nicht randomisiert zuteilen können. Wenn wir beispielsweise daran interessiert sind, ob Ängstlichkeit für Schüchternheit verantwortlich ist, können wir dies nicht experimentell untersuchen, da es nicht möglich ist, Untersuchungsteilnehmer unterschiedlichen Ängstlichkeitsstufen zuzuweisen. Stattdessen müssen wir die bereits (vor der Untersuchung) vorhandenen Ängstlichkeitsgrade der Versuchspersonen in unsere Analysen einbeziehen und deren Zusammenhänge zu anderen Variablen explorieren, womit letztlich kausale Interpretationen nicht möglich sind. Dabei ist diese Problematik auch in anderen Teildisziplinen der Psychologie anzutreffen. So kann in der Entwicklungspsychologie das Lebensalter resp. der Entwicklungsstand und in der Klinischen Psychologie das Vorhandensein von psychopathologischen Symptomen nicht zufällig zugewiesen werden.

4.1.3 Einzelfalluntersuchungen

Während in Korrelationsstudien und experimentellen Untersuchungen eine vergleichsweise große Anzahl von Probanden einbezogen wird, bezieht sich die Einzelfalluntersuchung (oder Fallstudie) auf eine detaillierte und ausführliche Untersuchung einer einzigen Person. Im Unterschied zu den beiden zuvor genannten Methoden, werden in Einzelfalluntersuchungen eine Vielzahl unterschiedlicher sowohl quantitativer wie qualitativer Variablen erhoben, die als besonders typisch für den jeweiligen Probanden angenommen werden. In der Regel hat der Untersucher dabei über einen längeren Zeitraum Kontakt zum Probanden, was es ihm ermöglicht, neben den psychologischen Strukturen auch längerfristige Prozesse abbilden zu können, welche die individuelle Persönlichkeit des Probanden charakterisieren. Bei einer Fallstudie handelt es sich somit um eine *idiographische* Forschungsstrategie, bei der es darum geht, eine einzelne Person in ihrer Einzigartigkeit und Unverwechselbarkeit zu beschreiben und zu verstehen (vgl. Kap. 7).

Einzelfallstudien finden hauptsächlich in der Klinischen Psychologie Anwendung, da das Ziel der klinischen Diagnostik darin besteht, die Bedingungen möglichst spezifisch zu beschreiben, die im Leben eines speziellen Patienten für dessen Störung relevant sind, um so geeignete Interventionen für das Individuum einzuleiten. Wenn Einzelfallstudien jedoch als Forschungsinstrument eingesetzt werden – also das Ziel aufweisen, nicht auf den jeweiligen Fall bezogene, sondern allgemeingültige Aussagen aus ihnen abzuleiten – dann ist dies äußerst problematisch, da Einzelfallstudien nicht generalisierbar sind. Es ist nicht möglich, aufgrund der Besonderheiten eines spezifischen Individuums auf die Allgemeinheit zu schließen.

Hauptsächlich aufgrund dieser Problematik, nämlich der fehlenden Generalisierbarkeit der Ergebnisse aus isolierten Fallstudien, werden diese in der empirischen Psychologie oftmals als unwissenschaftlich abgelehnt. So finden sich gegenwärtig in der Persönlichkeitsforschung kaum noch Arbeiten, die Fallstudien zugrunde legen. Dabei darf jedoch nicht übersehen werden, dass die Entwicklung einiger bedeutender Persönlichkeitstheorien (wie der psychoanalytischen oder der humanistischen Theorie) auf Fallstudien basierte. Die Analyse des Einzelfalls scheint insbesondere dann von Vorteil zu sein, wenn es um die Gewinnung möglicher Hypothesen und Annahmen geht, zur Überprüfung von Hypothesen ist diese Methode hingegen weniger geeignet.

4.2 Erhebungsmethoden: Instrumente zur Erfassung von Persönlichkeitsmerkmalen

In den drei genannten Untersuchungsmethoden gelangen unterschiedliche Erhebungsmethoden zum Einsatz, mit deren Hilfe Persönlichkeitsmerkmale gemessen werden sollen. Gemeinsam sind diesen Instrumenten drei Anforderungen, die ihre Güte bestimmen: Sie müssen objektiv, reliabel und valide sein (siehe hierzu die Erläuterungen im Übersicht 8).

Wenngleich diese Gütekriterien an alle Forschungsdaten zu stellen sind, so wurden sie speziell im Rahmen der Klassischen Testtheorie (KTT) für psychometrische Testverfahren formuliert (siehe Lienert und Raatz 1998).

Übersicht 8 Gütekriterien: Objektivität, Reliabilität und Validität

Objektivität beschreibt ein Instrument unter dem Aspekt, inwieweit es gelingt, das vorgegebene Material sowie die Untersuchungsdurchführung zu standardisieren. Durch die Standardisierung soll erreicht werden, dass die mittels eines Instrumentes erzielten Ergebnisse unabhängig von der Person des Anwenders (Durchführungsobjektivität), des Auswerters (Auswertungsobjektivität) und des Interpreten der Ergebnisse (Interpretationsobjektivität) sind. Ein Test ist damit dann als objektiv zu bezeichnen, wenn bezüglich der Modi, wie der Test vorgegeben, wie er ausgewertet und wie er interpretiert werden soll, zwischen den verschiedenen Anwendern eine Übereinstimmung besteht. Dieser Konsens ist eine unbedingte Voraussetzung für die Vergleichbarkeit von Ergebnissen.

Reliabilität charakterisiert ein Instrument unter dem Aspekt seiner Messgenauigkeit resp. Präzision, mit der ein bestimmtes Merkmal gemessen wird, unabhängig davon ob er dieses Merkmal auch zu messen intendiert. Von Interesse ist also nicht, was, sondern wie genau gemessen wurde. Von einem persönlichkeitspsychologischen Instrument, das als „reliabel" bezeichnet wird, ist beispielsweise zu erwarten, dass Messungen zu unterschiedlichen Zeitpunkten zu ähnlichen Ergebnissen führen (unabhängig davon, was diese Messungen aussagen). Mit der Kennzeichnung „Reliabilität" sind zwei Anteile eines Testwertes angesprochen: der „wahre Wert", d. h. die Wiedergabe des Merkmals, das gemessen werden soll und der „Fehlerwert", d. h. eine zufällige, aber störende Komponente, mit dem jedes Testergebnis behaftet ist. Von beiden Anteilen her lässt sich die Reliabilität berechnen, nämlich (1) als Bestimmung der Messgenauigkeit und (2) als Bestimmung des Messfehlers.

Validität schließlich charakterisiert ein Messinstrument hinsichtlich des Grades mit der dieses tatsächlich genau das misst, was es zu messen beabsichtigt. Angesprochen ist damit das Ausmaß, mit dem wir von einem Testergebnis auf das Zielmerkmal schließen können. So sollte beispielsweise ein Test zur Erfassung von Geselligkeit tatsächlich dieses Konstrukt erfassen und daher mit Indikatoren von Geselligkeit kovariieren. Unterschieden werden verschiedene Formen der Validität:

- *Inhaltsvalidität* ist dann gegeben, wenn die Items (Aufgaben, Fragen) eines Instruments das Zielmerkmal repräsentieren. Diese Form wird in der Regel über Expertenbefragungen bestimmt.
- *Kriteriumsbezogene Validität* liegt vor, wenn sich ein empirischer Zusammenhang zwischen den in der Testsituation ermittelten Ergebnisse und solchen Verhaltensweisen aufweisen lässt, die ebenfalls zum Zielmerkmal gehören. Beispielsweise der Nachweis, dass Schüler, die in einem Aggressionsfragebogen hohe Werte aufweisen, auch tatsächlich häufiger in Konflikt mit Klassenkameraden geraten.
- *Konstruktvalidität* ist gegeben, wenn sich vom Testergebnis auf andere verwandte Merkmale, bei denen es sich ebenfalls um unbeobachtbare Konstrukte handelt, schließen lässt. In der Regel wird diese Validitätsform durch Korrelationen zwischen verschiedenen Instrumenten ermittelt.

Instrumente zur Erfassung von Persönlichkeitsmerkmalen lassen sich nach Cattell (1979) in drei Gruppen unterteilen:

- *Q-Daten* (Questionnaire-Data) beruhen auf psychometrisch konstruierten Fragebögen und erfordern, dass das Individuum sein eigenes Verhalten beobachtet und einschätzt,
- *T-Daten* (Test-Data) stammen aus standardisierten Untersuchungssituationen (Labortests oder anderen objektiven Testsituationen),
- *L-Daten* (Life-Data) repräsentieren Verhalten im natürlichen Lebensraum des Individuums.

Eine optimale Erfassung der Persönlichkeit sollte sich dabei auf möglichst alle drei Datenquellen stützen. Nachfolgend seien diese in der Reihenfolge ihre Bedeutsamkeit für die Erfassung von Persönlichkeitsmerkmalen skizziert.

4.2.1   Q-Daten

Die am häufigsten angewendete Methode zur Erfassung von Persönlichkeitsmerkmalen stellen Persönlichkeitsfragebögen dar. Dabei handelt es sich um ein nach den Regeln einer Testtheorie konstruiertes Instrument, bei dem Probanden festgelegte Items (z. B. Statements wie „Ich gehe häufig auf Partys") anhand vorgegebener

Antwortalternativen (z. B. Trifft zu/trifft nicht zu oder immer/häufig/manchmal/ nie) beantworten sollen. Die Items sind dabei so formuliert, dass diese Indikatoren des Zielmerkmals, also der zu erfassenden Persönlichkeitseigenschaft, darstellen. Die Aussagen des Probanden ermöglichen damit eine hoch formalisierte Selbstbeschreibung. Ein Beispiel für einen Fragebogen in der Persönlichkeitspsychologie findet sich in Übersicht 9. Dabei handelt es sich um das Need Inventory of Sensation Seeking (NISS; Roth und Hammelstein 2012). Das Persönlichkeitsmerkmal Sensation Seeking ist dabei definiert als das Bedürfnis nach intensiver und neuartiger Stimulation.

Übersicht 9 Das Need Inventory of Sensation Seeking (NISS)

Im Folgenden finden Sie Aussagen, die Einstellungen und Verhaltensweisen betreffen. Bitte geben Sie jeweils an, wie häufig diese Aussagen **im letzten halben Jahr** auf Sie zutrafen.

	fast nie	selten	manchmal	häufig	fast immer
1. Ich mag Situationen, in denen vor Aufregung mein Herz klopft.	❑	❑	❑	❑	❑
2. Ich mag es, wenn ich die Grenzen meines Körpers austeste.	❑	❑	❑	❑	❑
3. Ich kenne das Gefühl, dass ich irgendwie aufgeputscht oder stimuliert werden möchte.	❑	❑	❑	❑	❑
4. Ich habe es gerne, wenn ich „voll unter Strom" stehe.	❑	❑	❑	❑	❑
5. Ich spüre gerne die Spannung in meinem Körper.	❑	❑	❑	❑	❑
[...]					
16. Ich mag es, starken Eindrücken ausgesetzt zu sein.	❑	❑	❑	❑	❑
17. Ich mag es, einmal gar nicht zu tun und gar nichts zu erleben.	❑	❑	❑	❑	❑

Ausgewertet werden Fragebögen nach einem festgelegten Algorithmus: Jeder Antwortmöglichkeit ist genau ein Punktwert zugeordnet (z. B. Ja = 1, Nein = 2). Die Antworten zu der Itemgruppe, die gemeinsam ein Persönlichkeitsmerkmal messen, werden in der Regel addiert und quantifizieren so das Ausmaß, das ein Proband in einem bestimmten Persönlichkeitsmerkmal erreicht. Um den Wert angemessen beurteilen zu können (z. B. Ängstlichkeit = 23) wird dieser anschließend in Beziehung zu der Werteverteilung einer Normstichprobe gesetzt.

Persönlichkeitsfragebögen lassen sich hinsichtlich der Breite ihres Messbereichs unterscheiden. So existieren eindimensionale Persönlichkeitsfragebögen, die lediglich ein Merkmal erfassen, wie beispielsweise das NISS sowie mehrdimensionale

Fragebögen, die möglichst viele (im Idealfall: alle relevanten) Persönlichkeitsdimensionen abbilden sollen, um auf diese Weise Aussagen über die Gesamtpersönlichkeit eines Individuums zu ermöglichen. Als Beispiel für einen mehrdimensionalen Persönlichkeitsfragebogen wäre hier der NEO-PI-R zu nennen, der die fünf globalen Hauptdimensionen der Persönlichkeit zu erfassen beansprucht (siehe hierzu Kap. 5.1).

Die Erfassung von Persönlichkeitsmerkmalen über Fragebögen bietet eine Reihe von Vorteilen auf, die vornehmlich mit ihrer psychometrischen Konstruktion zusammenhängen. So ist durch die Standardisierung ein hoher Grad an Objektivität in Durchführung, Auswertung und Interpretation gegeben, der es ermöglicht, verschiedene Individuen bezüglich ihrer Ausprägung in den interessierenden Persönlichkeitsmerkmalen zu vergleichen. Diese objektive Quantifizierung ist dabei insbesondere im Forschungskontext ein wichtiger Aspekt. Weiterhin sind Fragebögen besonders ökonomisch, da mit relativ geringem Zeitaufwand vergleichsweise viele interessierende Persönlichkeitsvariablen erfasst werden können.

Der Nachteil von Fragebögen wird vor allem in ihrem Selbstbeschreibungscharakter gesehen, der diese trotz ihrer Objektivität (im Sinne der Gütekriterien) als subjektive Erfassungsinstrumente kennzeichnet. So bleibt, selbst wenn wir davon ausgehen, dass Individuen über die Kompetenz zur Selbstbeschreibung verfügen, die Frage offen, ob sie auch die Bereitschaft dazu aufweisen. Angesprochen ist hier die den Fragebogenverfahren inhärente Problematik, dass Antworten durch den Probanden verzerrt werden, beispielsweise in eine sozial erwünschte Richtung, der Proband also bewusst seine Selbstdarstellung verfälscht, um ein positives Bild von sich zu zeichnen (über verschiedene Versuche, dieser Problematik zu begegnen, informiert Herzberg (2011)). Man könnte daher fragen, wieso – trotz dieser Schwäche – Fragebogen nach wie vor das wichtigste Instrument zur Persönlichkeitserfassung darstellen. Die Antwort ist recht simpel: Weil valide Alternativen kaum zur Verfügung stehen. So ist zu bedenken, dass viele für die Persönlichkeitsdiagnostik relevanten Verhaltens- und Erlebensaspekte ausschließlich durch die Introspektion und damit über den Bericht des Individuums selbst erschließbar sind (hierzu zählen beispielsweise Selbstkonzepte einer Person).

Neben standardisierten Fragebögen können Selbstberichte auch durch Interviews erfasst werden. Ein Interview ist dadurch gekennzeichnet, dass Fragen (standardisiert oder frei) mündlich vorgegeben werden und das untersuchte Individuum (zumeist in freier Form) antwortet. Im Unterschied zum Fragebogen ist dadurch ein höherer Grad an Flexibilität und Spontaneität möglich – erschwert ist allerdings die Vergleichbarkeit zwischen den Probanden, da die Antworten (gelegentlich auch die vorgegebenen Fragen) zwischen den Probanden erheblich variieren können. Im Unterschied zu Fragebögen wird bei der Auswertung oftmals auch kein quantitativer Wert ermittelt, sondern die Antworten der Untersuchten verschiedenen Kategorien zugeteilt (qualitative Auswertung). Eine ausführliche Darstellung der Interviewtechnik bietet Renner (2012).

4.2.2   T-Daten

Während Q-Daten auf Selbstberichten basieren und für den Probanden leicht durchschaubar sind (es teilweise auch sein müssen), ist das wesentliche Kennzeichen von Instrumenten, die T-Daten erfassen, die Intransparenz des Messprinzips. Da dem Probanden die Zielsetzung und Strategie der Untersuchung nicht bekannt ist, kann er seine Antworten nicht in eine antizipierte Zielsetzung steuern, wodurch eine geringere Verfälschbarkeit bei diesen Verfahren erwartet wird. Nach Anastasi (1982) werden die entsprechenden Instrumente daher als *indirekte Verfahren* bezeichnet.

   Projektive Verfahren dürften die bekanntesten indirekten Messverfahren darstellen. Hierbei handelt es sich um eine Verfahrensklasse, denen gemeinsam ist, dass Probanden mehrdeutige Reize (z. B. Kleckse, Bildtafeln) vorgelegt werden und sie diese interpretieren sollen. Dabei wird angenommen, dass die Antworten der Probanden dem Vorgang der Projektion entspringen, also unbewusste Einstellungen, Motive und Bedürfnisse die Antworten indirekt provozieren. Aufgrund der Antworten lassen sich so nach tiefenpsychologischer Annahme Rückschlüsse auf zugrundeliegende psychische Prozesse und unbewusste Persönlichkeitsanteile gewinnen. Neben dem bekannten Rorschach-Test (Rorschach 1972), bei dem 10 Tafeln mit bestimmten Tintenklecks-Figurationen vorgegeben werden und der Proband die Aufgabe hat, das von ihm wahrgenommene Bild zu beschreiben, ist der Thematische Apperzeptionstest (TAT; Murray, 1943) ein weiterer wichtiger Vertreter. Der TAT dient primär der Erfassung unbewusster Motive. Dem Probanden werden 20 mehrdeutige Bildtafeln von Personen in bestimmten Szenen vorgelegt und seine Aufgabe besteht darin, hierzu eine Geschichte zu erzählen.

   Das Hauptproblem projektiver Verfahren besteht in den mangelnden Gütekriterien. Zu nennen wäre hier die mangelnde Objektivität aufgrund fehlender Standardisierung der Auswertung und Interpretation sowie die zumeist fehlende Validität, da der interpretative („deutende") Rückschluss auf die Persönlichkeitsanteile aufgrund der Antworten des Probanden fragwürdig bleibt. In der gegenwärtigen Persönlichkeitsforschung spielen sie daher nur noch eine untergeordnete Rolle (vgl. auch Roth und Herzberg 2008).

   Auch bei *Objektiven Persönlichkeitstests* gilt als Hauptkriterium, dass „keine mit der Messintention übereinstimmende Augenscheinvalidität" (Schmidt 1975) vorliegt. Im Unterschied zu projektiven Verfahren sind diese Instrumente jedoch hoch standardisiert, so dass Objektivität in Durchführung, Auswertung und Interpretation gegeben ist. Vor allem Cattell hat eine Vielzahl solcher Tests entwickelt (Cattell und Warburton 1967). Darauf basierend wurden insbesondere in den letzten Jahren verschiedene neuere, primär computergestützte Verfahren entwickelt (zusf. Proyer et al. 2006). Kennzeichnend für diese Verfahren ist, dass typische Leistungsanforderungen vorgegeben werden, nicht aber die Leistung des Probanden von Bedeutung ist, sondern die Art, *wie* er mit den Aufgaben umgeht (also der Modus der Bearbeitung, z. B. Bearbeitungsschnelligkeit, stereotype Reaktionen). Leider haben sich diese Verfahren bislang im Wesentlichen als unbrauchbar zur Messung von Persönlichkeitsmerkmalen erwiesen – paradigmatisch sei hier die BAcO, die Objektive Persönlichkeitsbatterie zur Erfassung von Belastbarkeit (Kubinger et al. 2002) genannt. Objektive Persönlichkeitstests unterscheiden sich zwar durch die genannte Objektivität von den projektiven Verfahren – hinsichtlich der Gütekriterien der Reliabilität und Validität sind sie aber nicht als besser (eher noch als schwächer) einzuschätzen.

Deutlich mehr Hoffnung dürfte von einer neueren, auf Greenwald et al. (1998) zurückgehenden, Verfahrensklasse ausgehen, die als *Implizite Assoziationstest (IATs)* bezeichnet werden. IATs stammen ursprünglich aus der Einstellungsforschung und wurden erst später für die indirekte Erfassung von Persönlichkeitsmerkmalen adaptiert. Kennzeichnend für diese Verfahren sind Assoziationen, die sich zwischen verschiedenen Wörtern (Konzepte und Adjektive) ergeben. Die Stärke einer Assoziation (z. B. zwischen „ich-ängstlich", „ich-nicht schüchtern" oder „andere-negativ") werden über Reaktionszeiten bestimmt, wobei angenommen wird, dass starke Assoziationen auf eine implizite Personeneigenschaft hinweisen. IATs wurden im Bereich der Persönlichkeitsforschung unter anderem für die Eigenschaften „Ängstlichkeit" (Egloff und Schmuckle 2002) „Schüchternheit" (Asendorpf et al. 2002) oder „Selbstwert" (Greenwald und Farnham 2000) entwickelt. Mittels IAT sind vorwiegend spontane Verhaltensweisen prädizierbar. Wenngleich auch diese Gruppe von Verfahren noch psychometrische Probleme aufweist (z. B. niedrige Reliabilitätskoeffizienten), so lassen bisherige Befunde – insbesondere im Blick auf die Validität – vermuten, dass IATs in Zukunft weiter an Bedeutung für die Forschung gewinnen werden.

4.2.3 L-Daten

Im Unterschied zu den zuvor genannten Datenarten, die im Rahmen psychologischer Testungen erhoben werden, handelt es sich bei den L-Daten um Daten aus realen Lebenssituationen, sozusagen aus dem Alltag des Individuums. Nach Cattell

lassen sich zwei Gruppen von L-Daten unterscheiden: (1) Verhalten aus Lebenssituationen, die ohne Diagnostiker erfasst werden (z. B. Schulnoten, Geburtsdatum,
Einkommen, berufliche Stationen) und (2) Verhalten, welches im Alltag stattfindet
und durch andere beurteilt wird (z. B. Einstufung der „Aggressivität" eines Inhaf-
tierten durch das Vollzugspersonal). Da letzterer Aspekt für die Persönlichkeitserfassung relevant ist, sei nur auf diesen im Folgenden näher eingegangen.

Neben der Möglichkeit, die eigene Person zu beurteilen, lassen sich Aussagen
über Verhaltensweisen eines Individuums auch durch solche Personen erheben, die
mit diesem gut vertraut sind. Wir sprechen in einem solchen Fall von *Fremdbeurteilungen*. Hierbei werden zumeist ebenfalls Fragebogenverfahren verwendet, wobei
die Aussagen nicht auf den Antwortenden bezogen sind, sondern auf die zu beur-
teilende Person (z. B. „Mein Partner geht häufig auf Partys"; Antwortmodus: „trifft
zu"/„trifft nicht zu"). Im Prinzip gelten damit bezüglich Standardisierung und Gütekriterien die gleichen Prinzipien, die unter 3.2.1 zu den Q-Daten beschrieben
wurden. Oftmals werden Fremdbeurteilungen vorgenommen, um Selbstbeurtei-
lungen anhand externer Aussagen zu validieren – beispielsweise die Selbstaussagen
über aggressive Verhaltensweisen eines Schülers werden mit Aussagen des Lehrers
verglichen. Dabei wird zumeist das gleiche Fragebogenverfahren vorgegeben, variiert wird lediglich das Subjekt (z. B. „Ich bin häufig niedergeschlagen" vs. „Er ist
häufig niedergeschlagen"). Zusammenhänge zwischen Selbst- und Fremdberichten
fallen in der Literatur sehr unterschiedlich aus und hängen unter anderem vom zu
beurteilenden Persönlichkeitsmerkmal sowie von Eigenschaften der zu beurteilenden Person ab (Funder 1999). Ein Beispiel ist in Übersicht 10 angegeben.

**Übersicht 10 Übereinstimmung in den Persönlichkeitsurteilen von
Paaren**
In einer Studie von Altmann, Sierau und Roth (2013) wurde untersucht,
inwieweit Frauen und Männer in Partnerschaften sich ähnlich einschätzen.
Es ist ja anzunehmen, dass Lebenspartner eine recht gute Quelle für Fremdurteile darstellen. In dieser Untersuchung nahmen 133 heterosexuelle Paare
im Alter zwischen 22 und 63 Jahren, die seit mindestens einem Jahr zusam-
menlebten, teil. Die Männer und Frauen erhielten jeweils zwei Persönlichkeitsfragebogen: In einem Fragebogen gaben sie Auskünfte über sich selbst
(z. B. „Ich habe gerne viele Leute um mich herum"); in einem zweiten Fragebogen beurteilten sie ihren Partner (z. B. „Mein Partner/meine Partnerin
hat gerne viele Leute um sich herum"). Die Ergebnisse zeigen, dass über-
raschenderweise die Selbst- und Fremdurteile nur mittelmäßig miteinander
korrespondieren. Dabei korrelierten die Selbsteinschätzungen der Frauen

mit den Fremdurteilen, die von ihren Männern über sie abgegeben wurden zu r=.27. Demgegenüber zeigte sich zwischen den Selbsturteilen der Männer und den Fremdeinschätzungen durch ihre Frauen ein deutlich schwächerer Zusammenhang von r=.14. Dies könnte unter anderem daran liegen, dass sich Frauen in Partnerschaften offener hinsichtlich ihrer Gefühle und Gedanken äußern und daher Männer sie besser einschätzen können als umgekehrt. Ebenso wäre aber auch denkbar, dass Frauen, wenn sie die Persönlichkeit ihrer Männer einschätzen, eigene Befindlichkeiten oder andere Faktoren einfließen lassen, die mit der Persönlichkeit ihres Mannes nur wenig zu tun haben. Schließlich wäre auch möglich, dass sich Männer über sich selbst weniger Gedanken machen als Frauen über sich und sich daher selbst schlechter kennen.

Neben der Beurteilung durch eine vertraute Person lassen sich auch Urteile durch psychologische Experten im Rahmen von *Verhaltensbeobachtungen* im natürlichen Setting des Individuums vornehmen. Im Unterschied zur Fremdbeurteilung, die ein hohes Maß an Interpretation und Bewertung durch den Beurteiler aufweist, ist für die Verhaltensbeobachtung kennzeichnend, dass hierbei Verhaltensweisen direkt beobachtet und – nach einem genauen Algorithmus – (wenn möglich, ebenfalls direkt) registriert werden. Verhaltensbeobachtungen kommen dabei nicht nur im natürlichen Lebensraum des Individuums vor (z. B. Spielsituationen im Kindergarten), sondern können auch im Labor (z. B. Reaktionsweisen eines Kindes auf die Abwesenheit der Mutter) vorgenommen werden.

Bei der wissenschaftlichen Verhaltensbeobachtung wird genau festgelegt, welches Verhalten in welchem Zeitraum beobachtet werden soll. Ferner sind die Art der Protokollierung sowie die Auswertung genau festgelegt. In der Regel werden dem Beobachter Kategoriensysteme vorgegeben, in denen die Verhaltensaspekte, die beobachtet werden sollen, genau spezifiziert sind.

4.2.4   Idiographische Methoden

In den Ausführungen dieses Kapitels sind vorwiegend Methoden besprochen worden, anhand derer Persönlichkeit im Rahmen eines nomothetischen Untersuchungsansatzes erfasst werden soll (vgl. Übersicht 6). Im Zentrum derartiger, primär psychometrischer Methoden, steht dabei die Vergleichbarkeit verschiedener Personen miteinander. Daneben existiert eine Reihe weiterer Zugänge, die in erster Linie die Unvergleichbarkeit und Einzigartigkeit des Individuums betonen

(z. B. Tageslaufanalysen, biographische Verfahren). Letztere spielen gegenüber den psychometrischen Instrumenten in der gegenwärtigen Persönlichkeitsforschung nur eine untergeordnete Rolle, obgleich hier ein wichtiger Aspekt der Persönlichkeitspsychologie angesprochen wird (vgl. hierzu die Ausführungen in Kap. 1). Wir werden hierauf im Kap. 7 zu sprechen kommen, wenn wir auf den Aspekt der Einzigartigkeit genauer eingehen.

Dispositionelle Persönlichkeitseigenschaften 5

Dispositionelle, also relativ stabile Persönlichkeitseigenschaften haben sowohl in der Alltagspsychologie als auch der Persönlichkeitspsychologie einen besonderen Stellenwert. So ist die Beschreibung von Personen mit Hilfe von Persönlichkeitseigenschaften die bevorzugte Art und Weise im Alltag, sich und Andere zu charakterisieren, wie das Beispiel in Übersicht 11 zeigt.

> **Übersicht 11 Sie sucht Ihn**
> Gebildete, gutaussehende, lebensfrohe, reiselustige und sympathische Frau (blond, 24J./170/56) sucht romantischen, treuen, humorvollen und attraktiven Nichtraucher zw. 25–32 Jahre. Bild wäre sehr nett.

Nun gibt es eine Fülle von Eigenschaften von A wie *arrogant, abenteuerlustig, aufbrausend,...* bis Z wie *zerstreut, zwanghaft oder zickig*. Um die Vielfalt der Eigenschaftsbegriffe handhabbar zu machen, bedarf es eines Modells oder besser noch einer Theorie, welche die Eigenschaftsbegriffe systematisiert. In der Geschichte der Persönlichkeitspsychologie wurden zahlreiche Modelle entwickelt, die Eigenschaften (synonym: Trait) als zentrale Beschreibungsebene der Persönlichkeit betrachten. Zu den bedeutendsten eigenschaftstheoretischen Ansätzen gehören das Modell von Raymond B. Cattell, das PEN-Modell von Hans-Jürgen Eysenck und das Fünf-Faktoren-Modell der Persönlichkeit von Paul Costa und Robert R. McCrae. Die Modelle unterscheiden sich in der Anzahl der Grunddimensionen und ihrer Struktur, haben aber auch viele Gemeinsamkeiten, so dass nachfolgend nur das derzeit aktuellste Modell, das Fünf-Faktoren-Modell vorgestellt wird.

P. Y. Herzberg, M. Roth, *Persönlichkeitspsychologie, Basiswissen Psychologie,*
DOI 10.1007/978-3-531-93467-9_5, © Springer Fachmedien Wiesbaden 2014

Aufgabe

Mit welchen Eigenschaften würden Sie sich beschreiben? Wie viele Eigenschaften sind für Sie dafür notwendig?

5.1   Das Fünf-Faktoren-Modell

In der Persönlichkeitspsychologie hat sich in den letzten Jahren ein Modell etabliert, welches als eine Art Referenzmodell sowohl für die theoretische Forschung als auch die diagnostische Praxis von vielen Persönlichkeitspsychologen angesehen wird. Dieses eigenschaftstheoretische Modell basiert auf dem lexikalischen Ansatz. Prämisse des lexikalischen Ansatzes ist die sogenannte Sedimentationshypothese, nach der diejenigen Merkmale, die besonders wichtig für die Beschreibung von Menschen sind, sich in der Alltagssprache niedergeschlagen haben. Der lexikalische Ansatz versucht, die Grunddimensionen der Persönlichkeit aus der Analyse der in der Sprache enthaltenen Beschreibungsmöglichkeiten zu extrahieren. Dazu wird das gesamte Lexikon einer Sprache schrittweise auf eine überschaubare Anzahl von Eigenschaftsbeschreibungen (z. B. Adjektive) reduziert. Diese Eigenschaftsbezeichnungen werden dann Personen zur Selbst- oder Fremdbeurteilung vorgelegt und die resultierenden Interkorrelationsmatrizen mit Hilfe von Faktoranalysen zu wenigen, möglichst unabhängigen Faktoren kondensiert (siehe Übersicht 7). Über verschiedene Sprachen und Kulturen, Probandenstichproben, Altersgruppen, Erhebungsmethoden (Selbst- und Fremdbeurteilung), Messinstrumente, Methoden der Faktorenextraktion und -rotation hinweg resultieren meist fünf ähnliche Faktoren, die als „Big Five" bezeichnet werden (John und Srivastava 1999; McCrae und Terracciano 2005). Innerhalb der Big Five Forschung haben sich zwei Schulen herauskristallisiert, einerseits der eben beschriebene klassische lexikalische Ansatz, der auf Adjektivratings basiert und die Big Five als reine Beschreibungsdimensionen ohne theoretische Annahmen über deren Ursprung und Entwicklung ansieht, und andererseits das Fünf-Faktoren-Modell der Persönlichkeit (FFM).

Das FFM basiert auf der faktoranalytischen Untersuchung von Persönlichkeitsfragebogen. Aufgrund der Konvergenz zwischen dem lexikalischen und dem persönlichkeitstheoretischen Ansatz wird begrifflich inzwischen kaum noch zwischen dem lexikalischen Big-Five-Ansatz und dem auf Persönlichkeitstest beruhenden FFM unterschieden.

Obwohl die Beschreibung und die Benennung der von verschiedenen Autoren extrahierten fünf Faktoren nicht einheitlich sind, haben sich folgende Bezeichnungen für die Persönlichkeitsdimensionen durchgesetzt: Neurotizismus, Extraversion, Offenheit für Erfahrungen, Verträglichkeit und Gewissenhaftigkeit (wobei der Faktor Offenheit für Erfahrungen in der Big Five Tradition als Intellekt bezeichnet wird).

▶ **Merkhilfe:** Die 5 Faktoren lassen sich besser merken, wenn man aus den Anfangsbuchstaben eine Merkhilfe erstellt, die im deutschen VOE-GEL (wenn Neurotizismus mit emotionaler Labilität übersetzt wird) und im englischen OCEAN (für Openness, Conscientiousness, Extraversion, Agreeableness, Neuroticism) lauten kann.

Personen mit einem hohen Wert in Neurotizismus sind generell empfindlicher und neigen unter Stress dazu, leichter aus dem Gleichgewicht zu kommen. Sie können als ängstlich, nervös, selbstunsicher, aufgeregt, klagend und depressiv beschrieben werden und haben weniger adaptive Stressbewältigungsmechanismen zur Verfügung.

Extraversion ist gekennzeichnet durch hohe Geselligkeit, Gesprächigkeit, Aktivität und Expressivität. Extravertierte Personen suchen den Kontakt mit anderen Menschen, neigen zu Optimismus und sind eher heiter gestimmt. Demgegenüber sind introvertierte Personen zurückhaltend, distanziert, kontaktscheu und weniger lebhaft. Unterschiede hinsichtlich der Extravertiertheit von Personen zeigen sich also vor allem in der Art des Aufsuchens und Ausgestaltens sozialer, interaktiver Situationen sowie in der Ausdrucksstärke und Aktivität im eigenen Verhalten.

Personen mit einer hohen Ausprägung in Offenheit sind vielfältig interessiert, z. B. an neuen Erfahrungen, Erlebnissen, Handlungen und Eindrücken, an Theorien und am kulturellen Geschehen, aber auch an Gefühlen und ästhetischen Inhalten. Sie werden als phantasievoll, neugierig, unkonventionell, gebildet und einfallsreich beschrieben und sind eher geneigt, bestehende Normen und Wertvorstellungen kritisch zu hinterfragen.

Verträglichkeit äußert sich in einem vertrauensvollen, wohlwollenden, gutmütigen, freundlichen und hilfsbereiten Umgang mit anderen Menschen. Verträglichere Personen sollen auch von positiveren Reaktionen durch ihre Umwelt ausgehen, erwarten das Beste von anderen Menschen, sind toleranter und geben im Zweifelsfall bei Konflikten nach. Personen mit einer niedrigen Verträglichkeit sind eher argwöhnisch, sarkastisch, unkooperativ, berechnend, kalt und streitsüchtig. Außerdem neigen sie stärker dazu, sich mit anderen Personen zu vergleichen und mit ihnen zu konkurrieren.

Gewissenhaftigkeit äußert sich in einem hohen Grad an Selbstorganisation, Zielstrebigkeit, Leistungsorientierung, Beharrlichkeit, Pflichtbewusstsein, Ordentlichkeit und Zuverlässigkeit. Gewissenhaftigkeit zeigt sich in Ergebnissen des eigenen Handelns, also etwa der Sorgfalt der Ausführung bestimmter Aufgaben oder der Genauigkeit, mit der Anweisungen und Regeln befolgt wurden und auch formale Prinzipien der Korrektheit beachtet werden. Sehr hohe Gewissenhaftigkeit kann auch mit einer gewissen Zwanghaftigkeit, was formelle Regeln und allgemeine Einstellungen angeht, einhergehen.

Aufgabe

Unterscheiden sich Frauen und Männer in den Ausprägungen der fünf Faktoren? Wenn ja, in welchen Faktoren und in welcher Richtung?

Diese fünf Faktoren repräsentieren relativ globale, deskriptive Konstrukte, die eine relative zeitliche Stabilität besitzen und einen genetischen Ursprung haben. Die Faktoren beschreiben die Koordinaten eines fünfdimensionalen Raums, innerhalb dessen sich jede Person ökonomisch beschreiben lässt. Den fünf Faktoren sind hierarchisch weitere Facetten zugeordnet, die eine differenziertere Beschreibung der Persönlichkeit ermöglichen. Ein Persönlichkeitsinventar, das die Erfassung der fünf Faktoren und der dazugehörigen Facetten ermöglicht, ist das NEO-PI-R von Costa und McCrae (1992b). Die Struktur des NEO-PI-R und die zugehörigen sechs Facetten sind in Tab. 5.1 dargestellt. An den Itembeispielen zweier Verfahren zur Messung der fünf Faktoren (Übersicht 12) wird deutlich, dass es sich um relativ globale, dekontextualisierte Persönlichkeitsmerkmale handelt, da keine Situationen spezifiziert werden, in denen die Verhaltensweisen auftreten.

Übersicht 12: Itembeispiele zur Messung der fünf Faktoren

Die ersten 5 Items des NEO-PI-R:
1. Ich bin nicht leicht beunruhigt.
2. Die meisten Menschen, die mir begegnen, sind mir wirklich sympathisch.
3. Ich habe eine sehr lebhafte Vorstellungskraft.
4. Im Hinblick auf die Absichten anderer bin ich eher zynisch und skeptisch.
5. Ich bin für meine Umsicht und meinen gesunden Menschenverstand bekannt.

Die ersten 5 Items aus einer Adjektivliste (16-AM) (Herzberg und Brähler 2006):
1. zuverlässig
2. selbstdiszipliniert
3. offen für neue Erfahrungen
4. leicht aus der Fassung zu bringen
5. ängstlich

Costa, Terracciano, und McCrae (2001) haben in verschiedenen Kulturen Geschlechtsunterschiede in den Big Five untersucht. Auf Ebene der fünf Faktoren zeigt

Tab. 5.1 Die Faktoren des FFM und die zugeordneten Facetten

Faktor	Facetten
Neurotizismus	Ängstlichkeit
	Reizbarkeit
	Depression
	Soziale Befangenheit
	Impulsivität
	Verletzlichkeit
Extraversion	Herzlichkeit
	Geselligkeit
	Durchsetzungsfähigkeit
	Aktivität
	Erlebnishunger
	Frohsinn
Offenheit für Erfahrungen	Offenheit für Phantasie
	Offenheit für Ästhetik
	Offenheit für Gefühl
	Offenheit für Handlungen
	Offenheit für Ideen
	Offenheit des Normen- und Wertesystems
Verträglichkeit	Vertrauen
	Freimütigkeit
	Altruismus
	Entgegenkommen
	Bescheidenheit
	Gutherzigkeit
Gewissenhaftigkeit	Kompetenz
	Ordnungsliebe
	Pflichtbewusstsein
	Leistungsstreben
	Selbstdisziplin
	Besonnenheit

sich über die untersuchten Kulturen hinweg, dass Frauen höhere Ausprägungen für Neurotizismus Verträglichkeit und Extraversion berichten. Quantifiziert liegt der Unterschied zwischen deutschen Frauen und Männern für Neurotizismus bei einer halben Standardabweichung ($d = 0{,}51$) und etwas darunter für Verträglichkeit ($d = 0{,}41$), sowie Extraversion ($d = 0{,}28$). Auf Ebene der Facetten wurden nur die Werte für die amerikanische Stichprobe und über die Kulturen gemittelt berichtet.

Demnach beschreiben sich Frauen in den meisten Kulturen als ängstlicher, depressiver, verletzbarer, herzlicher, geselliger, neigen zu mehr positiven Emotionen, sind offener für Ästhetik und Gefühle, freimütiger, altruistischer, entgegenkommender und bescheidener als Männer. Männer wiederum sind durchsetzungsfähiger, erlebnishungriger, offener für neue Aktivitäten und der Überzeugung, vernünftig und effektiv zu sein. Auch wenn die Liste viele Unterschiede umfasst, so muss berücksichtigt werden, dass die Ausprägungen zwischen Frauen und Männern auf der Ebene der Facetten weniger als eine halbe Standardabweichung betragen, die meisten Unterschiede liegen im Bereich einer drittel Standardabweichung.

Nicht nur Geschlechtsunterschiede in den Big Five lassen sich über verschiedene Kulturen hinweg nachweisen. Auch die Replikation der fünf Faktoren in vielen Kulturen sowie die Veränderungen der Faktoren über die Lebensspanne, die in den untersuchten Kulturen einen sehr ähnlichen Verlauf zeigen, sind für McCrae und Costa ein starkes Indiz, dass die Big Five eine biologische Basis haben. Als Beweis sehen die Autoren die zahlreichen verhaltensgenetischen Studien (→ Verhaltensgenetik), die zeigen, dass 50 % ± 10 % der beobachteten Varianz bei den Big Five auf genetische Einflüsse zurück geht (zusammenfassend siehe Bouchard und Loehlin 2001). McCrae und Costa (1999) haben aufgrund dieser Ergebnisse das FFM zur Fünf-Faktoren-Theorie der Persönlichkeit (FFT) modifiziert. Nach der FFT beeinflussen nur biologische Faktoren die fünf Faktoren, externe Einflüsse wie kritische Lebensereignisse, Erziehung, Kultur oder ähnliches haben keinen Einfluss auf die fünf Faktoren. Auch die Veränderungen der fünf Faktoren über das Alter beruhen nach der FFT auf biologischen Reifungsprozessen. Dieser Aspekt wird im Kapitel zur Persönlichkeitsentwicklung noch aufgegriffen.

5.1.1   Stellenwert des Fünf-Faktoren-Modells

Ein Grund für die Popularität des Fünf-Faktoren-Modells besteht darin, dass mit dem FFM nach jahrzehntelangen Kontroversen nun ein einheitliches Persönlichkeitsmodell vorliegt, in das sich andere Modelle der Beschreibung der Persönlichkeit integrieren lassen. Zahlreiche Studien demonstrierten, dass sowohl andere Persönlichkeitsmodelle, etwa das PEN-Modell von Eysenck (1967) oder das 16 Faktorenmodell von Cattell (1965), als auch Fragebogen ohne theoretischen Hintergrund, wie z. B. das Minnesota Multiphasic Personality Inventory (MMPI) (Hathaway und McKinley 1951) sich mehr oder weniger in das FFM integrieren lassen (Costa et al. 1986; McCrae 1989). Die Faktoren Neurotizismus und Extraversion sind sowohl im PEN-Modell als auch im FFM vorhanden, der Faktor Psychotizismus des PEN-Modells wird im FFM durch die Faktoren Verträglichkeit und Gewissenhaftigkeit abgebildet (Zuckerman et al. 1993). Der FFM-Faktor Offenheit für Erfahrungen ist in anderen Persönlichkeitsmodellen hingegen nicht repräsentiert (Costa und McCrae 1992a). Die meisten der untersuchten Persönlichkeitsmerkmale lassen sich demnach als Kombinationen von FFM-Faktoren bzw. als Kombinationen von FFM-Facetten auffassen.

Das FFM kann als einheitlicher Bezugsrahmen dienen, der es erlaubt, die Vielzahl unterschiedlicher Persönlichkeitskonstrukte und Verfahren zur Messung der Persönlichkeit zu systematisieren. Weiterhin lassen sich Forschungsanstrengungen koordinieren, indem sichtbar wird, welche Bereiche des FFM-Koordinatensystems noch nicht einbezogen wurden und wie sich bisher konzeptionell nur wenig verankerte Persönlichkeitsmerkmale theoretisch verankern lassen. Die Vergeudung wissenschaftlicher Ressourcen durch Entwicklung und Validierung redundanter Konstrukte lässt sich damit einschränken. Nicht zuletzt erlaubt dieser Referenzrahmen auch die Auswahl der jeweils reliabelsten und am besten validierten Messverfahren für den entsprechenden Persönlichkeitsbereich.

Zu den Vorteilen des FFM gehört auch die Entwicklung psychometrisch anspruchsvoller Persönlichkeitsinventare, Adjektivlisten und Interviewleitfaden. Fast alle Verfahren aus der FFM-Familie liegen in Übersetzung in sehr vielen Sprachen vor und sind sehr gut validiert (McCrae und Terracciano 2005), was kulturübergreifende und –vergleichende Studien erleichtert und damit wesentlich zur Akkumulierung von Wissen über Persönlichkeit beiträgt.

Übersicht 13 Messung der Fünf Faktoren:
Als Standardinstrument zur Erfassung der fünf Faktoren gilt das schon genannte NEO-PI-R von Costa und McCrae (1992b), das auch als deutsche Version vorliegt (Ostendorf und Angleitner 2003). Das Persönlichkeitsinventar erfasst für jeden der fünf Faktoren sechs Facetten (siehe Tab. 5.1) durch eine Skala mit jeweils acht Items. Durch seine Länge von 240 Items ist das NEO-PI-R aber für viele Anwendungen zu umfangreich. Aus diesem Grund gibt es aus einer Teilmenge der Items das NEO-FFI (Costa und McCrae 1992b), welches auf die Erfassung der Facetten verzichtet und mit 60 Items nur die fünf Faktoren erfasst. Zur Erhöhung der sprachlichen Verständlichkeit und um damit eine deutlichere Einfachstruktur der Dimensionen zu erreichen, sowie die Skalenreliabilität zu erhöhen, haben die Autoren eine revidierte Fassung, das NEO-FFI-R vorgelegt (McCrae und Costa 2004). Für beide Persönlichkeitsinventare liegt auch jeweils eine Version zur Erhebung von Fremdurteilen vor.

5.1.2   Kritik am Fünf-Faktoren-Modell

Trotz seiner großen Akzeptanz und Verbreitung wird das FFM sehr unterschiedlich beurteilt. Wesentliche Kritikpunkte am FFM werden dargestellt, eine detaillierte kritische Auseinandersetzung findet sich bei Block (1995).

5.1.2.1   Die Anzahl der Faktoren

Ein häufiger Einwand betrifft die Anzahl der Faktoren und die Frage, ob fünf Faktoren zur Beschreibung von Persönlichkeitsunterschieden zwischen Menschen ausreichend sind. Verschiedene Autoren plädieren daher für weitere Faktoren, z. B. einen sechsten Faktor „Risiko- und Kampfbereitschaft" (Andresen 1995) oder „Aufrichtigkeit-Bescheidenheit" (Ashton und Lee 2005; Lee et al. 2005). Ein Modell mit sieben Faktoren ist von Almagor, Tellegen und Waller (1995) vorgestellt worden, das vier der fünf Faktoren enthält. Der Faktor FFM Offenheit für Erfahrungen wird in diesem Modell durch den Faktor „Konventionalität" ersetzt. Die beiden zusätzlichen Faktoren sind „positive Valenz" und „negative Valenz". Persönlichkeitsmodelle mit weiteren Faktoren sind denkbar (Saucier und Goldberg 1998).

Die Frage deutet aber eher auf ein generelles Dilemma bei der Beschreibung von Persönlichkeitsunterschieden hin. Zum einen sollen die Faktoren eines Modells eine möglichst vollständige und umfassende Beschreibung der Persönlichkeit gewähren, in der die wichtigsten Aspekte der Persönlichkeit abgedeckt sind. Zum anderen soll ein Modell sparsam und effizient sein und sich auf die theoretisch relevanten Konstrukte beschränken. Diese Balance ist damit nicht spezifisch für das FFM, sondern gilt für jedes Persönlichkeitsstrukturmodell. Das Insistieren auf eine fixe Anzahl grundlegender Persönlichkeitsdimensionen ist somit wenig hilfreich, da sich für jedes der oben genannten $5 \pm X$ Modelle zeigen lässt, dass subjektive Entscheidungen im Prozess der Variablenauswahl und deren Faktorisierung die resultierende Faktorzahl beeinflussen.

5.1.2.2   Die Unabhängigkeit der Faktoren

Eine Grundannahme der eigenschaftstheoretischen Persönlichkeitsmodelle ist die Unabhängigkeit (Orthogonalität) der Faktoren untereinander. Diese sowohl inhaltlich angenommene als auch statistisch wünschenswerte Unabhängigkeit ergibt sich aus orthogonalen Rotationsverfahren. Dadurch wird die Unkorreliertheit der mittels Faktoranalyse extrahierten Faktoren beibehalten, so dass auch die rotierten Faktoren unabhängig voneinander interpretierbar sind. Empirische Studien zeigen regelmäßig, dass die Faktoren des FFM aber nicht unabhängig voneinander – sondern miteinander korreliert sind. Korrelierte Faktoren lassen sich ebenfalls wie korrelierte Items einer Faktorenanalyse unterziehen. Werden statt der Items (Faktorenanalyse 1. Ordnung) die aus den Items extrahierten Faktoren einer Faktorenanalyse unterzogen (die dann als Faktorenanalyse 2. Ordnung bezeichnet wird), ergeben sich Faktoren zweiter Ordnung, die auch als Meta-Traits bezeichnet werden.

5.1.2.3 Meta-Traits

In der Reanalyse von 14 Datensätzen, in denen die Big Five Faktoren mit unterschiedlichen Messinstrumenten bei unterschiedlichen Stichproben erfasst wurden, konnte Digman (1997) zeigen, dass sich mittels Faktorenanalyse konsistent zwei Faktoren höherer Ordnung (Sekundärfaktoren) extrahieren ließen. Der erste Sekundärfaktor basiert auf den Primärfaktoren emotionale Stabilität (entspricht geringen Neurotizismus), Verträglichkeit und Gewissenhaftigkeit und der zweite Sekundärfaktor auf den Primärfaktoren Extraversion und Offenheit. Da sich die inhaltliche Bedeutung der beiden Sekundärfaktoren aus den Faktoranalysen nicht erschließen ließ, hat Digman die beiden Sekundärfaktoren neutral mit α und β bezeichnet. Für die beiden Sekundärfaktoren wurden verschiedene Interpretationen vorgeschlagen. Einige Autoren halten die Faktoren für Artefakte, die auf evaluativen Aspekten von Persönlichkeitseigenschaften und Fragebogenitems beruhen (McCrae et al. 2008). Andere Autoren gehen noch einen Schritt weiter und schlagen einen Tertiärfaktor vor, der in Analogie zum g-Faktor der Intelligenz als Generalfaktor der Persönlichkeit (GFP) bezeichnet wird (Rushton et al. 2008). Der GFP korreliert mit g-Faktor der Intelligenz nur moderat. Generalfaktoren lassen sich auch aus anderen multidimensionalen Persönlichkeitsinventaren extrahieren, die sehr hoch mit dem GFP des NEO-PI-R korrelieren. Auch aus Fragebögen, die Persönlichkeitsmerkmale aus dem Bereich der Persönlichkeitsstörungen oder dem klinischen Bereich messen (z. B. Gefühllosigkeit oder Narzissmus), lässt sich ein GFP extrahieren, der sehr hoch mit dem GFP aus dem NEO-PI-R korreliert (Veselka et al. 2012).

Nach Ansicht einiger Autoren ist der GFP stark mit sozialer Erwünschtheit assoziiert (Bäckström 2007; Musek 2007). Diese Sichtweise stimmt mit vielen Studien überein, die zeigten, dass die soziale Erwünschtheit einen hohen Anteil der Varianz von Persönlichkeitsverfahren ausmacht und in Faktoranalysen der jeweils erste Faktor als sozialer Erwünschtheitsfaktor zu interpretieren ist. Betrachtet man soziale Erwünschtheit nicht nur als Response Style, sondern als eigenständiges Persönlichkeitsmerkmal (zur Argumentation siehe Herzberg 2011), lässt sich auch erklären, dass der GFP mit einer positiven Beurteilung durch Vorgesetzte assoziiert ist (van der Linden et al. 2010). Passend zu hohen Korrelationen zwischen GFP und Selbstwertgefühl (Erdle et al. 2010) ergibt sich damit eine Interpretation, dass der GFP nicht als substantieller Faktor, sondern als evaluativer Faktor verstanden wird. Gestützt wird diese Interpretation durch Studien, in denen Personen beurteilt wurden, die den Beurteilern nur kurz bekannt waren (Rauthmann und Kolar 2010). Die Struktur der Fremdbeurteilungen lässt sich durch ein hierarchisches Modell erklären, an dessen Spitze der GFP steht, der aus zwei Sekundärfaktoren gebildet

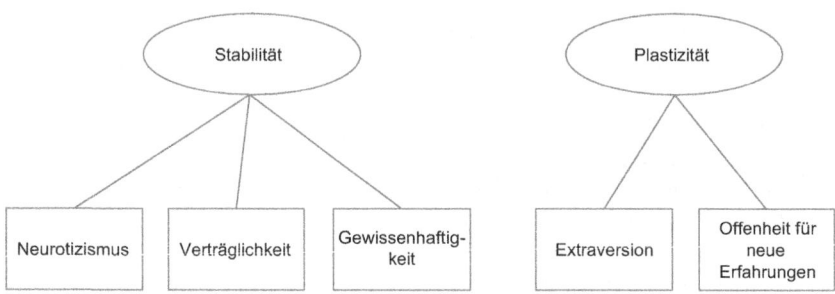

Abb. 5.1 Die Metatraits Stabilität und Plastizität

wird, die wiederum auf den Big Five basieren. Eine Interpretation der hierarchischen Struktur ist, dass Personen Andere primär und entsprechend global auf einer positiv-negativ Bewertungsdimension beurteilen (GFP). Diese Beurteilung wird auf dem nächsten Niveau (Sekundärfaktoren) in interpersonal relevante Aspekte, z. B. den beiden Basisdimensionen sozialer Urteilsbildung, Agency und Communion, differenziert. Die nächste Ebene der differenzierten Beschreibung sind dann die Big Five.

Eine biologische Erklärung der beiden Sekundärfaktoren geben Hirsh, DeYoung und Peterson (2009). Die gemeinsame Varianz der Faktoren Emotionale Stabilität, Verträglichkeit und Gewissenhaftigkeit wird als Metatrait Stabilität und die der Faktoren Extraversion und Offenheit als Metatrait Plastizität bezeichnet. Stabilität korreliert mit der Vermeidung von impulsiven Verhaltensweisen wie Alkohol- oder Drogenkonsum und wird mit serotonergen Strukturen in Verbindung gebracht. Plastizität korreliert mit dem Engagement in Verhaltensweisen, die Annäherung und Exploration umfassen, wie die Teilnahme an sozialen Veranstaltungen. Plastizität basiert auf dopaminergen neuronalen Strukturen (Abb. 5.1).

5.1.2.4 Die variablen-zentrierte versus personen-zentrierte Perspektive

Ein weiterer Kritikpunkt ist die einseitige variablen-zentrierte Perspektive des FFM auf interindividuelle Unterschiede zwischen Personen. Das FFM trifft keine Aussagen darüber, wie die einzelnen Variablen innerhalb von Personen organisiert sind. Folgt man der klassischen Definition von Persönlichkeit durch Allport (1937, S. 48) " Persönlichkeit ist die dynamische Ordnung derjenigen psychophysischen Systeme innerhalb des Individuums, die seine einzigartigen Anpassungen an seine Umwelt bestimmen.", dann fehlt dem FFM die intraindividuelle Perspektive, also der Fokus auf den gesamten Menschen in seiner komplexen intraindividuellen Organisation

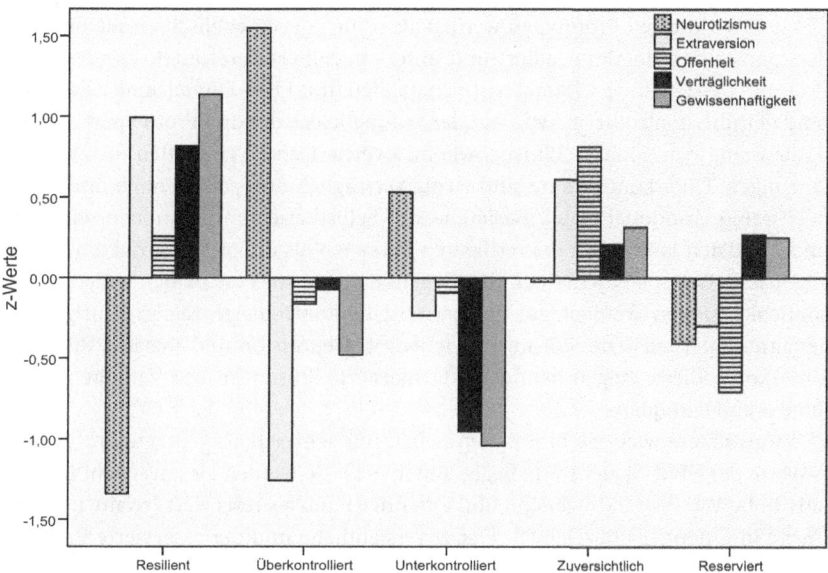

Abb. 5.2 Prototypische Big-Five-Profile für fünf Persönlichkeitstypen einer bevölkerungs-repräsentativen Stichprobe

der Komponenten der Persönlichkeit und ihre Einbettung in situative und ontologische Kontexte. Die Notwendigkeit der simultanen Berücksichtigung mehrerer Persönlichkeitsdimensionen ergibt sich aus der Erkenntnis, dass kein einzelnes Persönlichkeitsmerkmal ein hinreichend sicherer prognostischer Indikator für spezifische psychische Störungen oder körperliche Erkrankungen ist, sondern erst die Kombination mehrerer Eigenschaften die Vorhersage verbessert (Friedman und Booth-Kewley 1987). So gibt es beispielsweise sehr widersprüchliche Befunde zum Zusammenhang zwischen den Big Five und Alkoholmissbrauch und –abhängigkeit (siehe Vollrath 2006). Im Gegensatz dazu zeigen typologische Studien, die Konfigurationen von Eigenschaften berücksichtigen (siehe Robins et al. 1998), konsistente Zusammenhänge von Eigenschaftskonfigurationen und Alkoholmissbrauch und –abhängigkeit (Caspi et al. 1997; Vollrath und Torgersen 2002).Die modernen prototypischen oder auch als personen-zentriert bezeichneten Ansätze haben eine Reihe von Vorteilen, die sie zu einer sinnvollen Ergänzung der variablen-zentrierten Perspektive machen, z. B. steht die Person im Mittelpunkt, es werden Ähnlichkeiten und Unterschiede zwischen Personen – und nicht zwischen Variablen – untersucht.

Auf Basis des FFM lassen sich mit statistischen Verfahren wie der Clusteranalyse Persönlichkeitsprofile bilden. In Abb. 5.2 sind die Profile der Prototypen einer repräsentativen Stichprobe aus Deutschland veranschaulicht (Herzberg und Roth 2006).

Die drei wichtigsten Prototypen werden als resilient (von englisch „resilient" = widerstandsfähig), überkontrolliert und unterkontrolliert bezeichnet. Der resiliente Prototyp weist positive Charakteristiken in allen fünf FFM-Dimensionen auf, während der überkontrollierte Typ zwar der verträglichste der drei Prototypen ist, aber dafür wenig emotional stabil ist sowie introvertiert und wenig offen für neue Erfahrungen. Unterkontrollierte sind wenig verträglich und gewissenhaft und ebenfalls wenig emotional stabil. Basierend auf Selbstberichten, Fremdbeurteilungen und Testdaten lassen sich die resilienten Personen als die psychosozial am besten angepasste Gruppe beschreiben. Im Gegensatz dazu sind die beiden anderen Persönlichkeitstypen weniger gut angepasst. Überkontrollierte zeigen häufiger sogenannte internalisierte Störungen wie Angst, Depression und sozialen Rückzug. Unterkontrollierte zeigen häufiger externalisierte Störungen wie Verhaltensprobleme oder Delinquenz.

Zwei weitere wichtige Prototypen haben nur schwach ausgeprägte Profile (alle z-Werte der FFM-Skalenwerte liegen unter ± 1); sie werden als zuversichtlich (relativ hohe Werte in Extraversion und Offenheit) und als reserviert (relativ niedrige Werte in Offenheit) bezeichnet. Der zuversichtliche und der reservierte Prototyp nehmen eine mittlere Position im Kontinuum der psychosozialen Anpassung zwischen dem resilienten und dem über- und dem unterkontrollierten Prototyp ein.

Der personen-zentrierte Ansatz schlägt eine Brücke zwischen den nomothetischen Zielen der Persönlichkeitspsychologie (dem Erkennen von Gesetzmäßigkeiten, die für alle oder viele Menschen gelten) und dem idiographischen Anspruch (das Besondere, den Einzelfall betreffend), indem der Fokus auf Gesetzmäßigkeiten, die für Gruppen von Personen gelten, gelegt wird. Ein Beispiel für eine prototypologische Studie enthält Übersicht 14.

Übersicht 14 Typen, nicht Variablen verursachen Verkehrsunfälle
In einer Studie zum Zusammenhang zwischen den fünf Dimensionen des FFM und einer Reihe von Kriterien des Verkehrsverhaltens wie Unfallbeteiligung, Bußgelder, Führerscheinentzug konnte gezeigt werden, dass nur zwischen den Persönlichkeitsprototypen, nicht aber den fünf Faktoren replizierbare Unterschiede in den Verkehrskriterien bestehen (Herzberg 2009), die durch jeweils unterschiedliche Mechanismen zu erklären sind. So kann das Verhalten im Straßenverkehr des resilienten Prototyps mit einer kognitiven Verzerrung, dem optimistischen Bias, erklärt werden. Zum einen manifestiert sich der optimistische Bias in einer Unterschätzung des individuellen Unfallrisikos, das heißt, Personen, die diesem Prototyp zugeordnet werden, schätzen ihr persönliches Risiko, in einen Unfall verwickelt zu werden oder selber einen zu verursachen, für sich geringer ein als für

andere Verkehrsteilnehmer. Diese Unterschätzung führt zu einer höheren Risikoneigung, die wiederum mit einem höheren Unfallrisiko assoziiert ist. Zusätzlich zur Unterschätzung des eigenen Risikos ist der optimistische Bias durch die Überschätzung der eigenen Fahrkompetenzen gekennzeichnet, die wiederum zu einer Kontrollillusion führt. Diese Kontrollillusion führt zu weniger Vorsicht im Straßenverkehr und weniger Vorsicht erhöht wiederum das Unfallrisiko. Im Gegensatz dazu kann das Risikoprofil des Unterkontrollierten mit den geringen Selbstregulationskompetenzen, etwa im Bereich der Aufmerksamkeitssteuerung oder des impulsiven Verhaltens erklärt werden. Aus diesen Unterschieden zwischen den Prototypen lassen sich auch differentielle Strategien für die Prävention und Beratung ableiten. Es ist gut dokumentiert, dass Prävention wenig zielführend ist, wenn sie nach dem Gießkannenprinzip erfolgt und nicht zielgruppenorientiert ist. Setzt man die Erkenntnisse aus dieser Studie um, kann daraus eine differentielle Präventions- und auch Interventionsstrategie abgeleitet werden. Beispielsweise sollte für den resilienten Typ die Aufklärung und Demonstration des optimistischen Bias sowie die Vermittlung des Zusammenhangs zum Unfallrisiko im Vordergrund stehen. Präventionsziel wäre die realistische Einschätzung der eigenen Fahrkompetenzen. Im Gegensatz dazu wäre für den Unterkontrollierten die Vermittlung und das Training von Selbstregulationskompetenzen die Präventionsmethode der Wahl. Solche spezifischen Therapieprogramme für den Umgang mit Ärger und Aggression im Straßenverkehr werden erfolgreich angewendet (Deffenbacher et al. 2002).

Ebenso unsinnig wie der Streit zwischen Befürwortern der variablen-zentrierten und den der personen-zentrierten Perspektive war eine langandauernde Kontroverse zwischen den Anhängern der nomothetischen und einzelfallbezogenen Ausrichtung der persönlichkeitspsychologischen Forschung (vgl. Kap. 3.1 und insbesondere Kap. 7).

Übersicht 15 Kontroversen der Persönlichkeitspsychologie: Nomothetik vs. Idiographie
Eine Möglichkeit, diese Polarität idiographischer versus nomothetischer Forschungstradition zu überbrücken, sind typologische Ansätze. Typologische Ansätze sind einerseits nomothetisch, da Gruppen von Personen aufgrund der Ähnlichkeitsstruktur von Merkmalsprofilen in einer Stichprobe gebildet werden. Andererseits beruht die nomothetische Analyse auf idio-

graphisch vielseitigen Daten, da komplette Merkmalsprofile von Personen gruppiert werden und nicht einzelne Merkmale.

Schmitz (2000) sieht in der Kombination von Idiographie und Nomothetik eine neue Chance für den Erkenntnisfortschritt der Psychologie. Auch das von Kluckhohn et al. (1953) beschriebene Paradox von Konformität und Individualität lässt sich möglicherweise mit Hilfe typologischer Ansätze besser verstehen. Totton und Jacobs (2001) betonen dieses Potential typologischer Ansätze:

The theory of character and personality types can illuminate both of these aspects of our humanity – our difference and our similarity … it can offer a model for seeing how individual differences are an ordered set of ways in which we express our understanding of similarity; and, equally, how we are all similar in the very fact of our individuality. (S.1)

Obwohl das FFM heftig kritisiert worden ist (z. B. Block 1995; H. J. Eysenck 1992), leistet es als faktoranalytisch fundierter Referenzrahmen zur Beschreibung und Klassifikation interindividueller Unterschiede einen wichtigen Beitrag für die Persönlichkeitspsychologie. Seine Stärke liegt vor allem in der Beschreibung der Persönlichkeit, hingegen wird der Erklärungswert des FFM für die Persönlichkeit von vielen Persönlichkeitspsychologen als gering angesehen. Ein wesentlicher Kritikpunkt des FFM ist der fehlende Bezug zu biologischen Grundlagen. McCrae und Costa (1999) haben versucht, mit der Entwicklung einer Fünf-Faktoren-*Theorie* (FFT) die biologischen Grundlagen der fünf Faktoren nachzutragen. Allerdings stellt sich die Frage, ob ein Top-down-Ansatz, also der Erklärungsweg vom Phänotyp zum Genotyp der richtige Ansatz ist. Zum einen sind die fünf Faktoren auf induktivem Weg via Faktoranalyse aus Elementen der Alltagssprache extrahiert worden (Adjektive, Itemformulierungen) und daher a priori atheoretische Konstrukte. Zum anderen war der Versuch, die biologische Basis von Extraversion und Neurotizismus via Top-down-Ansatz zu fundieren, bisher nicht erfolgreich (Gray 1991).

Einen Bottom-up Ansatz, also der Versuch, von biologischen Grundlagen zur Beschreibung und Erklärung von Persönlichkeitsunterschieden zu gelangen, stellt die Reinforcement-Sensitivitäts-Theorie dar, die im nächsten Abschnitt vorgestellt wird.

5.2 Die Verstärker-Sensitivitäts-Theorie

Die Reinforcement-Sensitivitäts-Theorie (RST) von Gray (1991) basiert auf der Annahme, das interindividuelle Unterschiede im Erleben und Verhalten auf die Aktivität bzw. Reaktivität neuronaler Systeme zurückzuführen sind. Gray (Gray und McNaughton 2000) postuliert drei fundamentale Systeme:

- BAS: Behavioral Approach System (Verhaltenannäherungssystem)
- BIS: Behavioral Inhibition System (Verhaltenshemmungssystem)
- FFFS: Fight-Flight-Freeze System (Kampf-Flucht-Erstarrungssystem)

Das BAS reagiert auf Reize (sowohl konditionierte als auch unkonditionierte) für Belohnung und Nichtbestrafung (Ausbleiben oder Abbruch einer Bestrafung), also auf Reize, die positive Konsequenzen ankündigen. Die Aktivierung des BAS führt zu einer Verhaltensaktivierung und zu positiven Emotionen wie antizipatorische Freude, Hoffnung oder Erleichterung. Die durch die Aktivierung des BAS ausgelöste Verhaltensaktivierung führt im Falle einer antizipierten Belohnung zu Annäherungsverhalten an ein Ziel und im Falle antizipierter Nichtbestrafung zu Annäherung an Sicherheit.

Die neurobiologische Basis des BAS wird in den dopaminergen Fasern der Substantia nigra, dem ventralen Tegmentum sowie dem mesolimbischen und mesocorticalem Dopaminsystem vermutet. Dieses System ist mit dem präfrontalen Kortex verbunden.

Nach der ursprünglichen Version der RST reagiert das BIS auf konditionierte Reize für Bestrafung und Nichtbelohnung, also auf Reize, die negative Konsequenzen ankündigen. Das BIS reagiert ebenfalls auf unbekannte neue Reize. Die Aktivierung des BIS führt zu einer Verhaltenshemmung des aktuell ausgeführten Verhaltens, einer Steigerung der Erregung (für die Vorbereitung des Verhaltensrepertoires, welches als Reaktion auf die auslösenden Reize ausgeführt werden soll). Weiterhin führt die Aktivierung des BIS zu einer verstärkten Vigilanz und Fokussierung auf die auslösenden Reize und die Umgebung. In der Revision der Theorie besteht die Hauptfunktion des BIS nicht mehr in der Reaktion auf aversive Reize, sondern in der Lösung von Zielkonflikten (z. B. zwischen Annäherung [BAS] und Vermeidung [FFFS], aber auch Appetenz-Appetenz- oder Vermeidung-Vermeidungs Konflikte). Das BIS funktioniert also wie ein Konfliktdektor für Zielkonflikte, die durch die simultane Aktivierung des BAS und des FFFS ausgelöst werden. Das BIS generiert als emotionale Antwort auf eine Aktivierung das Gefühl der Angst. Eine BIS-Aktivierung führt weiterhin zur Hemmung von vorherrschendem Konfliktverhalten und initiiert die Risikobeurteilung, indem die Aufmerksamkeit erhöht und auf die Umgebung gerichtet wird, um diese nach weiteren Gefahrenreizen abzusuchen. Parallel dazu werden Gedächtnisinhalte nach Informationen über die gefährlichen Hinweisreize der Situation abgerufen.

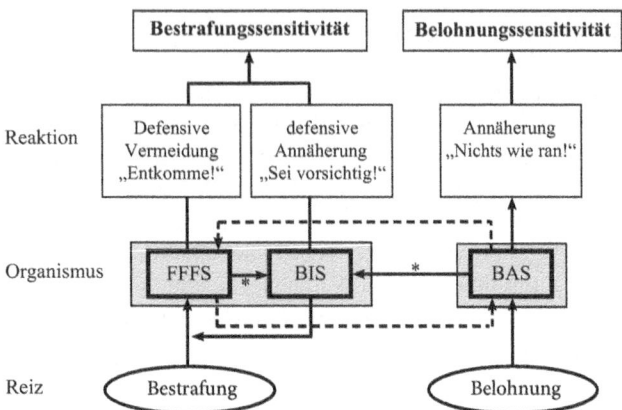

Abb. 5.3 Prozessmodell der Verstärkungssensitivität der RST © (Smillie, 2008)

BAS-Aktivierung durch Belohnung hemmt das FFFS, während die FFFS-Aktivierung durch Strafe das BAS hemmt (gestrichelte Pfeile).

Das BIS wird nur dann aktiviert, wenn das FFFS und BAS gemeinsam aktiviert sind und damit einen Zielkonflikt signalisieren (z. B. Annäherungs-Vermeidungs-Konflikt, Pfeile mit Stern). Eine BIS-Aktivierung beeinflusst den BAS-FFFS-Konflikt zugunsten des FFFS durch eine Gewichtung des FFFS-Inputs. Belohnungssensitivität entspricht interindividuellen Variationen im BAS, während Bestrafungssensitivität interindividuelle Variationen des BIS und FFFS entspricht.

Die RST unterscheidet 2 Vermeidungsprozesse, die FFFS vermittelte defensive Vermeidung und die BIS vermittelte defensive Annäherung.

Reize und Situationen (gilt für Bestrafungs- als auch Belohnungsreize) die neu sind, aktivieren das FFFS und das BAS simultan.

Die biologische Grundlage des BIS wird im Septo-Hippocampalen-System (ein komplexes neuronales Netzwerk bestehend aus Septum, Hippocampus, Papez-Kreis, mit Verbindungen zu temporalen und frontalen Arealen des Kortex) angesiedelt.

Das FFFS reagiert auf alle Arten aversiver Reize (sowohl konditionierte als auch unkonditionierte) mit spezifischen Verteidigungsverhalten. Die Einschätzung der Gefahrensituation führt zu Kampf, wenn der Bedrohung nicht mehr entflohen werden kann; zu Flucht, wenn dadurch die Bedrohung vermieden werden kann oder zu Erstarrung, wenn die Bedrohung distal ist, aber eine Flucht nicht möglich ist. Die emotionale Reaktion der Aktivierung des FFS ist Furcht (nicht Angst wie beim BIS). Als neurobiologische Basis gelten das zentrale Höhlengrau und der mediale Hypothalamus.

Zusammenfassend beschreibt und erklärt die RST zwei prinzipielle Dimensionen der Verhaltensregulation, eine Annäherungstendenz („Go"-Funktion) und eine Verhaltenshemmung („Stop"-Funktion), deren mögliches Zusammenspiel in Abb. 5.3 dargestellt ist. Welche persönlichkeitspsychologische Relevanz hat die RST, die auf Grundlage umfangreicher Tierstudien und pharmakologischen Experimenten entwickelt wurde? Oder anders gefragt, wo bleibt die Persönlichkeit in der RST?

5.2.1   Interindividuelle Unterschiede in der Verstärkungssensitivität

Die unterschiedliche Ansprechbarkeit der Annäherungs- und Vermeidungssysteme bildet nach Gray die Grundlage interindividueller Differenzen. BIS und BAS sind in der RST nicht als unabhängige Systeme konzipiert, sondern als wechselseitig abhängig und beeinflussend. Nach der Aktivierung eines Systems ist das andere System gehemmt. Beide Systeme sollen homöostatisch zusammen agieren. Liegt eine habituelle Dysbalance beider System vor, resultiert bei stärkerer Ansprechbarkeit des BIS die Disposition *Ängstlichkeit*. Personen mit hoher Ansprechbarkeit des Verhaltenshemmungssystems werden als sehr ängstlich beschrieben, mit der Tendenz, Dinge als potentiell bedrohlich zu bewerten und besonders stark auf potentielle Gefahr und Bedrohung anzusprechen. Personen mit geringer Ansprechbarkeit des Verhaltenshemmungssystems gelten dementsprechend als nicht ängstlich.

Bei stärkerer Ansprechbarkeit des BAS ist die resultierende Disposition *Impulsivität*. Personen mit hoher Ansprechbarkeit des Verhaltensannäherungssystems werden als impulsiv beschrieben, sie haben eine ausgesprochene Belohnungsorientierung und betrachten ihre Umwelt optimistisch in dem Sinne, dass Ereignisse das Potential für Belohnung aufweisen. Personen mit niedriger Ansprechbarkeit des Verhaltensannäherungssystems werden als nicht impulsiv betrachtet.

Die Relation der beiden Persönlichkeitsdimensionen Ängstlichkeit und Impulsivität der RST im Verhältnis zu den zwei faktoranalytisch gewonnenen Dimensionen Neurotizismus und Extraversion des PEN-Modells von Eysenck ist in Abb. 5.4 dargestellt.

Ängstlichkeit weist eine hohe positive Korrelation zum Neurotizismus und eine moderate negative Korrelation zur Extraversion auf. Ängstliche Personen können demnach als emotional labile Introvertierte charakterisiert werden (N + +, E−). Impulsive Personen lassen sich nach der Abbildung als emotional labile Extrovertierte beschreiben (N +, E + +).

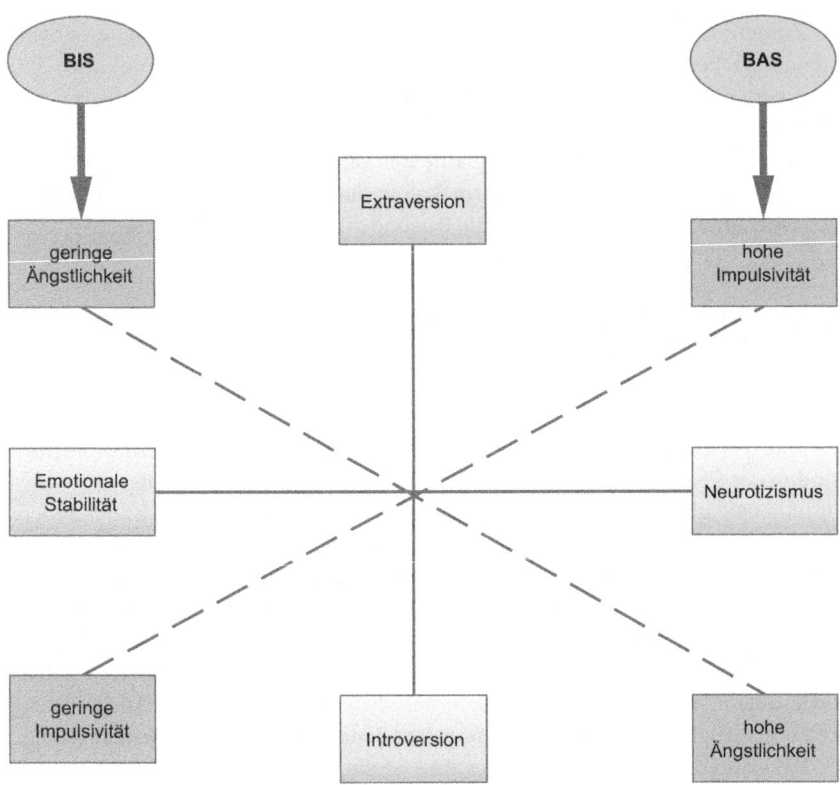

Abb. 5.4 Beziehung zwischen den Persönlichkeitsdimensionen der RST (Impulsivität und Ängstlichkeit) und den faktoranalytisch gewonnenen Basisdimensionen Extraversion und Neurotizismus nach dem PEN-Modell von Eysenck

Zur Messung interindividueller Unterschiede der emotionalen und behavioralen Konsequenzen der BIS- und BAS-Aktivität sind eine Reihe von psychometrischen Messverfahren entwickelt worden, von denen der BIS/BAS-Fragebogen von Carver und White (1994) am häufigsten eingesetzt wird.

Geschlechtsunterschiede zeigen sich über verschiedene Fragebogen hinweg. Frauen weisen eine höhere BIS-Aktivität auf. Bezüglich der BAS-Aktivität haben Männer eine höhere Ausprägung in den Dimensionen Kampf, Belohnungserwartung, Belohnungssensibilität und Annäherungsmotivation.

Abbildung 5.4 verdeutlicht, wie unterschiedliche Zugänge zur Persönlichkeit (Bottom-up versus Top-down) zu unterschiedlichen Basisdimensionen der Persönlichkeit gelangen.

5.3 Kritik an dispositionellen Persönlichkeitseigenschaften

Die Ausführungen haben deutlich gemacht, dass dispositionelle Persönlichkeitseigenschaften als generelle Verhaltenstendenzen in verschiedenen Situationen aufgefasst werden. Das impliziert, dass Verhalten – zumindest in einem gewissen Ausmaß – über verschiedene Situationen hinweg konsistent ist (transsituationale Konsistenz des Verhaltens). Demnach soll sich eine extravertierte Person in vielen Situationen gesprächig, gesellig und erlebnishungrig zeigen. Die Erfahrungen zeigen, dass Personen sich nicht absolut konsistent verhalten, sondern dass die Situationen, in denen sich Personen befinden, das Verhalten mitbestimmen. So kennen alle Hochschullehrer Studenten, die in Vorlesungen sehr gesprächig sein können, in einer Prüfungssituation möglicherweise sehr wenig von sich aus sprechen. Solche Beobachtungen lassen Zweifel aufkommen, ob nicht die Situation das Verhalten stärker beeinflusst, als dies Persönlichkeitseigenschaften tun. Genau diese Überlegungen führten zu einer der in der Einleitung genannten Kontroversen der Persönlichkeitspsychologie, nämlich der Frage, ob die Situation oder die Persönlichkeit das Verhalten einer Person bestimmen.

5.3.1 Kontroverse: Person versus Situation

Der Sozialpsychologe Walter Mischel zweifelte die Bedeutung von globalen Traits für die Vorhersage von Verhalten an und präsentierte in seinem einflussreichen Buch *Personality and Assessment* (1968) zahlreiche Belege dafür. Seine Übersicht über Studien zu Persönlichkeitsvariablen wie Ehrlichkeit, Aggressivität und Rigidität zeigte, dass Zusammenhänge zwischen Persönlichkeitseigenschaften und tatsächlichem Verhalten in konkreten Situationen generell niedrig ausfallen und selten den Wert $r = 0{,}30$ übersteigen. Auch die Zusammenhänge zwischen Indikatoren derselben Klasse von Verhaltensweisen (z. B. Ehrlichkeit in verschiedenen Situationen wie Abschreiben bei einer Klausur, Ehrlichkeit bei der Selbstkorrektur einer Klausur, Entwendung eines kleinen Geldbetrages bei Gewissheit, dass der Diebstahl nicht entdeckt wird), die eine Person in verschiedenen Situationen zeigt, fielen nur gering aus. Mischels ging in seiner Kritik soweit, nicht nur den Nutzen von globale Traits für die Vorhersage von Verhalten anzuzweifeln, sondern sogar die Existenz von Traits in Frage zu stellen. Seiner Meinung nach existieren globale Traits nur in der Wahrnehmung des Beobachters und stellen damit eine Variante des fundamentalen Attributionsfehlers dar, also der Tendenz, dass ein Beobachter bei der Analyse des Verhaltens eines Menschen den Einfluss der Situation unter- und den Einfluss der persönlichen Veranlagung überschätzt.

Mischels Kritik stimulierte umfangreiche Bemühungen, diese Kontroverse zu lösen. Denn interindividuelle Unterschiede im Erleben und Verhalten lassen sich nicht leugnen: Wir alle haben die Beobachtung und Erfahrung gemacht, dass konkretes Verhalten nicht nur von der spezifischen Situation abhängt, sondern von individuellen Besonderheiten der Person, also ihrer Persönlichkeit. So kennen wir alle Personen, die bestimmtes Verhalten mit einer bestimmten Regelmäßigkeit zeigen, etwa zu spät zu Verabredungen zu kommen oder unsicher zu sein. Und wer möchte schon von sich behaupten, ein Spielball der Situationen und uns umgebenden Umwelten zu sein? Die Vorstellung, dass wir wie im behavioristischen Paradigma nur auf Reize der Situation reagieren, wird den meisten von uns Unbehagen bereiten. Passt es nicht besser zu unserem Selbstbild, uns als Akteure unseres Handelns zu verstehen?

Wie bei so vielen Kontroversen liegt auch in der *Person versus Situation* Kontroverse (Mischel 1968) die Lösung nicht in der Absolutierung einer der beiden Aspekte, sondern in deren Zusammenspiel. Das wird sofort deutlich, wenn wir uns vergegenwärtigen, dass die Bedeutung von Situationen nicht nur in ihren objektiven Parametern liegt (z. B. physikalische Begebenheiten wie Temperatur in einem Raum, Anzahl der Personen), sondern in der Wahrnehmung und Interpretation dieser Parameter, die von individuellen Besonderheiten des Wahrnehmenden bestimmt wird, z. B. der sozialen Ängstlichkeit der Person oder ihrem Optimismus.

Sinnvoll erscheint auch die Unterscheidung in sogenannte *starke* und *schwache* Situationen. In *starken* Situationen gibt es universelle und eindeutige Hinweisreize auf Verhaltensnormen, also welches Verhalten in einer solchen Situation als adäquat gilt. Bekannte Beispiele sind die

- rote Ampel im Straßenverkehr, an denen die meisten Autofahrer anhalten, unabhängig von ihrer Ausprägung in dem Merkmal Aggressivität
- die Situation während einer Predigt in der Kirche oder während einer Beerdigung, in der die meisten Personen, unabhängig von ihrer Ausprägung in dem Merkmal Extraversion oder ihrer Humorneigung keine Witze erzählen.

Schwache Situationen beinhalten keine eindeutigen oder generell akzeptierten Hinweise und erfordern daher keine Restriktionen im Ausdruck der eigenen Persönlichkeit, so dass die Merkmale der Person in schwachen Situationen verhaltensrelevant sind. Ein Beispiel für eine schwache Situation ist eine Grillparty bei Freunden.

Eine Besonderheit auf dem Kontinuum zwischen starken und schwachen Situationen stellen *ambivalente* Situationen dar (siehe dazu die Klassische Studie in Kasten), in denen bestimmte Persönlichkeitsmerkmale mit den wahrgenommenen Attributen der Situation interagieren.

Klassische Studie

Eine Studie von Dodge (1980) illustriert, wie in uneindeutigen Situationen Persönlichkeitsunterschiede relevant werden und mit der Situation interagieren, hingegen in Situationen mit eindeutige Hinweisreizen die Situation das Verhalten stärker beeinflusst.

90 Schüler, die von Lehrern und Mitschülern als aggressiv bzw. nicht aggressiv beurteilt wurden, wurden per Zufall auf 3 Versuchsbedingungen aufgeteilt, in denen ein Puzzle zusammenzusetzen war und bei Erfolg ein Preis zu gewinnen war. Dem Kind wurde mitgeteilt, dass in einem anderen Raum ebenfalls ein anderes Kind dieselbe Aufgabe bearbeitet. Nachdem das Kind ein Teil des Puzzles zusammengesetzt hatte, erfolgte eine kurze Pause, nach deren Beendigung das Kind sein Puzzle zerstört vorfand hingegen das Puzzle des anderen Kindes halb fertig war.

Variiert wurde die Intention des Eingriffes, indem die Kommentare des Kindes via Lautsprecher aus dem anderen Raum zu hören waren, die sich in den 3 Versuchsbedingungen unterschieden. In der

1. gutartigen (eindeutigen Situation) hörte das Kind, dass das andere Kind eigentlich einige Teile dem Puzzle hinzufügen wollte
2. uneindeutigen Situation gab das andere Kind nur einen neutralen Kommentar ab
3. feindseligen Situation begründete das andere Kind die Zerstörung damit, dass es nicht wollte, dass das Kind es schafft, den Preis zu gewinnen.

Das Ergebnis zeigte keine Unterschiede zwischen aggressiven und nicht aggressiven Kindern in der feindseligen Situation (beide Gruppen reagieren aggressiv) und der gutartigen Situation (beiden Gruppen reagieren kaum aggressiv). Die Interaktion zwischen der Situation und der Person wird in der uneindeutigen Situation deutlich, in der nur die als vorher aggressiv eingestuften Jungen aggressiv reagieren, nicht aber die als nicht aggressiv eingestuften.

Aufgabe

Welche weiteren Beispiele zu starken, ambivalenten und schwachen Situationen fallen Ihnen ein?

Personen und Situationen verhalten sich auch nicht orthogonal (unabhängig) zueinander, Personen sind Situationen nicht nur ausgesetzt, sondern suchen bestimmte Situationen auf und versuchen, andere zu meiden. So findet man Personen mit hoher Ausprägung in dem Trait Sensation Seeking sicher überproportional häufiger bei Renn- oder Abenteuerveranstaltungen, als auf einer Modelleisenbahnausstellung.

Exkurs: Person-Umwelt-Transaktionen

Es lassen sich drei Mechanismen der Person-Umwelt-Kovarianz unterscheiden (Buss 1987):

1. Evokative Person-Umwelt-Transaktionen: Personen evozieren (passiv) aufgrund ihrer Verhaltensweisen bei anderen Personen Reaktionen. Ein Beispiel ist, wie Eltern auf das Temperament ihres Kindes reagieren.
2. Aktive Auswahl: Personen suchen Situationen auf, die zu ihrer Persönlichkeit passen (oder vermeiden aktiv Situationen, die nicht dazu passen). Beispielsweise werden extravertierte Personen Situationen mit vielen Interaktionspartner aufsuchen, hingegen schüchterne Personen versuchen werden, soziale Interaktionen zu vermeiden, in denen sie möglicherweise im Mittelpunkt stehen könnten.
3. Manipulative Person-Umwelt-Transaktionen: Personen können ihre Umwelten entsprechend ihrer Persönlichkeit, ihren Bedürfnissen oder Zielen modifizieren manipulieren oder sogar kreieren. Etwa, wenn ein kreativer Künstler ein Künstlerhaus einrichtet und weitere kreative Künstler um sich versammelt, um seine Kreativität weiter zu verstärken.

Die drei Mechanismen der Person-Umwelt-Kovarianz operieren sehr wahrscheinlich auch simultan. So wählen Personen ab einem gewissen Alter aktiv bestimmte Kontexte aus und evozieren Reaktionen in ihrer sozialen Umwelt, auf die sie dann wiederum reagieren. Beispielsweise unterscheiden sich Personen mit hohen und niedrigen Werten in dem Merkmal Neurotizismus in ihrer Exposition (aktive Auswahl und/oder evokative Person-Umwelt-Transaktionen) in stressreiche Situationen (Bolger und Schilling 1991). Die höhere Exposition beruht zum einen auf aktiver Auswahl aber auch auf Reaktionen anderer Personen auf Personen mit hohen Neurotizismuswerten (evokative Person-Umwelt-Transaktionen).

Ebenso reagieren Personen mit hohen Neurotizismuswerten stärker auf Stress (Bolger und Schilling 1991) und nutzen weniger effektive (vermeidende und emotionsbezogene) Bewältigungsmechanismen in der Auseinandersetzung mit stressreichen Situationen (manipulative Person-Umwelt-Transaktionen) (siehe Hoyer et al. 2012).

Abb. 5.5 Schematische
Darstellung des dynamischen
Interaktionismus

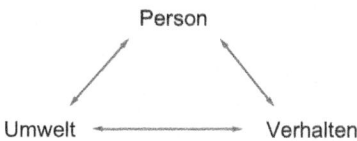

5.3.2   Lösung der Kontroverse: Interaktionismus

Ansätze, die das Zusammenspiel von Person *und* Situation untersuchen, werden unter dem Begriff Interaktionismus zusammengefasst. Die Grundidee des Inter-aktionismus besagt, dass sowohl die Person als auch die Situation das Verhalten beeinflussen. Anhand der Studie von Dodge wurde deutlich, dass die Interpreta-tion einer Situation als stark, schwach oder ambivalent wiederum von Merkma-len der Person abhängig ist. Aus dem zweiten Punkt ergibt sich, dass Situationen wiederum auf die Person zurückwirken können. Die Möglichkeit, aktiv Situatio-nen aufzusuchen, die zur eigenen Persönlichkeit passen und auf die Persönlichkeit zurückwirken können, lässt sich an folgendem Beispiel zeigen. Interessiert man sich z. B. für Umweltschutz und sucht daher bestimmte Veranstaltungen, z. B. von Greenpeace auf, wird man dort eher Gleichgesinnte treffen, sich mit ihnen aus-tauschen, was wiederum dazu führen kann, dass die eigenen Überzeugungen und Werte bezüglich des Erhalts der Umwelt gestärkt werden, was sich auch in konkre-ten Verhaltensweisen niederschlagen kann, etwa dem verantwortlichen Umgang mit Ressourcen.

Damit wird deutlich, dass Person und Situation nicht uni-direktional, d. h. in einer Ursache-Wirkungs-Relation stehen, sondern sich über dynamische Transak-tionen reziprok beeinflussen (siehe Abb. 5.5).

Das Attribut *dynamisch* erklärt auch, warum sich Personen in den gleichen Situ-ationen oder auch ähnlichen Situationen durchaus unterschiedlich verhalten kön-nen. So ist es denkbar, dass ein Student sich in einem Seminar nur wenig beteiligt, da er vielleicht das Fach oder den Dozenten nicht sonderlich interessant findet. Im darauf folgenden Seminar ist er engagiert und wissbegierig, da der Seminarstil des Dozenten und die Lerninhalte sein Interesse anregen. In zwei formal relativ ähnlichen Situationen – einem Seminar – zeigt der Student sehr unterschiedliche Verhaltensweisen. Dieses Beispiel passt zu unserer Erfahrung, dass wir uns in ähn-lichen Situationen durchaus sehr unterschiedlich verhalten können. Das eine ge-wisse Variabilität im Erleben und Verhalten adaptiv und natürlich ist, lässt sich am Beispiel von psychischen Erkrankungen zeigen. So reagieren Personen mit Zwangsstörungen sehr aversiv auf Veränderungen in ihrer Umwelt, ebenso wie Personen mit autistischen Störungen. Die fehlende Flexibilität im Verhalten von Personen, die an solchen psychischen Störungen leiden ist in zwei bekannten Fil-men dargestellt (siehe Übersicht 16).

Übersicht 16 Zwei bekannte Filme, deren Hauptfiguren aufgrund von psychischen Störungen in vielen Situationen eine sehr hohe transsituative Konsistenz zeigen

Rain Man (USA 1988)

Raymond (Dustin Hofman) leidet an Autismus. Er kann kaum Beziehungen zu Menschen aufbauen, einfachste Alltagshandlungen nicht ohne Hilfe ausführen und erträgt keinerlei Abweichung von seinem gewohnten Tagesablauf. So muss er beispielsweise jeden Tag seine Lieblingssendung zur selben Zeit im Fernsehen sehen, egal, wo er sich gerade befindet. Auch kann er sein Frühstück nicht essen, wenn nicht eine bestimmte Sorte Ahornsirup auf dem Tisch steht.

Besser geht's nicht (As Good as it Gets, USA 1997)

Der erfolgreiche New Yorker Schriftsteller Melvin (Jack Nichelson) leidet an Zwangsneurosen. In Restaurants nimmt er immer sein eigenes Plastikbesteck mit, zum Händewaschen benutzt er jedes Mal ein neues Stück Seife, und auf Pflasterfugen zu treten ist tabu.

Aufgabe

Welche weiteren Beispiele zu unterschiedlichen Verhaltensweisen in ähnlichen Situationen haben Sie letzter Zeit beobachtet oder selber erlebt?

Fallen Ihnen auch Beispiele für den umgekehrten Fall auf, indem in sehr unterschiedlichen Situationen jemand oder Sie ein sehr ähnliches Verhalten gezeigt hat?

Übersicht 17

Die Heftigkeit und Dauer der Person-Situations Kontroverse wird aus heutiger Sicht vielleicht nachvollziehbarer, wenn daran erinnert wird, dass es eine Vielzahl von experimentellen sozialpsychologischen Studien gab, die zeigten, wie die experimentelle Manipulation von Situationen das Verhalten von Personen beeinflusst. Die Autoren schlossen aus ihren Studien, dass die Annahme der Persönlichkeitspsychologen von Konsistenz im Verhalten aufgrund von Persönlichkeitseigenschaften widerlegt werden kann. Funder und Ozer (1983) haben etliche dieser Studien reanalysiert (z. B. das berühmte Experiment zum Gehorsam von Milgram 1975) und konnten zeigen, dass der Einfluss der Situation auf das Verhalten im Durchschnitt $r < 0,40$ betrug und damit nur unwesentlich höher als der von den Verfechtern des Situ-

Tab. 5.2 Faktoren, die in experimentellen Situationen entweder den Einfluss der Situation oder von Eigenschaften auf das Verhalten favorisieren

	Situationen werden wichtiger	Eigenschaften werden wichtiger
Kontext	Neu, formell, öffentlich	Vertraut, informell, privat
Instruktion	Detailliert, vollständig	Allgemein oder gar keine
Wahlmöglichkeiten	Wenig bis gar keine	Erheblich
Dauer	Kurz	Länger
Reaktion bzw. Verhalten	Eng definiert	Breit definiert

ationismus kritisierten Persönlichkeitskoeffizient von $r = 0,30$. Außerdem konnte Buss (1989) zeigen, dass sich die experimentellen Manipulationen so steuern lassen, dass sowohl die Situation oder Persönlichkeitsmerkmale das Verhalten in einem Experiment beeinflussen. Wenn in einem Experiment beispielsweise eine sehr detaillierte Instruktion gegeben wird und kaum oder nur wenig Wahlmöglichkeiten bestehen und die Dauer des Experiments kurz ist, wird der Einfluss der Situation auf das Verhalten stärker sein als der Einfluss von Persönlichkeitseigenschaften (siehe Tab. 5.2).

In der Person-Situations Kontroverse sind die Verfechter des Trait-Ansatzes darauf hingewiesen worden, dass sich Personen in ähnlichen Situationen nicht konsistent verhalten (Mischel 1968). Die geringe transsituative Konsistenz von Verhaltensweisen in unterschiedlichen Situationen wurde schon 40 Jahre früher in der inzwischen klassischen Studie von Hartshorne und May (1928) beobachtet.

Klassische Studie

Hartshorne und May (1928) beobachteten bei 850 Schulkindern in einem Sommercamp in sieben verschiedenen Situationen, in denen Täuschen (z. B. bei einer Klassenarbeit abschreiben), Lügen (bei Fragen ob z. B. abgeschrieben wurde) und Stehlen (eines kleinen Geldbetrages) ohne die Gefahr der Entdeckung möglich war. Aus dem Ausmaß des Lügens oder Stehlens, das ein Kind in einer Situation zeigte, konnten keine verlässlichen Schlüsse auf Lügen, Stehlen oder Schwindeln desselben Kindes in einer anderen Situation gezogen werden. Die mittlere Korrelation des unehrlichen Verhaltens zwischen den Situationen betrug.19, was als Beleg gegen die transsituative Konsistenz von Verhalten interpretiert wurde:

Neither deceit nor its opposite, 'honesty' are unified character traits, but rather specific functions of life situations. Most children will deceive in certain situations and not in others. Lying, cheating, and stealing as measured by the test situations used in these studies are only very loosely related. (Hartshorne & May, 1928, S. 411)

Gegen den Vorwurf der geringen transsituativen Konsistenz sind eine Reihe von Vorschlägen unterbreitet worden, von denen zwei prinzipielle Lösungsansätze vorgestellt werden.

Eine eigentlich auf der Hand liegende Lösung wurde von Epstein (1979) vorgeschlagen, nämlich die Reliabilität der Kriterien zu verbessern. Epstein war aufgefallen, dass die von Mischel zitierten Studien als Kriterien in der Regel nur einzelne Verhaltensmerkmale erfasst hatten, und daher nicht reliabel gemessen worden waren.

Ein Grundprinzip der psychologischen Testtheorie besagt, dass sich die Reliabilität der Messung erhöht, wenn mehrere Messungen gemittelt werden. Bei der Mittelung der Messungen kompensieren sich die einzelnen Messfehler, es resultiert eine gemittelte Messung, deren Messfehler geringer ist als der jeder Einzelmessung. Dieses Prinzip wird bei der Messung von Persönlichkeitseigenschaften umgesetzt, weswegen z. B. Fragebogen zur Erfassung einer Persönlichkeitseigenschaft immer mehrere Items enthalten. Die aus der Testtheorie bekannte Spearman-Brown-Formel beschreibt den Effekt der Hinzunahme von Items auf die Reliabilität eines Messverfahrens.

Epstein konnte zeigen, dass dieses Grundprinzip der Aggregation auch für die Messung von Verhaltensweisen in unterschiedlichen Situationen gilt (siehe Klassische Studie).

Klassische Studie

Epstein (1979) bat Versuchspersonen, über einen längeren Zeitraum ihre positiven und negativen Gefühle, Impulse, Verhaltensweisen und Beschwerden über einen Zeitraum von 2 Wochen einzuschätzen. Die Korrelationen der Kriterien zwischen zwei einzelnen Tagen waren gering (z. B. für positive Emotionen im Durchschnitt .36, für angenehme Verhaltensweisen im Durchschnitt .06) und entsprachen den von Mischel zusammengetragenen Befunden. Wurden die entsprechenden Kriterien jedoch über einen länge-

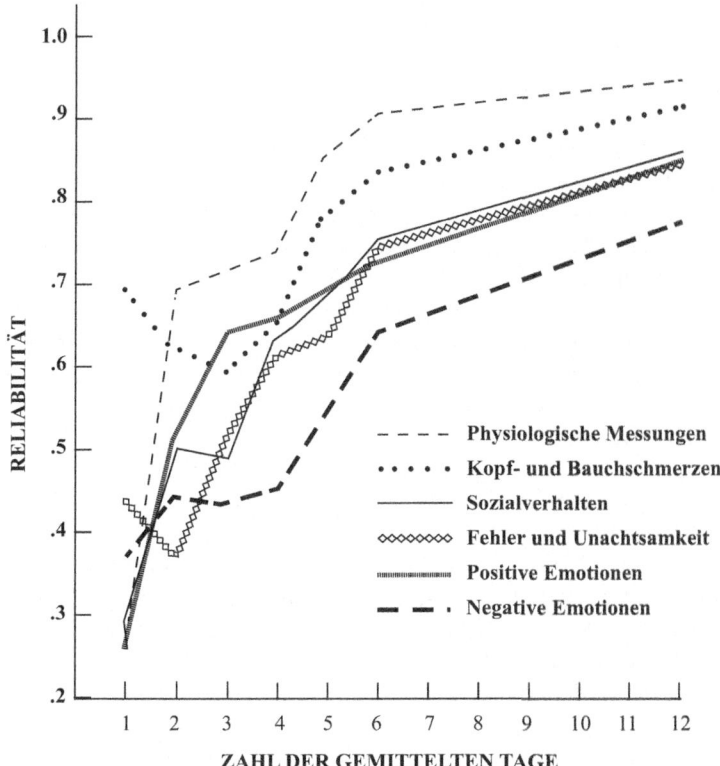

Abb. 5.6 Reliabilitätskoeffizienten in Abhängigkeit von der Anzahl der Tage (Epstein 1979, S. 117)

ren Zeitraum aggregiert, stieg die Reliabilität (gemessen als Korrelation der aggregierten geraden und ungeraden Tage) deutlich an (z. B. für Emotionen im Durchschnitt .88, für Verhaltensweisen im Durchschnitt .74). Abbildung 5.6 stellt den Zusammenhang der Aggregation und der Zunahme der Reliabilität dar.

In einer Übersicht haben Rushton, Brainerd und Pressley (1983) den Effekt des Aggregationsprinzips für eine Vielzahl psychologischer Forschungsbereiche zusammengetragen. Bemerkenswert ist die Reanalyse der Daten der Studie von Hartshorne und May (1928), deren geringen Zusammenhänge zwischen zwei Verhaltensbereichen ($r < 0{,}30$, siehe Kasten klassische Studie) von Mischel (1968) als Argument gegen die transsituative Konsistenz von Verhalten zitiert wurde. Rushton et al. (1983) konnten zeigen, dass die Aggregation einzelner Verhaltensweisen in logisch zusammenhängende Kombinationen zu signifikanten Zusammenhängen zu anderen aggregierten Kombinationen von Verhaltensweisen, zu den Beurteilungen der Kinder durch ihre Lehrer oder zu den Werten eines Tests über Wissen zu moralischen Verhalten führte, die Größenordnungen von .50 bis .60 erreichten. Durch die Aggregation von punktuell einmalig gemessenen Verhaltensweisen konnten die Autoren im Gegensatz zu Mischel (1968) und zu der im Kasten Klassische Studie zitierten Schlussfolgerung von Hartshorne und May (1928) zeigen, dass zwischen den Kindern konsistente Verhaltensunterschiede in der Ehrlichkeit bestehen, oder anders ausgedrückt, dass einige Kinder konsistent ehrlicher sind als andere Kinder.

Wie oben beschrieben, erhöht das Prinzip der Aggregation die Reliabilität von Messungen. Aufgrund der Beziehung $r_{xy} \leq \sqrt{r_{tt}}$ kann die Validität (r_{xy}) einer Variable nicht höher sein als ihre Reliabilität ($\sqrt{r_{tt}}$). Die Erhöhung der Reliabilität vermindert daher den Einfluss der Fehlerbehaftetheit von Messwerten auf die Höhe der Korrelation zwischen 2 Variablen. Je reliabler also 2 Variablen gemessen werden können, desto genauer kann ihr tatsächlicher Zusammenhang berechnet werden. Oder anders formuliert, unreliable Messungen von Variablen maskieren oder verdünnen den Zusammenhang zwischen Variablen.

Rushton et al. (1983) weisen darauf hin, dass die Aggregation von Kriterien auf Basis von fachlicher Expertise zu erfolgen hat und kein Ersatz für unreliable Messungen darstellt. So ist die Aggregation über Situationen nur sinnvoll, wenn das Durchschnittsverhalten in einer Klasse von ähnlichen Situationen interessiert; in diesem Fall kann durch Reduktion des Messfehlers die Vorhersagegenauigkeit erhöht werden. Ist der Fokus hingegen auf die Reaktion von Personen in ganz spezifischen Situationen, verdeckt eine Aggregation über Situationen die situationsspezifischen Varianzanteile.

Der zweite Lösungsvorschlag integriert die Idee der Aggregation von Verhaltensweisen von Epstein (1979) und die Idee der Inkonsistenz von Verhalten über verschiedene Situationen (Mischel 1968) auf elegante Art und Weise: Fleeson (2001) schlägt vor, Traits als situationsbezogene Häufigkeitsverteilungen von Zuständen (personality states) aufzufassen. Ein *state* kann dabei wie ein *trait* aufgefasst werden, mit dem entscheidenden Unterschied, dass es sich auf den Moment bezieht anstatt auf einen längeren Zeitraum. Oder anders ausgedrückt, states sind die Manifestation von traits im Verhalten, z. B. ist der state reizbar die Manifestation des Traits Reizbarkeit (einer Facette des Neurotizismus, siehe Tab. 5.1). Traits

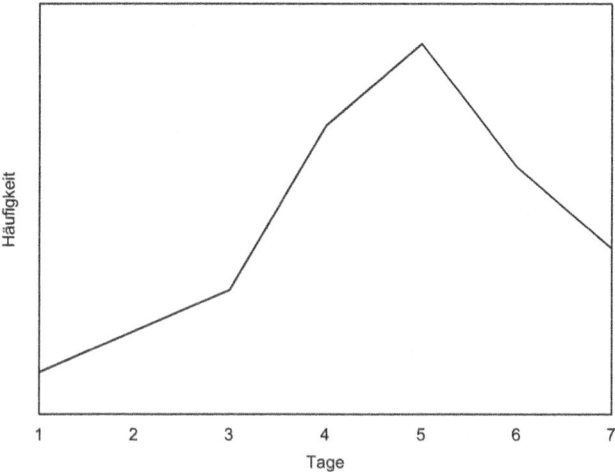

Abb. 5.7 Traits als Häufigkeitsverteilungen von States

manifestieren sich nach Fleeson nicht in einzelnen Verhaltensweisen, sondern in einer Verteilung von Verhaltensweisen. Diese Verteilung kann – wie alle Verteilungen – durch einen stabilen Mittelwert, die Variabilität um diesen Mittelwert und der Form der Verteilung beschrieben werden. Der Mittelwert (oder andere Lagemaße wie der Median) beschreibt die zentrale Tendenz der states einer Person, oder anders ausgedrückt, wie sich die Person meistens verhält. Die Variabilität des Verhaltens, also wie unterschiedlich sich eine Person in verschiedenen Situationen verhält, kann durch die Standardabweichung beschrieben werden. Die Form einer Verteilung lässt sich durch ihre Schiefe und → Kurtosis beschreiben, die die Häufigkeit und die Richtung der Verhaltensweisen an den äußeren Rändern der Skala, mit dem das Verhalten gemessen wird (also dem extremen Verhaltensweisen) angeben.

In Abb. 5.7 ist die Verteilung der Reizbarkeit einer Person über sieben Tage einer Woche dargestellt.

Für diese Person liegt der Mittelwert bei 4.57, zeigt aber auch eine deutliche Variabilität um diesen Mittelwert ($SD = 2.88$). Aus Abb. 5.7 ist ersichtlich, dass das Verhalten dieser Person über die Tage einer Woche stark variiert und damit inkonsistent ist. Untersucht man die Reizbarkeit dieser Person über mehrere Wochen hinweg, ist es wahrscheinlich, dass der wöchentliche Mittelwert um die 4.57 liegen wird und damit eine stabile Verteilung vorliegt und damit wiederum über einen längeren Zeitraum das Verhalten als konsistent angesehen werden kann. Dies steht in Übereinstimmung mit den meist für mehrere Monate berichteten Retest-Reliabilitäten von Testverfahren (die Retest-Reliabilität der Facette Reizbarkeit wird

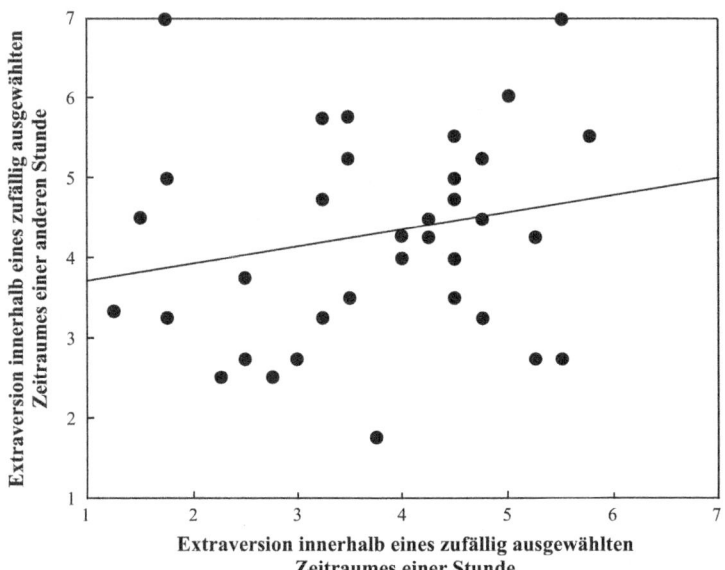

Abb. 5.8 Der Zusammenhang zwischen extravertierem Verhalten zu unterschiedlichen Zeitpunkten (aus Fleeson 2001, S. 1018)

mit .73 für ein Intervall von einem Monat angegeben (Ostendorf und Angleitner 2003), über 5 Jahre ist Reizbarkeit ebenfalls sehr stabil (zwischen .77 und .82), über zehn Jahre liegt der Wert bei .76 (Bleidorn et al. 2009).

In mehreren Studien, in denen die Vp über 2 Wochen täglich mehrmals ihr aktuelles Verhalten auf Adjektivskalen angaben, konnte Fleeson (2001) zeigen, dass die Stabilität von einzelnen states sehr gering ausfällt. Abbildung 5.8 zeigt, dass zwischen dem Extraversionsniveau zwischen zwei zufällig ausgewählten Zeitpunkten bei einer Person nur ein sehr geringer Zusammenhang besteht (r < 0,30).

Teilt man andererseits alle Werte, die in den 2 Wochen erhoben werden in zwei zufällige Hälften auf und aggregiert diese Werte, dann zeigen die Extraversionswerte einen sehr hohen Zusammenhang. In Abb. 5.9 ist der Zusammenhang zwischen den aggregierten Extraversionswerten der ersten und der zweiten Woche dargestellt.

Die Variabilität um den Mittelwert stellt ebenfalls ein relativ stabiles interindividuelles Merkmal dar. Die split-half Reliabilitäten der Standardabweichung waren zwar etwas geringer als die der Mittelwerte, erreichten aber in einigen Studien Werte bis zu .90 (Fleeson 2001, S. 1023) und waren damit fast so stabil wie die Mittelwerte. Schiefe und Kurtosis zeigen eine moderate Stabilität (r < 0,50) und stützen

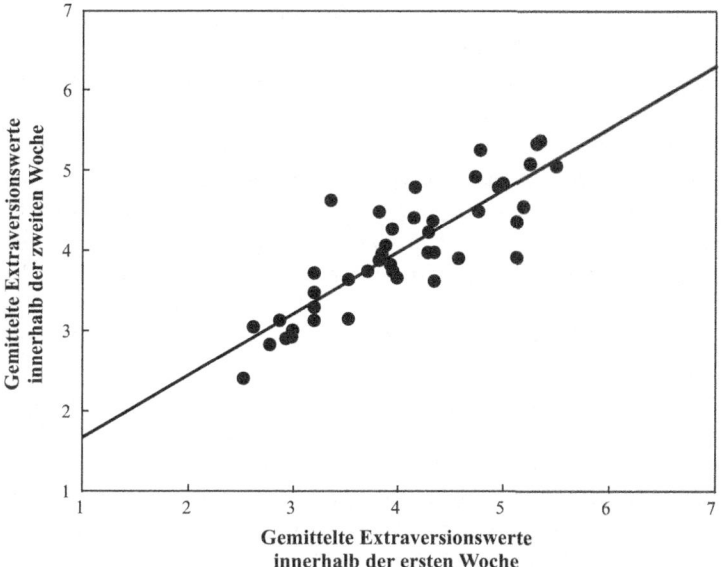

Abb. 5.9 Zusammenhang zwischen den aggregierten Extraversionswerten der ersten und der zweiten Woche (aus Fleeson 2001, S. 1018)

damit die Idee, nicht nur einzelne Parameter einer Verteilung zu betrachten, sondern die verschiedenen Parameter, die jeweils unterschiedliche Informationen über das Verhalten einer Person liefern, zu berücksichtigen.

Sinnbildlich können states wechselhaft wie das tägliche Wetter sein, hingegen die traits den überdauernden Jahreszeiten gleichen. Folgt man der Idee, traits als state-Verteilungen aufzufassen, lassen sich die beiden konträren Positionen der Inkonsistenz (Dominanz der Situation) und der Konsistenz (Dominanz von Eigenschaften) von Verhalten elegant integrieren und damit eine Synthese in der Person-Situation Kontroverse erreichen.

5.4 Vorhersagen auf Basis von Persönlichkeitseigenschaften

Dass mit sinnvoll aggregierten und damit reliablen Messungen der Persönlichkeit Vorhersagen von zukünftigen Verhalten und Erleben möglich sind, ist eindrucksvoll demonstriert worden. Eindrucksvoll bezieht sich dabei zum einen auf die Bandbreite der Vorhersagen. So haben Bogg und Roberts (2004) in einer Metaanalyse Zusammenhänge von Gewissenhaftigkeit und gesundheitsbezogenen Verhaltensweisen, die zu den führenden Todesursachen gehören, wie Alkohol- und Drogenkonsum, Rauchen, riskantes Fahrverhalten und Gewaltbereitschaft aufgezeigt. Ozer und Benet-Martínez (2006) haben die Zusammenhänge der Big Five Dimensionen in drei große Bereiche eingeteilt. Erstens zu individuellen Bereichen wie Glück und Wohlbefinden, Werte, körperliche und geistige Gesundheit, Langlebigkeit sowie Selbstkonzept und Identität. Zweitens zu interpersonellen Bereichen wie Partnerschaften und Freundschaften. Und drittens zu sozialen und institutionellen Bereichen wie Berufswahl und Berufserfolg, politische Einstellungen und Werte, bürgerliches Engagement und Kriminalität. Tabelle 5.3 zeigt einen Ausschnitt aus den von Ozer und Benet-Martínez (2006) zusammengetragenen Zusammenhängen der Big Five mit relevanten Kriterien.

Zum anderen bezieht sich das eindrucksvoll auf die Prädiktionsleistung dispositioneller Persönlichkeitseigenschaften. Der sogenannte „Persönlichkeitskoeffizient" besagt, dass Zusammenhänge zwischen Persönlichkeit und Verhalten in der Regel gering ausfallen ($r < 0{,}30$). Hier ist ein Vergleich mit Zusammenhängen mit anderen relevanten Prädiktoren und anderen Disziplinen angebracht, um die Kritik am „Persönlichkeitskoeffizienten" zu relativieren. Zu den Prädiktoren, die eine überzeugende Vorhersagekraft für wichtige Kriterien haben und in der Eignungsdiagnostik daher regelmäßig eingesetzt werden, gehört der Intelligenzquotient (IQ). Der sozio-ökonomische Status (SES) ist ebenfalls ein relevanter Prädiktor für viele Bereiche des Lebens, etwa der Gesundheit. Roberts und Kollegen (2007) haben die prädiktive Prädiktionsstärke von Persönlichkeitseigenschaften mit der Prädiktionsstärke des IQ und des SES in Bezug auf die Langlebigkeit, Scheidung und Berufserfolg verglichen. Für alle drei Bereiche zeigt sich, dass die modalen Effektstärken der Persönlichkeitseigenschaften in etwa vergleichbar mit den anderen beiden Prädiktoren waren. Zusätzlich konnten die Autoren zeigen, dass Persönlichkeitseigenschaften einen inkrementellen Beitrag zur Vorhersage der Kriterien leisten, wenn IQ und SES als Kontrollvariablen fixiert werden. Einen Vergleich von Prädiktor-Kriterium-Zusammenhängen in anderen Disziplinen haben Meyer et al. (2001) aus einer Vielzahl von Metaanalysen zusammengetragen. So basieren beispielsweise in der Medizin etablierte Maßnahmen auf den ersten Blick auf erstaunlich geringen Zusammenhängen. Obwohl sehr viele Menschen aufgrund der blutverdünnenden Wirkung Aspirin einnehmen, um dem Risiko eines Herzinfarkts vorzubeugen, beträgt der Zusammenhang lediglich $r = 0{,}02$. Der Zusammenhang zwischen Chemotherapie und dem Überleben nach Diagnose von Brustkrebs beträgt $r = 0{,}03$. Der Zusammenhang zwischen Rauchen und der Entwicklung von Lungenkrebs innerhalb der nächsten 25 Jahre liegt bei $r = 0{,}08$. Sogar selbst erlebte Zusammenhänge, wie der zwischen der Einnahme von nicht-

Tab. 5.3 Zusammenhänge der Big Five mit relevanten Kriterien. (Ozer und Benet-Martínez 2006, S. 415)

	Individuell	Interpersonal	Sozial und institutionell
Neurotizismus	Glück: (−) subjektives Wohlbefinden Glaube & Tugenden: (−) existenzielles Wohlbefinden, (−) Humor Gesundheit: (−) Coping Psychopathologie: Angst, Depression, (+/−) Persönlichkeitsstörungen Identität: Identitätsintegration/-Festigung	Freundschafts- und Familienbeziehungen: (−) familiäre Zufriedenheit, (−) Status (nur Männer) Partnerschaft: (−) Zufriedenheit, Konflikt, Missbrauch, Trennung	Berufswahl und Leistung: (−) Zufriedenheit, (−) Engagement, (−) finanzielle Unabhängigkeit, (−) Erfolg Kriminalität: unsoziales Verhalten
Extraversion	Glück: subjektives Wohlbefinden Glaube & Tugenden: existenzielles Wohlbefinden, Dankbarkeit, Inspiration Gesundheit: Langlebigkeit, Bewältigungsstrategie, Belastbarkeit Psychopathologie: (−) Depression, (−/+) Persönlichkeitsstörungen Identität: kulturelle Identifikation mit Mehrheiten (mit Minderheiten)	Freundschafts- und Familienbeziehungen: Akzeptanz und Freundschaft von Peers (Kinder und Erwachsene); Attraktivität, Status (Erwachsene) Partnerschaft: Zufriedenheit	Berufswahl und Leistung: soziale und unternehmerische Interessen, Zufriedenheit, Engagement, Beteiligung Einbindung in die Gemeinschaft: freiwilliges Engagement, Führungsrolle
Offenheit für Erfahrungen	Glaube & Tugenden: existenzielle/phänomenologische Interessen, Vergebung, Inspiration Psychopathologie: Drogenmissbrauch, Identität: (−) Identitätsübernahme, Identitätsintegration/Festigung, Identifikation mit Kultur der Mehrheiten (bei Minderheiten)		Berufswahl und Leistung: investigative und künstlerische Interessen, Erfolg Politische Haltung & Werte: (−) Rechtsextremismus, Liberalität

Tab. 5.3 (Forsetzung)

	Individuell	Interpersonal	Sozial und instutionell
Verträglichkeit	Glaube & Tugenden: religiöse Überzeugung und Verhalten, Dankbarkeit, Vergebung, Humor Gesundheit: Langlebigkeit, (−) Herzerkrankungen Psychopathologie: (−/+) Persönlichkeitsstörungen Identität: ethnische kulturelle Identifikation (für Minderheiten)	Freundschafts- und Familienbeziehungen: Akzeptanz und Freundschaft von Peers (Kinder) Partnerschaft: Zufriedenheit (nur Dating-Paare)	Berufswahl und Leistung: soziale Interessen, Erfüllung im Beruf, (−) extrinsischer Erfolg Einbindung in die Gemeinschaft: freiwilliges Engagement, Führungsrolle Kriminalität: (−) kriminelles Verhalten
Gewissenhaftigkeit	Glaube & Tugenden: religiöse Überzeugung und Verhalten Gesundheit: Langlebigkeit, (−) Risikoverhalten Psychopathologie: (−) Drogenmissbrauch, (-/+) Persönlichkeitsstörungen Identität: Erfolg/Leistung, ethnische kulturelle Identifikation (für Minderheiten)	Freundschafts- und Familienbeziehungen: familiäre Zufriedenheit Partnerschaft: Zufriedenheit (nur Dating-Paare)	Berufswahl und Leistung: Leistung, Erfolg Politische Haltung & Werte: Konservativität Kriminalität: (−) antisoziales und kriminelles Verhalten

Anmerkung. (-) zeigt negativen Zusammenhang zwischen Merkmal und Ergebnis, Tabelle aus Ozer & Benet-Martínez (2006, S. 415)

steroiden entzündungshemmenden Schmerzmittel (z. B. Ibuprofen) auf die Reduktion von Schmerzen liegt bei mageren $r = 0{,}14$. Auch wenn diese Zusammenhänge sehr gering erscheinen, so beugt die Einnahme von Aspirin bei 10.000 Patienten ungefähr 80 Herzinfarkten vor. In Relation zu diesen Ergebnissen schlägt sich die Persönlichkeit als Prädiktor relevanter Ereignisse mit modalen Korrelationswerten zwischen .10 und .40 sehr ordentlich. Als Beispiel mag die Umrechnung des Zusammenhangs zwischen Extraversion und Langlebigkeit ($r = 0{,}20$) dienen, immerhin bedeutet dieser Zusammenhang einen Zugewinn an Lebensdauer von ungefähr 7 Jahren. Berücksichtigt man die Komplexität menschlichen Verhaltens und der Multideterminiertheit der meisten Kriterien (z. B. Langlebigkeit), sind die Beiträge, die Persönlichkeitseigenschaften zur Vorhersage und auch Verständnis relevanter Kriterien beisteuern kann, alles andere als trivial. Berücksichtigt man weiterhin, dass auch geringe Einflüsse durch kumulative Effekte über die Zeit ihre Wirkung entfalten können (siehe Abelson 1985), dann besteht für Persönlichkeitspsychologen kein Grund, sich für die Validitätskoeffizienten von Persönlichkeitseigenschaften rechtfertigen zu müssen.

5.5 Fazit

Dispositionelle Persönlichkeitseigenschaften sind relativ stabile, globale, dekontextualisierte Dimensionen zur Beschreibung von Unterschieden zwischen Personen. Der Nutzen von Eigenschaftsbegriffen für die Persönlichkeitspsychologie ergibt sich aus der Beschreibung von Verhalten und Erleben über verschiedene Situationen und der Vorhersage von generellen Trends in zukünftigen Verhalten und Erleben, nicht jedoch in einzelnen spezifischen Situationen. Die Bedeutung dispositioneller Persönlichkeitseigenschaften zeigt sich auch in der psychologischen Diagnostik. Sie sind die Grundlage für die meisten psychometrischen Messverfahren und damit relevant für alle Teildisziplinen der Psychologie (z. B. Klinische Psychologie, wenn Ängstlichkeit gemessen werden soll).

Dispositionelle Eigenschaften wie die Big Five geben einen ersten Überblick über die Persönlichkeit eines Menschen. Sie erlauben die schnelle Beurteilung eines fremden Menschen bezüglich relevanter Interaktionmerkmale, da sie für Personen, die eine Person zum ersten Mal sehen, schon nach sehr kurzer Zeit relativ gut einschätzbar sind. McAdams (1995) nennt die Big Five daher auch die Psychologie des Fremden. Will man Menschen besser verstehen, darf man nicht bei der Betrachtung von grundlegenden Verhaltenstendenzen stehen bleiben, sondern muss Verhaltensweisen, die zeitlich, situativ und sozial kontextualisiert sind, berücksichtigen. Diese als charakteristische Adaptationen bezeichneten werden im nächsten Kapitel vorgestellt.

Charakteristische Adaptationen 6

Wenn Sie die Persönlichkeit eines Freundes (oder auch die eigene) beschreiben sollten, würde Ihnen wahrscheinlich auffallen, dass Ihnen die bislang beschriebenen Persönlichkeitseigenschaften nicht ausreichen. Sicherlich würden Sie zur Beschreibung neben allgemeinen Merkmalen (wie „Extraversion" oder „Impulsivität") weitere Aspekte heranziehen wollen. Beispielsweise könnte Ihnen von Bedeutung sein, welche Interessen der Freund hat, wie er über bestimmte Sachverhalte denkt und ob er religiös ist. Bei diesen Merkmalen sprechen wir von „charakteristischen Adaptationen". Während dispositionelle Persönlichkeitseigenschaften, wie beispielsweise die „Big Five", als basale, situationsunabhängige zeitstabile Merkmale verstanden werden, stellen die in diesem Kapitel vorgestellten Konstrukte solche Merkmale dar, die von den dispositionellen Persönlichkeitsmerkmalen einerseits und der sozialen Umwelt andererseits beeinflusst werden. Hierzu zählen beispielsweise die Werte und Motive eines Menschen sowie seine Einstellungen und Interessen. Nach McCrae und Costa (1999), welche die Bezeichnung „charakteristische Adaptationen" eingeführt haben, sind diese "characteristic because they reflect the enduring psychological core of the individual, and they are adaptations because they help the individual fit into the ever-changing social environment" (S. 144).

Charakteristische Adaptationen unterscheiden sich von den dispositionellen Persönlichkeitsmerkmalen durch folgende, miteinander stark zusammenhängende Kennzeichen:

- Sie sind stärker auf den situativen Kontext bezogen. Es wundert daher nicht, dass viele der Merkmale (z. B. Einstellungen, Selbstkonzept, Werte) auch Thema der sozialpsychologischen Forschung sind.
- Charakteristischen Adaptationen wird eine geringere genetische Verursachung zugeschrieben, sie werden vorwiegend durch sozialisationsbedingte Lernerfahrungen erworben. Der Genetik wird nur ein indirekter Einfluss, vermittelt über die Traits, eingeräumt.

P. Y. Herzberg, M. Roth, *Persönlichkeitspsychologie*, Basiswissen Psychologie,
DOI 10.1007/978-3-531-93467-9_6, © Springer Fachmedien Wiesbaden 2014

- Letztlich sind charakteristische Adaptationen auch durch eine im Vergleich zu den dispositionellen Persönlichkeitseigenschaften geringere zeitliche Stabilität und transsituative Konsistenz gekennzeichnet.
- Schließlich unterscheiden sich charakteristische Adaptationen von den dispositionellen Eigenschaften dadurch, dass sie in starkem Maße kulturabhängig sind.

Im Folgenden wollen wir auf eine Reihe solcher charakteristischer Adaptionen näher eingehen, die insbesondere in der Persönlichkeitspsychologie relevant sind.

6.1 Motive, Bedürfnisse und Interessen

Motive, Bedürfnisse und Interessen stellen Bewertungen von Verhalten dar, wobei sich Motive und Bedürfnisse eher auf die angestrebten Resultate des Verhaltens (also Verhaltensziele) beziehen, während Interessen Bewertungen bestimmter Verhaltensweisen resp. Aktivitäten an sich darstellen.

6.1.1 Motive und Bedürfnisse

Motive und Bedürfnisse lassen sich als Antriebskräfte für menschliches Verhalten verstehen. Als Bewertungen von bestimmten Verhaltenszielen bestimmen sie somit die Richtung menschlichen Verhaltens. Ein Individuum, das beispielsweise ein starkes Bedürfnis nach Flüssigkeitsaufnahme aufweist, wird als positiv bewertetes Verhaltensziel die Beendigung des momentanen aversiven Durstzustandes erleben, was beispielsweise als Ursache dafür dient, sich aus dem Kühlschrank ein Mineralwasser zu nehmen. Eine andere Person, die ein hohes Bedürfnis hat, Nähe zu anderen Menschen zu erfahren, wird entsprechend häufig Gelegenheiten suchen, anderen Menschen zu begegnen. Im Gegensatz zu Persönlichkeitseigenschaften, welche die Art und Weise beschreiben, *wie* sich ein Individuum verhält, sind Motive und Bedürfnisse erklärender Natur, da sie angeben, *warum* ein Individuum sich in der einen oder anderen Weise verhält. Neben der Zielgerichtetheit lassen sich Bedürfnisse und Motive auch hinsichtlich ihrer Intensität beschreiben, die angibt, wie ausgeprägt die Anstrengung ist, ein bestimmtes Verhaltensziel zu erreichen.

Neben dem explanativen Charakter, wonach Bedürfnisse und Motive Auskunft über das Warum des Verhaltens geben, unterscheiden sie sich von den klassischen Persönlichkeitseigenschaften auch dadurch, dass ihnen keine speziellen Verhaltensweisen zugeordnet werden können. Während ein und dasselbe Motiv durch verschiedene Verhaltensweisen befriedigt werden kann, gilt dies auch umgekehrt:

Ein Verhalten kann Ist-Soll-Diskrepanzen verschiedener Regelkreise reduzieren (z. B. kann das Erscheinen auf eine Betriebsfeier sowohl dem Leistungs- wie auch dem Geselligkeitsbedürfnis nachkommen). Pervin (1994) beschreibt dieses Phänomen mit den Prinzipien der Äquipotenzialität und Äquifinalität: Bei der Äquifinalität wird das gleiche Ergebnis von unterschiedlichen Ausgangssituationen erreicht (in diesem Falle: die gleiche Verhaltensweise kann aus unterschiedlichen Motiven heraus resultieren). Bei der Äquipotenzialität können verschiedene Endergebnisse auf dieselbe Wirkung zurückgeführt werden (in diesem Falle: unterschiedlichen Verhaltensweisen liegt das gleiche Motiv zugrunde).

Was das Verhältnis von Bedürfnis und Motiv angeht, lassen sich in der Literatur zwei unterschiedliche Auffassungen finden: Einige Autoren verwenden die Begriffe synonym und treffen diesbezüglich keine Differenzierung. Andere Autoren unterscheiden zwischen beiden Begriffen, in dem sie den Begriff „Bedürfnis" für motivierendes Verhalten bezogen auf basale biologische Zustände (z. B. Durst) und die Bezeichnung „Motiv" eher für die Motivation, die auf psychologische Verhaltensziele (z. B. Motiv nach Sinnhaftigkeit) gerichtet ist, verwenden (z. B. Murray 1938, s. u.). Beide Konzepte lassen sich dabei als Regelkreismodelle darstellen, wonach diese durch die Registrierung von Ist-Sollwert Diskrepanzen ihre motivierende Kraft entfalteten. Ein Unterschied liegt allerdings im Grad der möglichen Zielerreichung: Während ein Bedürfnis zumindest für einen kurzen Zeitpunkt vollständig befriedigt werden kann (z. B. Sättigung nach Nahrungsaufnahme), ist bei Motiven eine solche Erreichung eines Zielzustandes (und damit eine völlige Reduktion der Ist-Soll-Diskrepanz) eher unwahrscheinlich. Motive bestimmen daher dauerhafter unser Verhalten, da sie nie ganz befriedigt werden können. Nach Maslow (1987) lassen sich die verschiedenen Motive und Bedürfnisse auf einer Hierarchie von grundlegenden physiologischen Bedürfnissen bis hin zu relevanten psychologischen Motiven anordnen (siehe Abb. 6.1). Dabei postuliert Maslow (1987), dass Bedürfnisse auf einer höheren Stufe erst dann wirksam werden, wenn die Bedürfnisse auf den darunter liegenden Stufen befriedigt wurden. Die Bedürfnisse auf den unteren Ebenen bezeichnet Maslow (1987) als *Defizitbedürfnisse*, da sie erst dann verhaltenswirksam werden, wenn ein Mangel besteht. Ist dieser befriedigt, ruhen sie wieder und treten in den Hintergrund (bestimmen also unser Verhalten nicht weiter). Demgegenüber werden die Bedürfnisse (resp. Motive, wie es hierbei korrekterweise heißen sollte) auf den höheren Ebenen als *Wachstumsbedürfnisse* bezeichnet, die nach Befriedigung der grundlegenden Bedürfnisse verhaltensrelevant werden und mit einer Erhöhung psychischer Spannung einhergehen und das Verhalten einer Person zeitlich unbegrenzt bestimmen können.

In der Persönlichkeitspsychologie wurde das Konzept der Motive von Murray (1938) begründet. In seiner interaktionistischen Theorie betrachtet Murray die

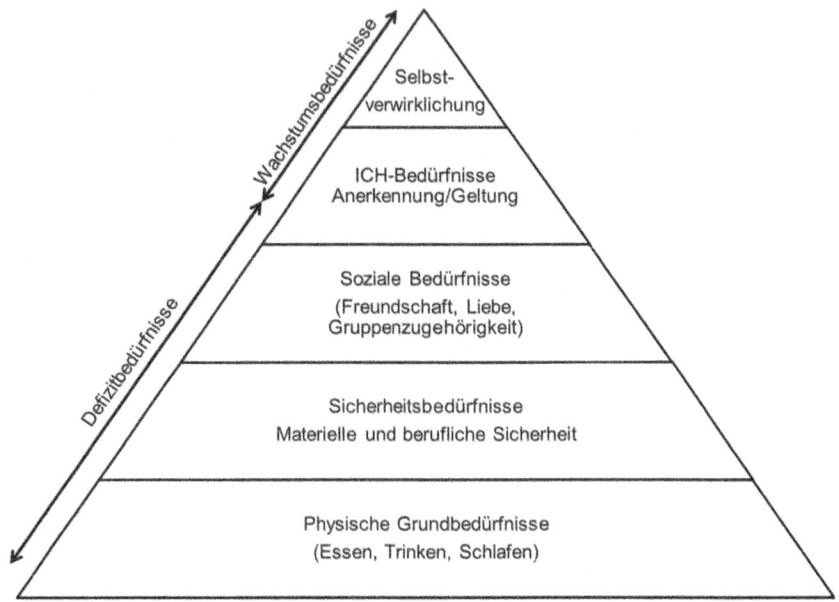

Abb. 6.1 Bedürfnishierarchie nach Maslow (1987)

Genese der Persönlichkeit als Interaktion zwischen den Bedürfnissen resp. Motiven eines Individuums („*needs*") und den Anforderungsmerkmalen seiner Umwelt *(„presses")*. Bedürfnis und Druck (need und press) beeinflussen sich gegenseitig (z. B. kann Aggression von Seiten der Schulkameraden zu aggressiven Reaktionen auf Seiten des Individuums und umgekehrt führen) und bilden somit eine Einheit, die Murray als „Thema" bezeichnet.

Damit ist all das angesprochen, was eine Person von sich heraus anstrebt. „Ein Bedürfnis ist ein Konstrukt, das eine Kraft (…) in der Gehirnregion bezeichnet, welche Perzeption, Apperzeption, Intellekt, Konnotation und Aktion so organisiert, dass eine bestehende unbefriedigte Situation in eine bestimmte Richtung umgewandelt wird" (Murray 1938, S. 123–124). Bedürfnisse können nach Murray (1938) dabei sowohl durch interne Reize wie auch durch externe Umweltreize (den presses) angeregt werden und bestimmen so Richtungs- und Zielmerkmale des Verhaltens. Murray (1938) differenziert zwischen viscerogenen (primären) und psychogenen (sekundären) Bedürfnissen. Als *viscerogen* werden die Bedürfnisse bezeichnet, die primär biologischer Natur sind und durch physiologische Prozesse reguliert werden (Aufnahme von Luft, Nahrung und Flüssigkeit; Schlafen, Sexualität, Urinieren und Defäkation, Vermeidung von Hitze und Kälte, Vermeidung von

Schmerz und physischer Einschränkung). *Psychogene* Bedürfnisse sind von den viscerogenen abgeleitet und werden aufgrund individueller Erfahrungen erworben. Hierzu zählt beispielsweise das Bedürfnis nach Leistung, nach Macht oder nach Geselligkeit. Diese Unterscheidung entspricht im Wesentlichen der zuvor skizzierten Differenzierung zwischen Bedürfnissen (bei Murray: viscerogene Bedürfnisse) und Motiven (bei Murray: psychogene Bedürfnisse). In der persönlichkeitspsychologischen Forschungstradition fanden in der Folgezeit (bis zum heutigen Tage) vornehmlich die von Murray (1938) als psychogen bezeichneten Bedürfnisse, also die Motive im engeren Sinne, weitere Beachtung. Hierzu hat Murray (1938) 20 unterschiedliche Motive vorgeschlagen.

Übersicht 18 Motive nach Murray
Murray (1938) unterscheidet folgende zwanzig grundlegende Motive:
- *Abasement* (Erniedrigung)
- *Achievement* (Leistung)
- *Affiliation* (Sozialer Anschluss)
- *Aggression* (Aggression)
- *Autonomy* (Unabhängigkeit)
- *Counteraction* (Widerständigkeit)
- *Defendance* (Selbstgerechtigkeit)
- *Deference* (Unterwürfigkeit)
- *Dominance* (Machtausübung)
- *Exhibition* (Selbstdarstellung)
- *Harmavoidance* (Leidvermeidung)
- *Infavoidance* (Misserfolgsmeidung)
- *Nurturance* (Fürsorglichkeit)
- *Order* (Ordnung)
- *Play* (Spiel)
- *Rejection* (Zurückweisung)
- *Sentience* (Sinnhaftigkeit)
- *Sex* (Sexualität)
- *Succorance* (Abhängigkeit)
- *Understanding* (Verstehen, Einsicht)

Es ist nicht davon auszugehen, dass sich Menschen sämtlicher Motive ihres Verhaltens immer vollständig bewusst sind. Es werden daher implizite und explizite Motive voneinander unterschieden. Implizite Motive sind der Person nicht oder nicht vollständig bewusste Beweggründe ihres Verhaltens. Ein explizites Motiv ist hingegen im Selbstkonzept (vgl. Kap. 6.2.3.1) einer Person verankert und spiegelt das Bild wieder, welches sich eine Person von den Beweggründen für ihr Verhalten macht (vgl. zuf. Brunstein 2006). Dabei sagen explizite weit besser als implizite Motive reflektiertes, der bewussten Kontrolle eines Individuums unterliegendes Verhalten vorher. Implizite Motive korrespondieren demgegenüber eher mit spontanen Verhaltensweisen. Wie sich recht übereinstimmend in verschiedenen Forschungsarbeiten gezeigt hat, zeigen sich zwischen beiden Motiven kaum Zusammenhänge, sodass davon auszugehen ist, dass es sich dabei um weitgehend unabhängige Konstrukte handelt. Aufgrund ihres unterschiedlichen Bewusstseinsgrades werden für beide Motivformen auch unterschiedliche Messverfahren eingesetzt, was auf methodischer Seite auch für die geringe Konvergenz zwischen beiden Motivformen verantwortlich gemacht werden kann (siehe Übersicht 19).

Übersicht 19 Erfassung impliziter und expliziter Motive

Explizite Motive sind im Selbstbild einer Person enthalten, sodass diese in der Lage ist, hierüber Auskunft zu geben. Entsprechend werden explizite Motive in der Regel über Selbstaussagen in Form von Fragebogeninventaren erfasst (vfl. Kap. 4.2.1). Das bekannteste Verfahren dürfte die *Personality Research Form* von Jackson (1997) sein. Ausgangspunkt bei der Entwicklung des Verfahrens war die Murrays Theorie über die motivationalen Ursprünge des Verhaltens, wobei ausschließlich die Bedürfnisse (needs) – nicht die Umweltanforderungen (presses) – beachtet wurden. Das Verfahren umfasst zwanzig Skalen, anhand derer sich die in Übersicht 18 aufgeführten Bedürfnisse nach Murray erfassen lassen. Nachfolgend sind einige Itembeispiele für die Skala „Autonomie" aufgeführt, die der deutschen, auf 14 Inhaltsbereiche gekürzten Adaptation des Originalverfahrens entnommen sind (Deutsche Personality Research Form, Stumpf et al. 1985):

- Ich würde gerne frei durch die Länder ziehen
- Ich will vor allem unabhängig und frei sein
- Ich versuche meistens meine Sorgen mit jemanden zu teilen, der mir helfen kann. (negative Poolung)

Implizite Motive, die der Person selbst nicht zugänglich sind, können nur indirekt erfasst werden. Das hierbei bekannteste Verfahren, der *Thematische Apperzeptionstest (TAT)*, stammt von Murray (1943) selbst. Erfasst werden needs und presses in ihrer Einheit als Thema. Dem Probanden werden mehrdeutige Bilder vorgelegt (insgesamt 31 Tafeln: 30 Schwarz-Weiß-Bilder und ein leeres Blatt) mit der Bitte, hierzu eine Geschichte zu erzählen, die beschreibt, wie es zu der auf dem Bild wiedergegebenen Szene gekommen ist, was jetzt vor sich geht und wie die Geschichte ausgeht. Abbildung 6.2 zeigt ein Beispiel für eine solche Bildtafel.

Der TAT basiert auf der Projektionsannahme, die davon ausgeht, dass Probanden in die Geschichten eigene unbewusste Motive, Einstellungen und Erfahrungen hineinprojizieren, da sie sich mit einer der dargestellten Figuren identifizieren und aus deren Perspektive die Geschichte entwickeln. Aufgrund der Analyse der dargebotenen Geschichten des Probanden sollen Rückschlüsse auf Bedürfnisse und Themen gewonnen werden. Im Idealfall soll sich nach Murray (1938) ein *Einheitsthema* (unity theme) abbilden, das die Biographie eines Individuums kennzeichnet. Ein solches Einheitsthema wiederholt sich in unterschiedlichen Formen während des gesamten Lebenslaufes.

Wie andere projektive Verfahren, so weist auch der TAT Probleme hinsichtlich der testtheoretischen Gütemerkmale der Reliabilität und Validität auf (vgl. Übersicht 8). In einigen neueren Ansätzen wurde daher auf freie Antworten des Probanden verzichtet und stattdessen standardisierte Antwortalternativen vorgeben. Bei diesem Vorgehen ist allerdings fraglich, inwieweit auf diese Weise tatsächlich noch unbewusste Motivanteile erfasst werden können.

Abb. 6.2 Bildtafel aus dem Thematischen Apperzeptionstest

Wenngleich Murray (1938) eine Fülle unterschiedlicher Motive vorgeschlagen hat, so sind die meisten von ihnen in der weiteren Forschungsentwicklung in den Hintergrund geraten. Dabei ist insgesamt festzustellen, dass in der Persönlichkeitspsychologie die Erforschung von Motiven nur eine untergeordnete Rolle spielt (vgl. hierzu ausführlich die Kritik bei Hammelstein 2008). Am meisten Beachtung haben in den letzten Jahren drei Motive gefunden: das Leistungsmotiv, das Dominanz- resp. Machtmotiv sowie das Motiv nach sozialem Anschluss (Affiliation). Paradigmatisch gehen wir abschließend auf das Leistungsmotiv ein.

Das Leistungsmotiv ist (neben anderen Faktoren) eine Determinante zur Erklärung von interindividuellen Unterschieden im Leistungsbereich (z. B. Schul- und Studienleistungen). Leistungsmotivierte Personen sind dadurch gekennzeichnet, dass sie sowohl andere Personen als auch eigene, an sich gesetzte Standards übertreffen wollen, was bei ihnen zu dem positiven Gefühl des Stolzes beiträgt. Dabei suchen leistungsmotivierte Personen Situationen auf, in denen sie Aufgaben vorfinden, die sie aufgrund eigener Fähigkeiten (nicht aufgrund von Glück, Zufall oder der Leistung anderer) bewältigen und in denen sie sich mit anderen vergleichen können. Dies bestimmt auch ihre Situationsdefinition. So wird beispielsweise eine Person mit hohem Leistungsmotiv auf einer Betriebsfeier eher leistungsbezogene Aspekte als soziale wahrnehmen. Wie verschiedene Studien zeigen konnten, wirkt sich eine hohe Ausprägung des Leistungsmotivs vor allem dann positiv auf die Aufgabenbewältigung aus, wenn sich diese aus einer Hoffnung auf den möglichen Erfolg speist.

6.1.2 Interessen

Im Unterschied zu Motiven und Bedürfnissen, welche die Präferenz für bestimmte (allgemeinere) Zustände und Handlungsfolgen beschreiben, beziehen sich Interessen auf die Bewertung von konkreten Tätigkeiten (z. B. Interesse am Fahrradfahren). Dabei wird angenommen, dass Interessen sehr stark durch die Sozialisationsumgebung relativ früh im Lebenslauf geformt werden und entsprechend auch eine starke kulturelle Verankerung aufweisen. In der Persönlichkeitspsychologie und Differentiellen Psychologie findet das Konzept der Interessen interessanterweise keine oder nur eine sehr randständige Beachtung. Entsprechend liegen hierzu nur wenige Forschungsarbeiten vor.

Bislang wurden Interessen vorrangig bezogen auf Schulfächer und bestimmte Berufe untersucht, entsprechend sind bisherige Systematiken auch sehr stark berufsbezogen konzipiert worden. Ein sehr einflussreiches Modell ist das Berufsinteressenkonzept von Holland (1973), das zwischen folgenden sechs Hauptinteressen differenziert:

(1)   Realistic: Praktisch-technische Orientierung
(2)   Investigative: Intellektuell-forschende Orientierung
(3)   Artistic: Künsterlerisch-sprachliche Orientierung
(4)   Social: Soziale Orientierung
(5)   Enterprising: Unternehmerische Orientierung
(6)   Conventional: Koventionelle Orientierung

Holland (1973) geht davon aus, dass nicht nur Personen, sondern auch Arbeits-
umwelten nach dieser Systematik beschrieben werden können, wobei eine hohe
Arbeitszufriedenheit dann zu erwarten sei, wenn es zu einer Passung zwischen
Interessen der Person (z. B. soziale Orientierung) und korrespondierenden Charakteristika der Arbeitswelt (z. B. Möglichkeit der Beratung von Menschen in Not-
situationen) kommt. Diese Annahme konnte in verschiedenen Studien bestätigt
werden, die auf korrelative Zusammenhänge zwischen der Kongruenz von Interessen mit der tatsächlichen Arbeitstätigkeit einerseits und der Zufriedenheit mit
der Arbeit andererseits verweisen (Buse 1996). Es wundert daher nicht, dass bei
Berufsberatungen die Diagnostik der individuellen Interessen eine große Rolle
spielt. Basierend auf der Theorie von Holland (1973) existiert beispielsweise im
deutschsprachigen Raum der Fragebogen EXPLORIX (Joerin et al. 2003), in dem
Probanden Aussagen über eigene Fähigkeiten, präferierte Tätigkeiten und Berufe
machen sollen, aus denen sich die Nähe zu den genannten sechs Berufsinteressen-
typen ableiten lässt. Dabei ist das Verfahren so gestaltet, dass es Probanden selb-
ständig durchführen und auch ohne Probleme auswerten können.
   Zur Klassifikation und Relevanz von Freizeitinteressen liegen demgegenüber
deutlich weniger Arbeiten vor. Buse (1996) fasst diese auf Basis der von ihm ge-
sichteten Literatur in vier Gruppen zusammen: (1) Interesse an Unterhaltung, (2)
Interesse für praktische Tätigkeiten, (3) Interesse an Sport und Spiel und (4) intel-
lektuelle und kulturelle Interessen.
   Unter differentiellem Gesichtspunkt ist das Interessenkonzept mit Blick auf
Geschlechtsunterschiede interessant. So zeigt die bisherige Befundlage, dass sich
geschlechtstypische Interessen recht früh, schon ab eineinhalb Jahren, herausbil-
den, was sich in der Präferenz für geschlechtstypisches Spielzeug und Aktivitäten
zeigt. Bezüglich beruflicher Interessen zeichnet sich dabei recht konsistent ab, dass
Frauen deutlich höher als Männer am Umgang mit Menschen (im Sinne der so-
zialen Orientierung) interessiert sind, während Männer ein höheres Interesse am
Umgang mit Material (in Sinne der praktisch-technischen Orientierung) zeigen
(Alfermann 2005).

6.2 Werte und Einstellungen

Neben Motiven, Bedürfnissen und Interessen lassen sich auch die Werte und Einstellungen eines Menschen als charakteristische Adaptationen verstehen. Diese beschreiben, wie Menschen bestimmte eigene und fremde Verhaltensweisen, Personen, Situationen und Sachverhalte bewerten. Werte und Einstellungen unterscheiden sich dabei hinsichtlich des Grade ihrer Spezifität.

6.2.1 Werte

Die persönlichkeitspsychologische Wertforschung wurde, historisch betrachtet, im Wesentlichen durch die phänomenologischen Arbeiten von Spranger (1927) begründet. Spranger maß den Werten eines Individuums eine zentrale Bedeutung hinsichtlich des Verständnisses seiner gesamten Persönlichkeit zu (siehe Übersicht 20).

Übersicht 20 Lebensformen nach Spranger

Eduard Spranger postulierte sechs unterschiedliche Persönlichkeitstypen, die er als Lebensformen beschrieb (zum Konzept der Persönlichkeitstypen siehe auch Kap. 5.1.2.4). Seine Typologie basiert dabei nicht auf Ergebnissen empirischer Studien; vielmehr handelt es sich um ein theoretisches System, welches zwischen sechs verschiedenen Lebensformen differenziert: dem theoretischen, dem ökonomischen, dem ästhetischen, dem religiösen Menschen sowie dem Machtmenschen und dem sozialen Menschen.

- Theoretischer Mensch: Objektive Erkenntnis bezüglich eines speziellen Gegenstandsbereichs, möglichst frei von den Einflüssen subjektiver Erlebnisinhalte.
- Ökonomischer Mensch: Verlangen, die eigenen Bedürfnisse optimal zu befriedigen, wobei andere vornehmlich nach ihrer diesbezüglichen Nützlichkeit beurteilt werden.
- Ästhetischer Mensch: Bestreben der individuellen Wirkung von wahrgenommenen Eindrücken gefühlvollen Ausdruck zu verleihen.
- Religiöser Mensch: Ergründung des Sinns des Lebens, um darin Erfüllung zu finden.
- Machtmensch: Bestreben, die Werterichtung anderer bestimmen zu können.
- Sozialer Mensch: Empathische, hingebungsvolle Liebe zum Nächsten.

Werte lassen sich als normative Standards beschreiben, an denen sowohl das eigene Verhalten wie auch das Verhalten der Mitmenschen gemessen und somit bewertet wird. Eine zentrale Unterscheidung ist die von Rokeach (1973) vorgenommene Differenzierung zwischen terminalen und instrumentellen Werten. *Terminale Werte* beziehen sich auf zu erreichende Soll-Zustände, die vom Individuum angestrebt werden. Die *instrumentellen Werte* sind hingegen Fähigkeiten und Eigenschaften, die dazu dienen, diese Soll-Werte zu erreichen. Während instrumentelle Werte somit wünschenswerte Verhaltensweisen der Gegenwart sind, stellen die terminalen Werte erstrebenswerte Endziele dar. Wäre einem Menschen beispielsweise der Weltfrieden wichtig, dann wäre dies ein erstrebenswerter Soll-Zustand, also ein terminaler Wert. Das Ziel kann beispielsweise durch Ehrlichkeit oder Gewaltfreiheit erreicht werden, die damit instrumentelle Werte darstellen. Im konkreten Einzelfall ist jedoch oftmals schwer zu entscheiden, ob ein terminaler oder ein instrumenteller Wert vorliegt. Beispielsweise könnte Gewaltfreiheit auch als terminales Ziel betrachtet werden.

Der Wertekonzeption von Rokeach liegen folgende Annahmen zugrunde: (1) Eine Person besitzt nur eine geringe Anzahl von Werten. (2) Alle Menschen besitzen die gleichen Werte, die sich in ihren Ausprägungen jedoch unterscheiden. (3) Die Werte sind in einem hierarchischen Wertesystem organisiert. (3) Die Werte werden geprägt von der jeweiligen Kultur des Landes, von der Gesellschaft und von der Persönlichkeit des einzelnen Individuums. (5) Das Wertesystem ist stabil über die Zeit hinweg. Dabei geht Rokeach zwar davon aus, dass sich ein Wertesystem einer Person nie gänzlich verändern kann. Aufgrund von persönlichen Erfahrungen oder gesellschaftlichen Ereignissen kann es aber zu Verschiebungen bezüglich der hierarchischen Struktur innerhalb eines Systems kommen. Dies bedeutet, dass sich nicht die Werte einer Person an sich, sondern lediglich ihre Prioritäten verändern.

Basierend auf der einschlägigen Werteliteratur entwickelte Rokeach ein Inventar, den *Rokeach Value Survey* (RVS), bestehend aus 18 terminalen Werten, die durch Substantive repräsentiert wurden (z. B. Gleichheit, Selbstachtung, Freiheit, innere Harmonie) und 18 instrumentellen Werten, die als Adjektive formuliert wurden (z. B. hilfreich, ehrlich, logisch, beherrscht). Die Aufgabe der Versuchspersonen besteht darin, die 2 × 18 Items anhand ihrer Wichtigkeit als leitende Prinzipien in ihrem Leben zu bewerten.

Schwarz (1992) erweiterte das RVS und entwickelte ein neues Instrument, den *Schwartz Value Survey* (SVS). Dieser umfasst 56 Items, darunter 36 Items aus dem RVS. Das Verfahren besteht ebenfalls aus zwei Listen: 30 Substantive, die erstrebenswerte Endzustände beschreiben, und 27 Adjektive, die wünschenswertes Verhalten beschreiben. Dabei betont Schwartz den motivationalen Charakter seines

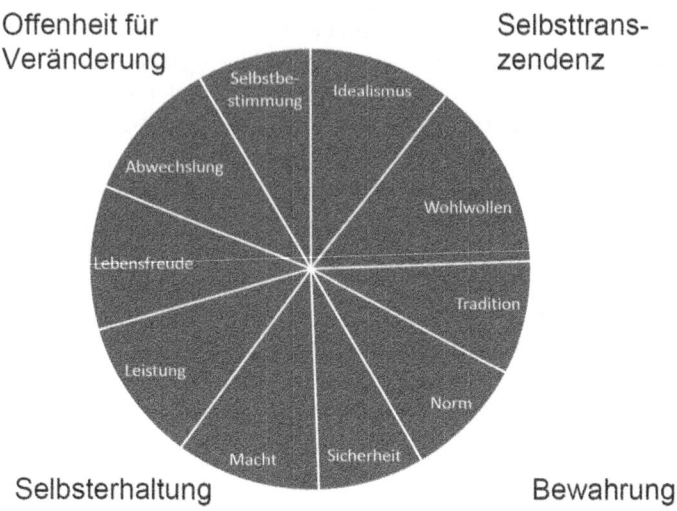

Abb. 6.3 Theoretisches Wertesystem nach Schwartz

Wertekonzeptes: „The value theory defines values asdesiderable, trans-situational goals, varying in improtance, that serves as guiding principles in people's live" (Schwartz 2006, S. 1). Menschen empfinden somit das als wertvoll, was sich auf erstrebenswerte Ziele bezieht und versuchen diese Ziele durch entsprechendes Verhalten zu erreichen. Werte dienen als evaluative Standards, die bei der Auswahl und Bewertung von Handlungen, Verfahrensweisen und anderen Menschen herangezogen werden.

Zunächst postulierte Schwartz ein typischerweise als Kreisstruktur dargestelltes Kontinuum von elf Wertetypen, das er aufgrund nachfolgender Studien schließlich auf zehn reduzierte. Das theoretische Modell ist in Abb. 6.3 dargestellt.

Den Wertetypen liegen zwei orthogonale Dimensionen als Wertetypen höherer Ordnung zugrunde: *Selbsterhaltung vs. Selbsttranszendenz* beinhaltet die Wertetypen Macht und Leistung sowie Universalismus und Benovolenz. Erstere drücken primär egoistische Ziele aus, letztere beziehen sich auf die Sorge sowie das Wohlergehen und die Interessen anderer. Die Dimension *Offenheit für Veränderungen vs. Bewahrung* schließt Selbstverwirklichung und Stimulation sowie Sicherheit, Konformität und Tradition ein. Während die ersten beiden für unabhängiges Denken, Handeln und Fühlen stehen, implizieren letztere Selbstbeschränkung, Ordnung und Ablehnung von Veränderung. Jeder der zehn Wertetypen bildet ein bestimmtes motivationales Ziel ab, welches zu erreichen die Person als wünschenswert betrachtet. Macht steht beispielsweise für den Wunsch nach sozialem Status und Pres-

Tab. 6.1 Korrelationen zwischen Werthaltungen und den Hauptdimensionen des Fünf-Faktoren-Modell (nach Roccas et al. 2002, S. 795)

	Extraversion	Offenheit	Verträglichkeit	Gewissenhaftigkeit	Neurotizismus
Wohlwollen	0,01	−0,06	0,45	0,04	−0,02
Universalismus	−0,07	0,47	0,15	−0,17	−0,02
Selbstbestimmung	0,10	0,48	−0,25	−0,01	−0,10
Stimulation	0,26	0,33	−0,26	−0,24	−0,07
Hedonismus	0,18	0,07	−0,34	−0,05	−0,01
Leistung	0,31	−0,06	−0,41	0,22	−0,21
Macht	0,13	−0,38	−0,45	0,05	−0,08
Sicherheit	−0,11	−0,29	0,06	0,22	0,02
Konformität	−0,13	−0,34	0,20	0,16	0,02
Tradition	−0,29	−0,29	0,36	−0,10	0,12
Pflichtbewusstsein	−0,18	−0,26	−0,04	0,40	−04

tige, sowie den Wunsch nach Kontrolle und Dominanz über andere Menschen und Ressourcen. Je ähnlicher die inhaltlichen Konzeptionen sind, umso näher liegen sie im zweidimensionalen Raum beieinander.

Der SVS wurde in über 47 Sprachen übersetzt und in zahlreichen Studien angewandt. In diesen Untersuchungen wurden Befragte, zumeist Studierende und Lehrer, gebeten, für die 56 Werte einzeln auf einer Ratingskala anzugeben, in welchem Ausmaß diese Werte ein leitendes Prinzip in ihrem Leben ausdrückt. Anhand unterschiedlicher Methoden konnte dabei das theoretische Wertemodell im Hinblick auf seine Grundannahmen weitgehend bestätigt werden (z. B. Schwartz und Boehnke 2004). Allerdings zeigte sich dabei keine Bestätigung für die Differenzierung in instrumentelle und Endziele, in dem Sinne, dass instrumentelle Ziele untereinander höher korrelieren als mit den Endzielen und umgekehrt. Eine entsprechende Unterscheidung scheint damit wenig brauchbar.

Werte bzw. Werthaltungen erweisen sich somit bei Menschen als zeitstabile Merkmale zu deren Charakterisierung. Dabei stellt sich die Frage, ob es zwischen Werthaltungen und dispositionellen Persönlichkeitseigenschaften Zusammenhänge gibt. Insbesondere zu den Dimensionen des Fünf-Faktorenmodells, den sogenannten „Big Five" wurden entsprechende Zusammenhänge untersucht. Exemplarisch sind in Tab. 6.1 die entsprechenden Korrelationen aus einer Studie von Roccas, Sagiv, Schwartz und Knafo (2002) wiedergegeben, die in einer studentischen Stichprobe ermittelt wurden. Wie ersichtlich wird, sind die Zusammenhänge eher als moderat bis gering zu betrachten, da beachtet werden muss, dass beide Konstruktklassen mittels Selbstbericht erfasst wurden und daher ein Teil der Korrelation durch die gemeinsame Methodik verursacht wurde. Nennenswerte Korrelationen finden sich bezüglich der Dimension Offenheit (mit den Werthaltungen Selbstbestimmung und Universalismus) und Verträglichkeit (mit den Werthaltungen Wohlwollen, Leistung und Macht). Dieses Korrelationsmuster konnte weitgehend auch von anderen Autoren bestätigt werden (Olver und Mooradian 2003). Zusammenfassend zeigt sich, dass bestimmte Werthaltungen, wie beispielsweise eine geringe Macht- und Leistungsorientierung sowie wohlwollende Motivation auch mit der Tendenz einhergehen, im Sozialkontakt verträglich zu agieren. Allerdings zeigen die Zusammenhangshöhen auch, dass dispositionelle Persönlichkeitseigenschaften und Werthaltungen unterschiedliche Konzepte sind – und daher beide zur Beschreibung einer Person herangezogen werden sollten.

6.2.2   Einstellungen

Während Werthaltungen allgemeine normative Grundsätze und Leitlinien zur Beurteilung des eigenen und fremden Verhaltens darstellen, beziehen sich Einstellungen auf die konkrete Bewertung spezieller Personen, Objekte, Handlungen oder Ereignisse, die wahrgenommen oder vorgestellt werden. Eine Einstellung kann sich beispielsweise auf eine Ideologie beziehen (z. B. Kommunismus), eine Person (z. B. Konrad Adenauer), eine Gruppe von Personen (z. B. Sozialdemokraten) oder spezielle Handlungen (z. B. alkoholisiertes Autofahren). Rein thematisch lassen sich somit Selbstkonzept und Selbstwertgefühl als spezifische Einstellungen, nämlich solche, die die eigene Person zum Urteilsobjekt haben, verstehen. Aufgrund ihres enormen Stellenwertes in der Psychologie werden sie hier in einem eigenen Unterkapitel behandelt.

Einstellungen beinhalten dabei sowohl kognitive wie auch affektive und verhaltensbezogene Komponenten (z. B. Fazio 2000). So drückt eine Einstellung aus, wie eine Person über ein Objekt *denkt* (z. B. Annahme, dass die Nachbarin hinterhältig und unehrlich ist), welche *Gefühle* sie bezogen auf das Objekt empfindet (z. B. Abscheu gegenüber der Nachbarin) und schließlich wie sie sich dem Objekt gegenüber *verhält* (z. B. Versuch, den Kontakt zur besagten Nachbarin zu vermeiden). Alle drei Komponenten lassen sich dabei als Bewertungen auf der Dimension „Zustimmung vs. Ablehnung" kennzeichnen, wobei einige Autoren den evaluativen Bestandteil von Einstellungen als das zentrale Kennzeichen betrachten: „the term attitude should be used to refer to a general, enduring positive or negative feeling about some person, object, or issue" (Petty und Cacioppo 1981, S. 7). Neben der geringeren Abstraktionsbreite unterscheiden sich Einstellungen von Werten auch dahingehend, dass sich Einstellungen auf eine prinzipiell unbegrenzte Anzahl von Personen, Objekten, Handlungen oder Ereignissen beziehen können. Aufgrund dieser enormen Heterogenität existiert keine einheitliche Taxonomie oder Systematik, welche die verschiedenen Einstellungen erschöpfend beschreibt oder beinhaltet.

Das Einstellungskonzept entstammt aus der Sozialpsychologie, in der es bis zum heutigen Tag am stärksten verankert ist und dort das vielleicht bedeutendste Konstrukt überhaupt darstellt (vgl. z. B. Aronson et al. 2005). Thematisiert wurden dort ursprünglich „soziale Einstellungen" (meist negativer Art) gegenüber bestimmten Gruppen (z. B. Ausländern), die zur aktiven Diskriminierung dieser Gruppen führen können. Einstellungen werden dabei – vergleichbar mit Persönlichkeitseigenschaften in der Differentiellen Psychologie – als zentrale Korrelate und Prädiktionen des Verhaltens verstanden. Diese Handlungsnähe wird beispielsweise in einer einflussreichen Definition von Rosenberg und Hovland (1960) deutlich, wonach Einstellungen „predipositions to respond to some class of stimuli with certain classes of response" (S. 3) darstellen. Allerdings zeigte sich schon früh in der sozialpsychologischen Forschung, dass zwischen explizit geäußerten Einstellungen und tatsächlich gezeigtem Verhalten in konkreten Situationen teilweise nur sehr geringe Zusammenhänge bestehen, die sich allerdings erhöhen, wenn Verhaltensdaten über verschiedene Situationen aggregiert werden (vgl. Schmitt 1990). Entsprechend wurde der Fokus von einer reinen Analyse des Zusammenhangs auf die Frage gelegt, unter welchen Rahmenbedingungen Einstellungen verhaltensrelevant werden und durch welche vermittelnden Variablen Einstellungen konkretes Verhalten beeinflussen.

Übersicht 21 Studie: Einstellungen und Verhalten: Die Relevanz von Persönlichkeit
Wenngleich es uns auf den ersten Blick plausibel erscheinen mag, dass wir Verhalten aus Einstellungen vorhersagen können (z. B. dass ausländerfeindliche Einstellungen zu diskriminierendem Verhalten gegenüber Ausländern führen), ist – wie zuvor beschrieben – der Zusammenhang zwischen Einstellung und Verhalten oftmals nur schwach ausgeprägt. Zur Klärung der Frage, von welchen Bedingungen die Korrespondenz zwischen Einstellungund Verhaltensmaßen abhängt, wurde auch eine Reihe von Persönlichkeitsmerkmalen als Moderatorvariablen untersucht. Das in diesem Kontext am häufigsten untersuchte Konstrukt dürfte die „Selbstüberwachung" („selfmonitoring") darstellen. Hierunter versteht man die interindividuellen Unterschiede im Hinblick darauf, wie das Verhalten von Menschen über soziale Situationen hinweg variiert (Snyder 1987). Personen mit hoher Ten-

denz zur Selbstüberwachung orientieren sich eher an situativen Hinweisreizen und den potentiellen Reaktionen ihrer Interaktionspartner und richten ihr Verhalten somit stark auf den konkreten situativen Kontext aus. Demgegenüber neigen Personen mit niedriger Tendenz zur Selbstüberwachung dazu, ihr Verhalten an ihren Werten auszurichten und weniger mit der aktuellen Situation abzustimmen.

In einer klassischen Studie überprüften Snyder und Kendzierski (1982) ob der Zusammenhang zwischen Einstellungen und Verhalten bei Personen mit niedriger Selbstüberwachung stärker ausgeprägt ist als bei denen mit hoher. Hierzu gaben die Autoren Studierenden, bei denen zuvor die Einstellung zu Anti-Diskriminierungsmaßnahmen erfasst wurde, die Gelegenheit an einem Treffen zu dieser Thematik teilzunehmen. Dabei zeigte sich erwartungsgemäß, dass sich bei Personen mit niedriger Selbstüberwachung die Entscheidung, an dem Treffen teilzunehmen, aufgrund ihrer Einstellungen zu diesem Thema hervorsagen ließ. Bei Personen mit hoher Selbstüberwachung stand hingegen die Verhaltensentscheidung der Teilnahme in keinem Zusammenhang zu ihren Einstellungen bezüglich der Anti-Diskriminierung.

Anders als in der Sozialpsychologie weist das Einstellungskonzept in der Persönlichkeitspsychologie eine generell geringere Bedeutsamkeit auf. So findet sich beispielsweise im „Handbuch der Persönlichkeitspsychologie und Differentiellen Psychologie" von Weber und Rammsayer (2005) kein Eintrag zu diesem Konstrukt. Dennoch besteht eine enge Verbindung zur Persönlichkeitspsychologie, da Einstellungen eine durchaus hohe Zeitstabilität aufweisen (z. B. Alwin et al. 1991) und sich Personen anhand ihrer Einstellungen voneinander unterscheiden lassen.

Abschließend sei auf den Zusammenhang von Einstellungen zu Werthaltungen eingegangen, da beide als Dispositionen der Bewertung eine enge Verzahnung aufweisen. Aufgrund der Tatsache, dass Einstellungen dabei konkreter als Werthaltungen konzipiert sind, wird gemeinhin angenommen, dass sich die allgemeineren Werthaltungen, d. h. die Grundsätze und Leitprinzipien eines Individuums, in speziellen Einstellungen niederschlagen und somit Einstellungen durch Werthaltungen begründet werden. Beispielsweise sollte eine Person, der Werte wie „soziale Gerechtigkeit" und „Hilfsbereitschaft" wichtig sind eher dazu tendieren auch eine positive Einstellung zur Frage, ob die Sozialhilfe erhöht werden sollte, anzunehmen. Tatsächlich zeigen sich solche Zusammenhänge, wie in Analysen zu Parteipräferenzen deutlich wird. Caprara et al. (2006) korrelierten die Wahlentscheidungen für das linke Zentrum Italiens mit den Wertetypen des PVQ und fanden, dass die Wahl linker Parteien mit hoher Zustimmung zu den Werten „Universalismus"

und „Benevolenz" und niedriger Ausprägung der Werte „Macht" und „Sicherheit"
einherging. Aufgrund dieser und ähnlicher Ergebnisse lässt sich annehmen, dass
Menschen zu den Parteien eine positive Einstellung haben, deren Wertprioritäten
mit dem eigenen, persönlichen Wertesystem konform sind.

Überdies lassen sich auch Zusammenhänge zwischen Einstellungen und Persönlichkeitsdimensionen im engeren Sinne zeigen. So hat bereits Eysenck (1971)
auf Zusammenhänge seiner Persönlichkeitsdimensionen zu politischen und sozialen Einstellungen verwiesen: Aufgrund ihrer schwereren Konditionierbarkeit re-
agierten Extravertierte eher sozial unangemessen und würden extremere soziale
Einstellungen aufweisen. Sie tendieren eher zu körperlichen Strafen und zur To-
desstrafe und befürworten liberale Ehe- und Abtreibungsgesetze. In neuerer Zeit
konnten solche Korrespondenzen auch bezüglich der Wahlpräferenzen gezeigt
werden. Schumann (2005) beispielsweise analysierte Wahlpräferenzen der west-
deutschen Bevölkerung von 1999 und 2000 im Zusammenhang mit den Persönlichkeitsdimensionen des Fünf-Faktoren-Modells. Dabei zeigte sich, dass gewissenhafte Menschen mit geringen Offenheitswerten eher konservative Parteien wie
die CDU/CSU präferieren, während weniger gewissenhafte Personen eher die SPD
und die Grünen präferieren. Zudem entdeckte er negative Zusammenhänge des
Persönlichkeitsfaktors „Verträglichkeit" mit Wahlpräferenzen für rechtsextreme
Parteien wie die Republikaner, die DVU oder die NPD.

6.2.3 Einstellungen zur eigenen Person: Selbstkonzept und Selbstwertgefühl

Einstellungen und Werthaltungen können sich prinzipiell auch auf die eigene Person, das Selbst beziehen. Der Begriff des Selbst geht in der psychologischen Forschung auf James (1890) zurück, der zwischen einem I, dem Ich als erkennenden
Subjekt und dem Me (Mich) als dem erkannten Objekt unterschied. Das erken-
nende Ich hat das Bedürfnis, ein klares Bild vom Gegenstand seines Erkennens,
dem Mich, zu gewinnen. Mead (1936) übernahm diese Unterscheidung in seinem
Symbolischen Interaktionismus, wobei das I bei ihm als Reaktion auf das gesell-
schaftlich vermittelte Me verstanden wird. In der Persönlichkeitspsychologie hat
sich vor allem Carl Rogers (1959) um das Interesse am Selbst verdient gemacht; in
seiner Theorie stellt dieses Selbst das zentrale Element dar, von dem aus menschliches Verhalten zu verstehen – und auch unter therapeutischer Perspektive zu verändern ist.

Bezüglich der psychologischen Aspekte der eigenen Person lässt sich gegenwärtig
in der Literatur eine Vielzahl von Konzepten finden, z. B. „Selbstbewusstheit",
„Selbstaktualisierung", „Selbstwirksamkeit", „Selbstverifikation", „Selbstregula-

tion", „Selbstkontrolle" oder „Selbstreflexion". Wesentlich ist dabei vor allem die Unterscheidung in eine kognitive und affektiv-evalutive Komponente des Selbst:

• Die kognitive Komponente wird als *Selbstkonzept* (gelegentlich auch als *Selbstschema*) bezeichnet und beinhaltet das subjektive Bild, das ein Individuum von sich selbst hat.
• Die affektiv-evaluative Komponente beinhaltet die Bewertungen der eigenen Person und wird als *Selbstwertgefühl* oder *Selbstwertschätzung* bezeichnet.

6.2.3.1 Selbstkonzept

Das Selbstkonzept stellt die kognitive Repräsentation des Selbst dar. Hierzu gehören sämtliche Wissensbestände sowie Annahmen bzw. Überzeugungen, welche ein Individuum über die eigene Person hat. Beim Selbstkonzept handelt es sich somit um ein *selbstbezogenes Wissenssystem*. Dabei wird angenommen, dass unsere Selbstkonzepte (oder Selbstschemata) bestimmen, welche Informationen wir überhaupt als selbstbezogen wahrnehmen und wie wir diese strukturieren. Epstein (1991) spricht in diesem Sinne von einer Theorie, die eine Person über sich selbst gebildet hat. Diese Selbsttheorie weist nach Epstein (1991) folgende Funktionen auf: (1) Assimilation der Daten aus der Realität und Erhaltung des konzeptuellen Systems, (2) Erhaltung einer ausgewogenen Lust-Unlust-Balance, (3) Erhaltung der Verbundenheit zu anderen Individuen und (4) Erhaltung eines wünschenswerten Ausmaßes an Selbstachtung.

Woher erhalten wir die Informationen, um eine Theorie bzw. ein Konzept von der eigenen Person zu konstruieren? Als wesentlichste Quellen für den Aufbau und den Wandel von Selbstkonzepten gelten seit der umfassenden theoretischen Analyse von Filipp (1979) folgende Formen von Prädikatenzuweisungen:

Direkte Prädikatenzuweisung durch andere Personen: Eine direkte sprachliche Merkmalszuschreibung (z. B. „Du bist ein fauler Schüler") geht von einem unidirektionalen Wirkungsgefüge aus, in dem Fremdzuschreibungen (die Urteile anderer) den Selbsturteilen ursächlich vorausgehen.

Indirekte Prädikatenzuweisung durch andere Personen: Indem sich Menschen anderen gegenüber in spezifischer Weise verhalten, vermitteln sie ihm auch Informationen über die eigene Person. Indirekte Merkmalszuschreibungen sind also solche, die eine Person im Zuge interpretativer Schlussfolgerungen aus dem Verhalten anderer gewinnt.

Komparative Prädikatenselbstzuweisung: Menschen vergleichen sich bezüglich verschiedener Merkmale mit anderen und generieren hierdurch Merkmalszuschreibungen für die eigene Person (z. B. „Ich bin intelligenter als Hans").

Reflexive Prädikatenselbstzuweisungen: Selbstbezogene Informationen werden aus der Selbstbeobachtung des eigenen Verhaltens und den daraus gezogenen Rückschlüssen gewonnen. Beispielsweise kann sich eine Person während der Prüfung beobachten (z. B. schnellen Herzschlag und fehlenden Sprachfluss wahrnehmen) und daraus schließen, dass sie wohl ein prüfungsängstlicher Mensch ist.

Wie die unterschiedlichen Formen der Merkmalszuweisung zeigen, lässt sich die eigene Person als aktiver Konstrukteur ihres Selbstkonzeptes dahingehend verstehen, als sie entscheiden kann, welches Verhalten sie zeigt und mit wem sie sich vergleicht. Dabei variieren Menschen hinsichtlich des Ausmaßes, in dem sie ihre eigene Person ins Zentrum der Aufmerksamkeit stellen und damit wie stark sie dazu neigen, Informationen über sich zu gewinnen (siehe Übersicht 22).

Übersicht 22 Selbstaufmerksamkeit

Nach der Theorie von Duval und Wicklund (1972) lässt sich objektive Selbstaufmerksamkeit als Zustand verstehen, in dem das Selbst im Mittelpunkt der Aufmerksamkeit steht („self-awareness"). Dieser ist durch Spiegel, Fotos, Tonband- oder Videoaufnahmen induzierbar. Gelangt eine Person in den Zustand der Selbstaufmerksamkeit, so rückt der in der jeweiligen Situation salient (d. h. bedeutsam) werdende Aspekt des Selbst in das Zentrum der Aufmerksamkeit. Die Autoren postulieren, dass damit ein Vergleich zwischen den wahrgenommenen Aspekten des Selbst und den internen Standards angeregt werde. In der Regel werden Personen dabei eine Diskrepanz feststellen, die nach der Theorie zumeist negativ ausfällt, da Individuen im Allgemeinen das Anspruchsniveau höher ansetzen, als die zuletzt erzielten positiven Ergebnisse ausfielen. Daher sind unter dem Zustand der Selbstaufmerksamkeit verstärkt negative Affekte zu erwarten, wodurch eine Motivation entsteht, die wahrgenommene Diskrepanz zu erhöhen.

Fenigstein, Scheier und Buss (1975) erweiterten die Theorie um eine persönlichkeitspsychologische Perspektive, wonach die Selbstaufmerksamkeit als relativ situationsunabhängige und zeitstabile Persönlichkeitseigenschaft aufgefasst werden kann. Diese Eigenschaft wird von den Autoren als „self-consciousness" bezeichnet, und lässt sich mit *habitueller Selbstaufmerksamkeit* übersetzen. Dabei differenzieren Fenigstein et al. (1975) zwischen einer privaten und einer öffentlichen Selbstaufmerksamkeit: Individuen mit einer hohen Disposition zur privaten Selbstaufmerksamkeit richten ihr Augenmerk vornehmlich auf von anderen nicht wahrnehmbare Aspekte des Selbst (z. B. Stimmungen, Motive, Gefühle). Demgegenüber fokussieren Personen mit starker Neigung zur öffentlichen Selbstaufmerksamkeit eher auf von anderen direkt beobachtbare Merkmale wie beispielsweise ihr Auftreten oder Aspekte des äußeren Erscheinungsbildes.

Bislang stellte das Konstrukt der habituellen Selbstaufmerksamkeit vergleichsweise häufig den Gegenstand psychologischer Forschungsbemühungen dar. Unter anderem ließ sich dabei in Übereinklang mit der Theorie von Duval und Wicklund (1972) zeigen, dass Individuen mit hoher Selbstaufmerksamkeit verstärkt zu Selbstkritik, Selbstunsicherheit und einem geringeren Selbstwertgefühl neigen.

Zur Messung des Selbstkonzeptes wurde eine Vielzahl unterschiedlicher Fragebögen entwickelt, in denen Personen anhand von Selbstaussagen Einstellungen zur eigenen Person ausdrücken. Folgende Beispielitems, die vom Probanden auf einer sechsstufigen Skala nach dem Grad ihres Zutreffens zu beantworten sind (von „trifft sehr zu bis „trifft gar nicht zu"), sind den im deutschen Sprachraum häufig eingesetzten Frankfurter Selbstkonzeptskalen (FSKSN) von Deusinger (1986) entnommen:

- Item 5: Ich fühle mich als Person meinen Freunden unterlegen.
- Item 19: Es fällt mir schwer, einer Gruppe gegenüber eine gegensätzliche Auffassung zu vertreten.
- Item 41: Ich habe Schwierigkeiten, Sexualität und Liebe miteinander zu verbinden.

Wie die Beispiele zeigen, sind Selbstkonzeptskalen den Persönlichkeitsfragebögen eng verwandt, insofern als in beiden Fällen Bilder über die eigene Person abgefragt werden. In klassischen Persönlichkeitsinventaren, wie beispielsweise dem NEO-PI-R zur Messung der „Big Five" (siehe Übersicht 13), finden sich strukturell (teilweise auch inhaltlich) fast identische Items (z. B. „Ich fühle mich anderen oft unterlegen", „Ich halte mich für besonders fröhlich"). Worin besteht also die Differenz zwischen Selbstkonzepten und Persönlichkeitseigenschaften? Auf *Ebene der Konzeptualisierung* liegt der Unterschied primär darin, dass bei Selbstkonzepten explizit das Bild, welches die Person über sich selbst hat, von Interesse ist. Persönlichkeitseigenschaften hingegen werden als objektiv vorhandene Merkmale verstanden, die prinzipiell auch aufgrund anderer Quellen als Q-Daten erfasst werden können (wie beispielsweise durch T-Daten oder Fremdberichte; vgl. Kap. 4.2.2). Persönlichkeitsmerkmale gehen damit über Selbstaussagen einer Person hinaus, diese stellen nur *eine* Möglichkeit zu deren Erfassung dar, während Selbstkonzepte *nur* durch die Messung von Selbstaussagen möglich (und geradezu dadurch definiert) sind. Wenn sich beispielsweise eine Person als gesellig definiert, so hat sie ein entsprechendes Selbstkonzept – unabhängig davon, ob sie beispielsweise tatsächlich häufig mit anderen Personen zusammen ist oder ob andere Personen sie als gesellig beschreiben. Da allerdings, wie in Kap. 4 beschrieben, viele Persönlichkeitseigenschaften oftmals nur durch Selbstaussagen erfassbar sind (oder scheinen, weil objektivere Maße deutlich aufwändiger wären), werden diese Eigenschaften über die Selbstkonzepte einer Person erfasst. Auf der *Ebene der praktischen Erfassung* fallen beide Konstruktbereiche somit (leider) oftmals zusammen.

Das Selbstkonzept einer Person kann sich auf verschiedene Bereiche beziehen (z. B. berufliches Selbstkonzept, Selbstkonzept als Partner). Entsprechend gehen die meisten Autoren davon aus, dass es sich beim Selbstkonzept um ein mehrdimensionales Konstrukt handelt, wobei für die bereichsspezifischen Facetten oftmals der Begriff der „Selbstschemata" verwendet wird. Deusinger (1986) unterscheidet beispielsweise in den bereits erwähnten Frankfurter Selbstkonzeptskalen (FSKN) zehn unterschiedliche Facetten (z. B. Leistungsfähigkeit, Verhaltens- und Entscheidungssicherheit, Soziale Kontakt- und Umgangsfähigkeit, Irritierbarkeit durch andere, Gefühle und Beziehungen zu anderen). Andere Autoren kommen zu alternativen Dimensionen. So unterscheiden Roid und Fitts (1988) in der von ihnen entwickelten „Tennessee Self-Concept Scale" (TSCS) die Bereiche Identität, Befriedigung, Verhalten, Körper, Moral-Ethik, Person, Familie und Soziales. Dies zeigt, dass sehr unterschiedliche Auffassungen darüber existieren, durch welche Facetten das Selbstkonzept einer Person am geeignetsten beschrieben werden kann. Im Gegensatz zur Persönlichkeit, hat sich beim Selbstkonzept bislang keine allgemein (oder zumindest von mehreren Autoren) geteilte Auffassung über Anzahl und Ausgestaltung der einzelnen Dimensionen herauskristallisiert. Bislang stehen hier verschiedene Auffassungen recht unverbunden gegenüber – und es lassen sich kaum zwei Messinstrumente finden, welche dieselben Dimensionen des Selbstkonzeptes zu erfassen beanspruchen.

Was die Struktur des Selbstkonzeptes hingegen angeht, so besteht gegenwärtig weitestgehend ein Konsens dahingehend, dass ein *hierarchisches Strukturmodell* angenommen wird. Besondere Beachtung erfuhr dabei das „Shavelson-Modell", welches von Shavelson et al. (1976) für Jugendliche entwickelt wurde und primär das schulische Selbstkonzept im Blick hat (siehe Abb. 6.4).

Shavelson et al. (1976) unterteilt das globale Selbstkonzept einer Person in einen schulischen und einen außerschulischen Bereich, die sich wiederum in weitere bereichsspezifische Facetten aufgliedern (z. B. soziales, emotionales und physisches Selbstkonzept im nicht-schulischen Bereich). Diese gliedern sich wiederum in spezifischere Komponenten auf. Wenngleich dieses Modell primär für Kinder und Jugendliche Gültigkeit beanspruchen kann, so ist es hinsichtlich seiner strukturel-

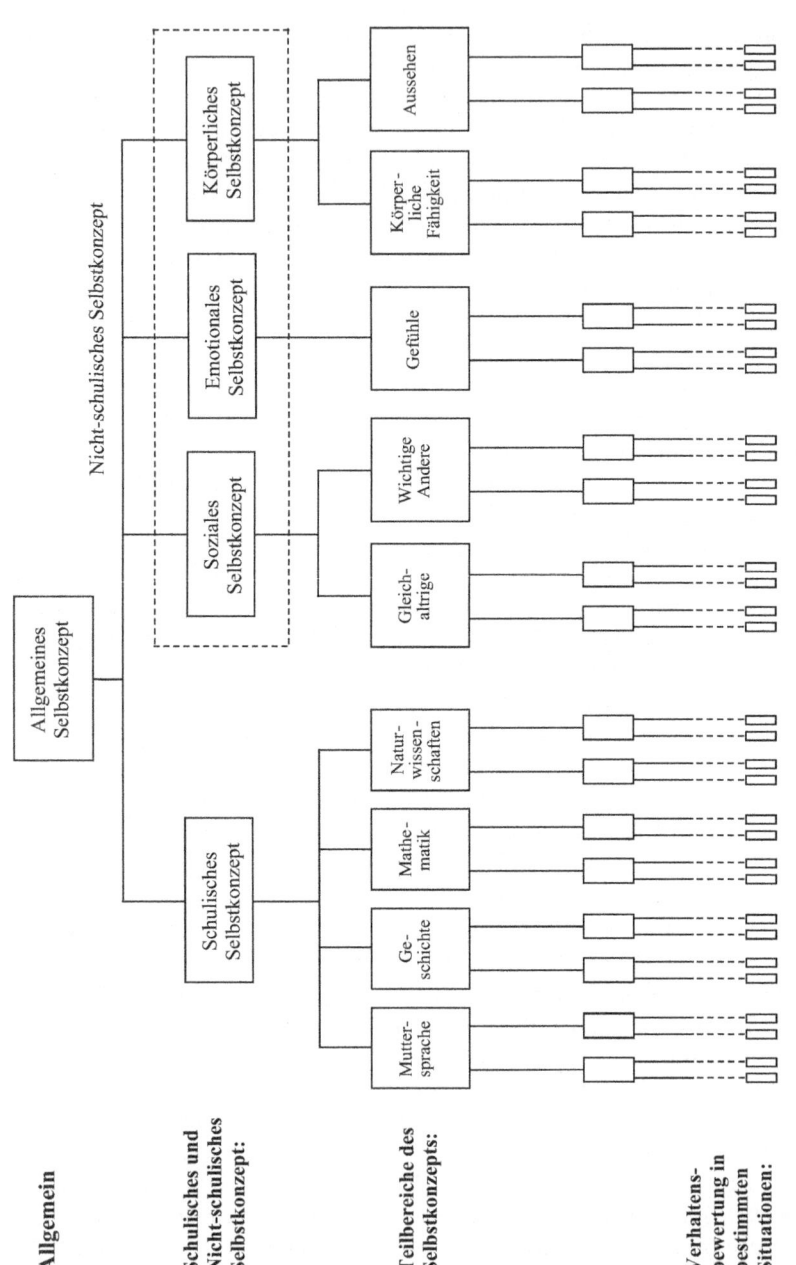

Abb. 6.4 Das hierarchische Selbstkonzeptmodell nach Shavelson et al. (1976)

len Annahmen auch auf andere Lebensbereiche übertragbar. Demnach lassen sich Selbstkonzepte allgemein dahingehend charakterisieren, dass sie multidimensional und hierarchisch aufgebaut sind. Auf der untersten Ebene stehen konkrete Annahmen in spezifischen Situationen, die darauf aufbauenden Ebenen stellen jeweils abstraktere und über mehrere Bereiche generalisierte Annahmen dar. Dabei ist anzunehmen, dass die Stabilität der selbstbezogenen Kognitionen nach oben hin zunimmt. Auf den oberen generalisierten Ebenen erweist sich das Selbstkonzept als sehr veränderungsresistent, was es insbesondere für die Persönlichkeitspsychologie interessant macht. Dies lässt sich damit erklären, dass sehr viele und/oder schwerwiegende selbstkonzeptdiskrepante Erfahrungen mit der eigenen Person gemacht werden müssen, um an der Spitze der Hierarchie eine Veränderung herbeizuführen.

6.2.3.2 Selbstwertgefühl und Selbstwertschätzung

Während das Selbstkonzept die kognitive Repräsentation der eigenen Person darstellt, wird die affektiv-bewertende Komponente als *Self-esteem* bezeichnet. Coopersmith (1967, S. 5) gab folgende einflussreiche Definition: „Self esteem is a personal judgement of worthiness that is expressesd in attitudes the individual holds toward himself". Im deutschen Sprachraum wird hierfür der Begriff "*Selbstwertgefühl*" verwendet, wenngleich es sinnvoll ist die Bezeichnung „Selbstwertschätzung" zu präferieren, da es sich weniger um Gefühle handelt, sondern eher der bewertende Aspekt selbstbezogener Einstellungen im Vordergrund steht (Schütz 2003).

Shavelson et al. (1976) beispielsweise gehen in dem zuvor skizzierten Strukturmodell davon aus, dass auf sämtlichen Hierarchiestufen des Selbstkonzeptes auch eine affektiv-evaluative Komponente zu beobachten ist, jede Form des Selbstbildes auch eine dazugehörige Selbstwertschätzung aufweist. Oftmals ist die Trennung zwischen dem, was eine Person über sich denkt und der Art, wie sie dieses bewertet schwierig, zumal manche Selbstbilder (z. B. „Ich bin schwach in Mathematik") bestimmte Selbstwertschätzungen nachlegen. Auch Items mancher Selbstkonzeptinventare erfassen eher Selbstbewertungen denn bewertungsfreie Selbstkonzepte. Entsprechend verorten einige Autoren Selbstwertgefühl und Selbstkonzept auch innerhalb einer gemeinsamen Hierarchie. Auf konzeptueller Ebene scheint dies allerdings wenig sinnvoll. Besser dürfte es sein, zwischen dem subjektiven Bild, das eine Person von sich hat (Selbstkonzept) und der Bewertung dieses Bildes (Selbstwertgefühl) zu differenzieren.

Im Unterschied zum multidimensionalen Selbstkonzept, wird in der Literatur das Selbstwertgefühl häufig auf die *gesamte* Person bezogen und spiegelt so eine summarische Einschätzung der eigenen Person wider. Zur Erfassung hat sich in den letzten Jahrzehnten als *das* Standardverfahren die Selbstwertskala von Rosenberg (1965) herauskristallisiert (siehe Übersicht 23).

Übersicht 23 Die Selbstwertskala von Rosenberg

Die Self-Esteem Scale von Rosenberg (RSES) hat sich anhand einer Vielzahl von Studien als reliables und valides Instrument zur Erfassung des globalen Selbstwertgefühls erwiesen. Das Verfahren umfasst zehn Aussagen über die eigene Person, die von den Probanden auf einer vierstufigen Skala (von 0 = trifft überhaupt nicht zu bis 3 = trifft voll und ganz zu) beantwortet werden müssen Bei den negativ formulierten Aussagen (-) handelt es sich um invertierte Items, die vor der Summation Werte umgepolt werden müssen. Nachfolgend sind die Items der deutschen Fassung von v. Collani und Herzberg (2003) aufgeführt:

1. Alles in allem bin ich mit mir zufrieden.
2. Hin und wieder denke ich, dass ich gar nichts tauge. (−)
3. Ich besitze eine Reihe guter Eigenschaften.
4. Ich kann vieles genauso gut wie die meisten anderen Menschen auch
5. Ich fürchte es gibt nicht viel, worauf ich stolz sein kann. (−)
6. Ich fühle mich von Zeit zu Zeit richtig nutzlos. (−)
7. Ich halte mich für einen wertvollen Menschen, zumindest bin ich nicht weniger wertvoll als andere auch.
8. Ich wünschte, ich könnte vor mir selbst mehr Achtung haben. (−)
9. Alles in allem neige ich dazu, mich für einen Versager zu halten. (−)
10. Ich habe eine positive Einstellung zu mir selbst gefunden.

Wenngleich es sich bei der RSES zu den insgesamt in der Psychologie am häufigsten eingesetzten Instrumenten überhaupt handelt, so weist das Verfahren die Problematik auf, dass häufig mit Deckeneffekten zu rechnen ist. Wie Roth, Decker, Herzberg und Brähler (2008) an einer für die Bundesrepublik repräsentativen Stichprobe von ca. 5.000 Probanden zeigen konnten, erreichen viele Personen sehr hohe Punktwerte (die Werteverteilung ist also extrem rechtsschief), so dass eine Differenzierung im Bereich des hohen Selbstwertgefühls (bis hin zur Selbstüberschätzung) nicht möglich ist. In dieser Studie konnten minimal 10 Punkte (wenn für sämtliche 10 Items jeweils die geringste Ausprägung angeben wurde) und maximal 60 Punkte (wenn bei sämtlichen Items jeweils die höchste Ausprägung angegeben wurde) von den Probanden erreicht werden. Abbildung 6.5 zeigt die Werteverteilung der Skala „Selbstwertgefühl".

Um Personen mit extrem hohem Selbstwertgefühl identifizieren zu können, scheint es unumgänglich, die Skala in Zukunft um entsprechende Items zu erweitern.

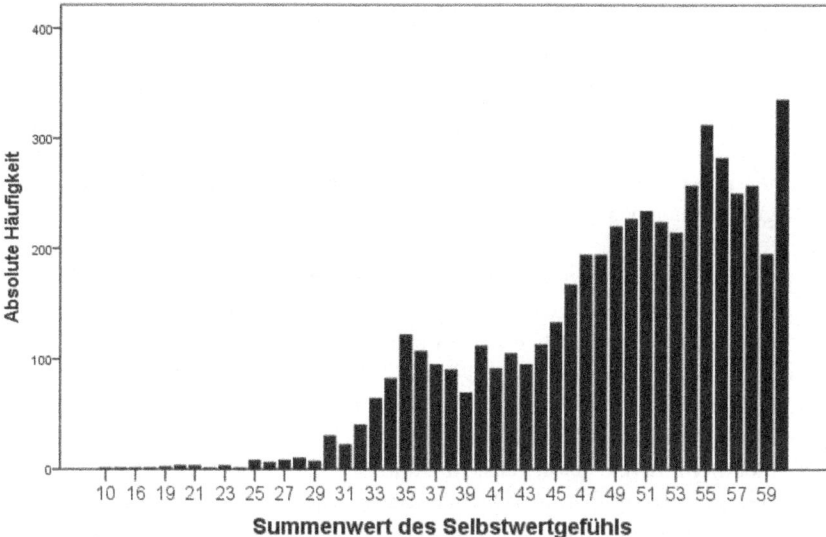

Abb. 6.5 Werteverteilung der Skala „Selbstwertgefühl in einer repräsentativen Stichprobe (N=4.988, Alter: 14–92 Jahre; Roth et al. 2008)

In der empirischen Forschungsliteratur findet sich eine Fülle von Arbeiten zum Konzept des Selbstwertgefühls, die vor allem der Frage nach dem Zusammenhang zwischen dem Selbstwertgefühl einer Person und ihrem psychosozialen Wohlbefinden nachgehen. Schütz (2003) bietet einen Überblick über die Literatur zum Selbstwertgefühl, wonach sich folgende allgemeine Tendenzen abzeichnen:

- Die Höhe des positiven Selbstwertgefühls einer Person steht in korrelativem Zusammenhang zu ihrem allgemeinen Wohlbefinden, zum Erleben positiver Emotionen, zu adaptiveren Stressverarbeitungsstrategien, besseren Leistungen und geringeren psychischen Beeinträchtigungen (wie Depressivität oder Ängstlichkeit). Aufgrund des zumeist querschnittlichen, korrelativen Designs der meisten Studien sind dabei allerdings keine Kausalaussagen möglich. Es ist durchaus denkbar, dass Wohlbefinden, Copingstrategien und Leistungen das Selbstwertgefühl einer Person beeinflussen.

- Neben der Ausprägung ist zudem auch die zeitliche Stabilität des Selbstwertgefühls von Relevanz. Einige neuere Studien lassen dabei vermuten, dass die Stabilität des Selbstwertgefühls als eigenständige Persönlichkeitsvariable aufgefasst werden kann. Während manche Personen über ein relativ stabiles Selbstwertgefühl verfügen, ist dieses bei anderen Personen eher fragil, da es stark von momentanen Ereignissen abhängig ist. Letztere, durch kurzfristige Schwankungen geprägte Form hängt mit einer negativen psychosozialen Adaptation zusammen.

• Insgesamt lässt sich kein direkter Einfluss des Alters auf das Selbstwertgefühl feststellen. Zwar nehmen ältere Menschen sehr wohl altersbedingte Entwicklungsverluste (z. B. Nachlassen der körperlichen Fitness, Ausstieg aus dem Erwerbsleben) wahr, allerdings bleiben Wohlbefinden und Selbstwertschätzung weitgehend stabil. Dies lässt sich unter andrem dadurch erklären, dass Menschen mit zunehmendem Alter andere Zielansprüche formulieren und in der Regel als Referenzgruppe Personen gleichen Alters wählen.

In den meisten Arbeiten wird ein deutlicher Tenor dahingehend erkennbar, dass ein hohes Selbstwertgefühl allgemein als wünschenswert und ein niedriges als problematisch angesehen wird. Dabei ist allerdings zu beachten, dass in den meisten Studien keine hohen Extremausprägungen des Selbstwertgefühls erfasst wurden. Aufgrund der schiefen Werteverteilung, zum Beispiel unter Verwendung der RSES von Rosenberg, ist vielmehr davon auszugehen, dass in der Regel Personen mit niedrigem und mit mittlerem Selbstwertgefühl unterschieden wurden. Auf Probleme, die mit einer extrem (teilweise unrealistisch) hohen Selbstwertschätzung einhergehen, verweisen Baumeister, Smart und Boden (1996) – sie sprechen hier von der „dark side of high self esteem". Demnach neigen Personen mit sehr hohem Selbstwertgefühl oder Selbstwertschätzung zu aggressivem und sozial unverträglichem Verhalten, insbesondere, wenn sie die an sie selbst gesetzten Ansprüche durch negatives Feedback bedroht sehen, welches von ihnen als Kränkung erlebt wird. Eine spezielle Variante, die „egozentrische Selbstaufwertung", hat Schütz (2003) basierend auf systematischen Einzelfallanalysen herausgearbeitet. Diese ist durch „eine positive Darstellung der eigenen Person gekennzeichnet, bei der Elemente der Selbstkritik weitgehend fehlen. (…) Kritik anderer Personen wird nicht ernsthaft reflektiert, sondern abgewertet, z. B. als Problem der anderen dargestellt." (S. 163).

Die Einzigartigkeit des Menschen

7

Zu Beginn dieses Buches wurden die auf Gleichheit und Unterschiedlichkeit ba-
sierenden Perspektiven auf die menschliche Persönlichkeit nach Kluckhohn et al.
(1953) zitiert, wonach jeder Mensch in gewisser Hinsicht a) wie alle anderen Menschen, b) wie einige andere Menschen und c) wie kein anderer Mensch ist. Während
die ersten beiden, die Vergleichbarkeit ansprechenden Ebenen in den bisherigen
Ausführungen thematisiert wurden, soll nun auf die Perspektive der Unvergleichbarkeit, das heißt der Einzigartigkeit des Individuums eingegangen werden. Beide
Perspektiven existieren, wenn auch mit deutlich unterschiedlicher Gewichtung,
in der Persönlichkeitspsychologie unter der auf Windelband (1894) und Allport
(1937) zurückgehenden Bezeichnungen „idiographisch" vs. „nomothetisch" (siehe
Übersicht 6).

Beide Perspektiven spiegeln sich auch in den vier auf Stern (1911) zurückgehenden Teilgebieten der Persönlichkeitspsychologie wider, wobei die Variationsforschung und die Korrelationsforschung eher dem nomothetischen Ansatz, die
Psychographie und Komparationsforschung eher dem idiographischen Ansatz
zugerechnet werden können (vgl. hierzu Kap. 3). Die Aufgabe der Psychographie
besteht genau darin, eine einzelne Person hinsichtlich verschiedener Merkmale zu
beschreiben, die Komparationsforschung umfasst den systematischen Vergleich
zwischen mehreren Psychogrammen. Stern (1911) vertrat dabei die Ansicht, dass
eine nomothetische Methodik nicht ausreicht, um den Einzelfall zu verstehen:
„Denn Individualität bedeutet stets Singularität. Jedes Individuum ist ein in iden-
tischer Form nirgends und niemals sonst vorhandenes Gebilde. An ihm bestätigen
sich wohl bestimmte Gesetzmäßigkeiten, in ihm verkörpern sich wohl bestimmte
Typen, es ist in vielerlei Hinsicht mit anderen Individuen vergleichbar – aber es
geht nicht restlos auf in diesen Gesetzmäßigkeiten, Typen und Gleichungen, stets
bleibt ein Plus, durch welches es sich von anderen Individuen unterscheidet, die
den gleichen Gesetzen und Typen unterliegen." (S. 3–4).

P. Y. Herzberg, M. Roth, *Persönlichkeitspsychologie,* Basiswissen Psychologie,
DOI 10.1007/978-3-531-93467-9_7, © Springer Fachmedien Wiesbaden 2014

Betrachten wir die bisherigen Ausführungen dieses Lehrbuchs – und gerne auch die Darstellungen anderer Übersichten im Vergleich – so lässt sich feststellen, dass gegenwärtig eine eindeutige Dominanz des nomothetischen Ansatzes vorliegt. Idiographische Zugänge spielen insgesamt in der gegenwärtigen Persönlichkeitspsychologie eine untergeordnete Rolle. Dies mag primär am Wissenschaftsverständnis der Psychologie liegen, die sich als empirische Naturwissenschaft am Gesetzmäßigen orientiert, dessen Analyse nur durch Vergleichbarkeit möglich ist. So definiert die Psychologie ihr Selbstverständnis oftmals gerade in Abgrenzung zu einer verstehend-hermeneutischen Zugangsweise. Die nomothetische Perspektive ist somit definitorischer Bestandteil der wissenschaftlichen Psychologie. Häufig findet man das Argument, dass anders als in der Wissenschaft in der Individualdiagnostik eher die idiographische Perspektive von Bedeutung ist, da hier spezielle Interventionen für Einzelfälle entwickelt werden müssen. Dies trifft so allerdings nicht zu. Eine nomothetische Perspektive ist auch im Falle der Individualdiagnostik relevant: Wird beispielsweise im Kontext eines psychologischen Gutachtens versucht, eine Prognose abzuleiten, so ist dies nur dann möglich, wenn in der Diagnostik in dem jeweiligen Einzelfall solche Merkmale erfasst wurden, die auch bei anderen Individuen untersucht wurden, um deren Entwicklungsverlauf auf den Einzelfall – mehr oder minder treffsicher – projizieren zu können. Würden tatsächlich einzigartige Merkmale untersucht, für die es keine Vergleichsmöglichkeiten (und damit keine empirische Datenbasis) gibt, können derartige Einzelfallprognosen nur im Bereich von alltagspsychologischen Spekulationen bleiben.

Andererseits ist natürlich auch die Perspektive der Einzigartigkeit, d. h. der charakteristischen Einmaligkeit jedes Individuums nicht von der Hand zu weisen. Daher bleibt die Frage, wie diese Sichtweise in eine empirische Psychologie integriert werden kann. Das heißt: Wie kann eine idiographische in eine nomothetische Sichtweise eingebunden werden? Eine Antwort geben hier Ansätze, die beide Perspektiven nicht als unterschiedliche, sondern als sich ergänzende Zugangsweisen verstehen. Diese Ansätze zeichnen sich dadurch aus, dass sie eine idiographische Erfassungsmethodik wählen, die der Einmaligkeit der Person gerecht wird. In der Regel wird dabei ein unstandardisiertes Interview eingesetzt, bei dem maximal die Fragen vorgegeben sind, die Antworten aber frei von den Personen gewählt werden können. In einem zweiten Schritt erfolgt anschließend eine nomothetische Auswertungsmethodik, in der die individuellen Daten nach einheitlichen Gesichtspunkten klassifiziert werden, wodurch Vergleiche ermöglicht werden. Nachfolgend werden hierzu paradigmatisch zwei Vertreter skizziert: Hans Thomae, da er im deutschsprachigen Raum ein (wenn nicht *der*) Hauptvertreter dieser Perspektive ist und Dan P. McAdams als Vertreter eines neueren Ansatzes, der gegenwärtig im Fokus der Aufmerksamkeit steht.

7.1   Das Individuum und seine Welt

Hans Thomae (1968, 1996) hat in seiner Konzeption, die er in seinem Buch „Das Individuum und seine Welt" beschrieb, eine idiographische Persönlichkeitsforschung in den Mittelpunkt gestellt. Mit dem genannten Hauptwerk von Thomae liegt übrigens auch die letzte deutsche Persönlichkeitstheorie im Sinne eines ganzheitlichen Entwurfes vor.

Zentrales Merkmal der Überlegungen Thomaes (1968) stellt eine „psychologische Biographik" dar. Gemeint ist damit der Versuch, das Verhalten eines Individuums im natürlichen Ablauf des Lebens zu analysieren, „welches als Grundlage für die Erfassung der ‚echten' Einheiten einer Persönlichkeitsbeschreibung dienen kann" (S. 105). Um den individuellen Besonderheiten Rechnung tragen zu können, steht dabei die Exploration (resp. das psychologische Interview) als Zugang der Datengewinnung im Vordergrund, in dem die Person weitgehend ohne vorgegebene Konzepte ihre persönlichen Erfahrungen berichtet. Hierzu schreibt Thomae (1968, S. 250): „Nur die intensive Auswertung von Explorationen kann davor bewahren, allzu vereinfachende Versuchsanordnungen zu entwerfen; allein ihre Berücksichtigung kann auch vor Fehldeutungen statistisch noch zu gut gesicherter, aber mit mangelhaftem Ausgangsmaterial arbeitender Erhebungen schützen". Hiermit wendet sich Thomae gegen eine rein nomothetische Erfassung, beispielsweise mit Hilfe standardisierter Fragebogenverfahren, die den individuellen Charakteristiken im Lebenslauf eines Individuums kaum Rechnung tragen kann. Für ihn liefert die Exploration daher „kein ad hoc und kein bewusst oder willkürlich zurechtgemachtes Material. Sie ‚entfaltet' vielmehr einen gewissen Ausschnitt aus den Verhaltensweisen des Individuums, den Situationen, wie sie das Individuum erlebt, und den Zielsetzungen, von denen diese Verhaltensweisen her verstanden werden müssen" (Thomae 1968, S. 119). Als Einheiten, in denen das Verhalten erfasst werden sollte, schlägt Thomae „Handlung", „Tageslauf" und „Lebenslauf" als Abgrenzungen vor.

Der Phase der vorwiegend idiographischen Datenerhebung folgt der Versuch, das Ausgangsmaterial in quantitative Daten zu übersetzen, indem die Aussagen der Personen übergeordneten Kategorien zugeordnet und damit abstrahiert werden. Dies ermöglicht die Vergleichbarkeit der Individuen, wodurch eine nomothetische Analyse des qualitativen Ausgangsmaterials möglich wird. Für Thomae (1968) ist „die Analyse des Individuums nur Etappe auf dem Wege zu einer wie immer gearteten Generalisierung" (S. 105). Nomothetische Generalisierungen stellen für ihn eine wesentliche Voraussetzung für eine wissenschaftlich fundierte Persönlichkeitsforschung dar.

Als Rahmen zur abstrahierenden Beschreibung der Vielzahl möglicher Verhaltens- und Erlebensweisen schlägt Thomae (1968) verschiedene Klassifikationssys-

teme vor. Diese ermöglichen eine nomothetische Bearbeitung der idiographisch
gewonnenen Daten. Als Kennzeichen, die den Verlauf einer Handlung charakterisieren, schlägt Thomae neun formale Verhaltenskategorien vor (siehe Übersicht
24); diese erlauben eine Beschreibung unterschiedlicher Verhaltensweisen nach
gleichen Dimensionen, wodurch sich verschiedene Handlungen einer Person
ebenso wie Handlungen verschiedener Personen miteinander vergleichen lassen.
Um Beschreibungsdimensionen zu gewinnen, die sich nicht nur auf Handlungen,
sondern auch auf Analysen des Tages- und des Lebenslaufes anwenden lassen, er-
stellte er ein weiteres Klassifikationssystem, das ebenfalls vom spezifischen Inhalt
der Analyseeinheit (Handlung, Tages- und Lebenslauf) möglichst absehen und nur
die formale Qualität beschreiben soll.

Übersicht 24 Zwei Kategoriensysteme nach Thomae

Neun Formale Verhaltenskategorien nach Thomae (aus Fisseni 1998)

1. Größe der Aktivität	1 = äußert gering	9 = äußerst groß
2. Variabilität der Aktivität	1 = äußert gering	9 = äußerst groß
3. Äußerung der Aktivität	1 = äußert gering	9 = äußerst groß
4. Stimmung	1 = äußert gering	9 = äußerst groß
5. Variabilität der Stimmung	1 = äußert gering	9 = äußerst groß
6 Anregbarkeit	1 = äußert gering	9 = äußerst groß
7. Angepasstheit	1 = äußert gering	9 = äußerst groß
8. Steuerung	1 = äußert gering	9 = äußerst groß
9. Sicherheit	1 = äußert gering	9 = äußerst groß

(Die Zahlen markieren Pole eines Ratings)

Acht Kategorien zur Beurteilung der formalen Qualität des Verhaltens nach
Thomae (aus Fisseni 1984)

Ruhe	–	Aktivität
Gleichförmigkeit	–	Wechsel
Abhängigkeit	–	Unabhängigkeit
Geringes Engagement	–	hohes Engagement
Störung	–	Ausgeglichenheit
Negative Tönung	–	Positive Tönung
Verschlossenheit	–	Offenheit
Geringe Thematisierung	–	hohe Thematisierung

(Die genannten Kriterien beziehen sich auf den Endpunkt einer Skala, die je nach Ausmaß der vorhandenen Informationen fünf - bis neunstufig angelegt werden kann)

Die oben genannten Kategorien ermöglichen es somit formale Verhaltensaspekte zu beschreiben. Um die individuellen Aussagen auch inhaltlich zu kategorisieren, schlägt Thomae unter anderem die Identifikation zentraler Themen, die sich im menschlichen Leben stellen sowie immer wiederkehrender Bewältigungsstrategien vor. Thomae spricht hier von „Daseinsthemen" und „Daseinstechniken". Daseinsthemen sind nach seiner Auffassung „wiederholt geäußerte Gedanken, Wünsche, Befürchtungen und/oder Hoffnungen" (Thomae 1996, S. 79) und sind aus biographischen Dokumenten „ableitbare Inhalte personaler Prozesse, in denen es nicht nur um die kognitive Repräsentation von Situationen, sondern um Art und Ausmaß des Betroffenseins von ihnen, der inneren und äußeren Auseinandersetzung mit ihnen geht" (S. 80). Der Verweis auf Wünsche und Befürchtungen impliziert ein dahinterliegendes Ziel, weshalb Thomae auch die Begriffe „Motiv" und „Thema" synonym verwendet. Daseinsthemen lassen sich damit als übergeordnete Ziele eines Individuums verstehen, die in ihrer Anzahl nicht festgelegt sind, sondern in verschiedenen Untersuchungskontexten variieren können. Beispiele für Daseinsthemen sind beispielsweise „Soziale Integration" oder „Soziale Abhebung".

Daseinstechniken dienen der Art und Weise, wie Daseinsthemen vom Individuum verwirklicht werden. Sie weisen eine instrumentelle Funktion auf und beschreiben Reaktionsformen des Individuums. Inhaltlich sind diese mit Bewältigungs- bzw. Copingstilen verwandt. Thomae (1968) nennt hier folgende fünf zentrale Techniken: 1) Leistungsbezogene Techniken, 2) Varianten der Anpassung, 3) Defensive Techniken, 4) Evasive Techniken und 5) Aggression. Daseinstechniken können selbst auch zur Thematik werden. Beispielsweise können leistungsbezogene Techniken zunächst als Mittel zur Erreichung bestimmter Ziele (z. B. finanzielle Unabhängigkeit) eingesetzt werden, im Laufe des Lebens aber den Status einer eigenen Thematik erhalten – und damit nicht mehr Mittel, sondern Selbstzweck sein.

Übersicht 25: Untersuchung von Daseinsthemen und -techniken im höheren und hohen Erwachsenenalter
Das höhere Erwachsenenalter ist durch ein hohes Ausmaß an interindividueller Variabilität gekennzeichnet. Entwicklungsverläufe unterscheiden sich also in dieser Lebensphase sehr stark voneinander. Es wundert daher nicht,

dass hier die idiographische Untersuchungsmethodik von Thomae und seinen Schülern insbesondere Anwendung fand. Als besonders einflussreich für nachfolgende Arbeiten auf diesem Gebiet ist die Bonner Längsschnittstudie des Alterns (BOLSA) zu bezeichnen, bei der es sich übrigens um die erste gerontologische Längsschnittstudie in Deutschland handelte, die auch international große Beachtung fand (vgl. zuf. Lehr und Thomae 1987; Fooken 2003). Zu sieben Messzeitpunkten wurden 220 Männer und Frauen der Geburtsjahrgänge 1890 bis 1895 und 1900 bis 1905 zwischen 1965 und 1981 unter anderem mit halbstandardisierten Interviews untersucht. Dabei konnten eine Reihe interessanter Befunde ermittelt werden, die wegweisend für spätere Forschung waren. Beispielsweise zeigte sich, dass im Alter kein „genereller Persönlichkeitsabbau" stattfindet. So ließ sich in der BOLSA keine Person finden, die kontinuierlich über alle Messzeitpunkte hinweg „Abbau-Erscheinungen" aufwies. Vielmehr waren positive wie auch negative Veränderungen ebenso zu beobachten wie auch Konstanz.

Thomaes Ansatz stellt damit eine Verbindung idiographischer und nomothetischer Forschungsstrategien dar. Dem idiographischen Zugang zur Person folgt eine nomothetische Analyse des Datenmaterials. Wie unterschiedlich dabei die Ergebnisse der Datengewinnung auch immer gewesen sein mögen (z. B. Berichte über Angsterfahrungen bei Bombenangriffen während des ersten Weltkrieges vs. Berichte über erlebte Angstzustände bei einem Verkehrsunfall), die Einordnung in ein einheitliches System von Kategorien ermöglichen letztlich eine Vergleichbarkeit zwischen den Individuen.

7.2 Das Identitätsmodell der Lebensgeschichten

McAdams (1996, 2001) beschreibt in seinem Identitätsmodell die Identität eines Individuums als eine verinnerlichte Lebenserzählung („life story"). Dabei werden auch in formaler Hinsicht Parallelen zwischen dem Aufbau einer Geschichte und der Identität einer Person gezogen (z. B. Handlungshintergrund, Szenen, Charaktere, Plot und Thema). Die Lebenserzählungen einer Person bleiben also nicht bloße Auflistung von Eigenschaften oder Gefühlen, sondern es handelt sich um eine in sich schlüssige, kohärente Geschichte, die die eigene Identität konstituiert. Generiert werden die entsprechenden Lebenserzählungen zum einen natürlich von der Person, die sie konstruiert und zum anderen von der Kultur, in der die Person aufgewachsen ist bzw. gegenwärtig lebt. Dementsprechend wird die Geschichte der Person, d. h. ihre Identität von aktuellen, gesellschaftlichen Normen und Werthaltungen mitbestimmt. Dabei steht die Identität vor einer doppelten Aufgabe: zunächst müssen unterschiedliche Rollen und die damit verbundenen Verhaltensweisen in ein stimmiges Bild gebracht werden und darüber hinaus müssen Veränderungen von Werthaltungen über die gesamte Lebensspanne hinweg plausibel gemacht und in die eigene Lebenserzählung schlüssig integriert werden. Allerdings nimmt McAdams – mit Blick auf entwicklungspsychologische Erkenntnisse – eine vollständige Integration auch gegenläufiger Lebensentwicklungen und -prinzipien in eine kohärente Erzählung erst für die späte Adoleszenz an. In früheren Lebensphasen wird das Wissen über sich selbst eher in Auflistungen von Eigenschaften oder Episoden strukturiert, nicht aber in einer ausgereiften Erzählung.

McAdams (2008) erfasst dabei die Lebensgeschichten der Personen durch ein halbstrukturiertes Interview, in dem die Personen aufgefordert werden, sich ihr Leben als ein Buch oder einen Roman mit verschiedenen Kapiteln vorzustellen. Dabei werden sie gebeten, für jedes Kapitel einen Titel anzugeben und zu skizzieren, worüber das Kapitel handelt und wie es in das nächste Kapitel übergeht. Bezüglich der Anzahl der Kapitel gibt es keine Einschränkungen für die Probanden. Zu jedem Kapitel sollen Schlüsselszenen benannt werden (z. B. Höhe- und Tiefpunkt oder Wendepunkt). Weiterhin sollen für das Leben einflussreiche Personen genannt und in der Zukunft liegende Kapitel antizipiert werden. Eingeschlossen in das Interview sind ebenfalls die Beschreibung von Herausforderungen, die das Individuum in seinem Leben erlebt hat (z. B. gesundheitliche Probleme oder Verlusterlebnisse) sowie Schilderungen des Werte- und Moralsystems (z. B. religiös-ethische und politisch-soziale Werte).

Folgende Merkmale von Lebenserzählungen konnte McAdams (1988) auf Basis von 200 Interviews herausfiltern: a) Narrative Tönung (emotionaler Gehalt), b) Bildliche Darstellung, c) Themen, d) Ideologisches Setting, e) Kernepisoden, g) Imagos (idealisierte Beschreibung der eigenen und anderer Personen) und e) Ende: Generativität (Schaffung eines Abschlusses). Insgesamt unterscheiden McAdams et al. (2001) zwei wesentliche, gegensätzliche Strategien der Lebenserzählung: die „Wiederherstellungs-/Erlösungsepisode" („redemption") auf der einen Seite und die Verunreinigungsepisode („contamination") auf der anderen Seite. So beginnt die Wiederherstellungsepisode mit einer schwierigen und von negativen Affekten belasteten Anfangssituation, die schließlich aufgelöst wird und sich zum Positiven wendet. Genau umgekehrt verhält es sich mit der Verunreinigungsepisode: Hier wird eine zu Beginn als positiv zu bewertende Lebenssituation im Verlauf der Geschichte problematischer. Interessant ist der Zusammenhang zwischen der Art der Lebensgeschichte und dem psychischen Wohlbefinden. Die Anzahl kodierter

Wiederherstellungsepisoden von $n = 125$ Studenten korrelierte zu $r = 0{,}42$ mit dem psychischen Wohlbefinden.

McAdams bindet sein Identitätskonzept in ein umfassenderes mehrstufiges Persönlichkeitsmodell ein, das bereits einleitend skizziert wurde: Die erste Ebene beschreibt er als Pool zeitstabiler Persönlichkeitsmerkmale („traits"), die weitgehend unabhängig von anderen Faktoren, also im weitesten Sinne „dekontextualisiert" sind und mit Hilfe der gängigen Persönlichkeitsinventare abgebildet werden können. Auf der zweiten Ebene befinden sich zeit-, raum- und/oder rollenabhängige Verhaltensstrategien („charakteristic adaptations"). Hierunter fallen z. B. bereichsspezifische Kompetenzen, soziale Fähigkeiten und Fertigkeiten, Einstellungen, Abwehr- und Copingstrategien. Im Gegensatz zu den zeitstabilen Persönlichkeitsmerkmalen sind diese Verhaltensstrategien in einen bestimmten zeitlichen, räumlichen oder rollenspezifischen Kontext integriert. Die dritte Ebene beschreibt McAdams mit seinem Konzept der Identität als erzählte Lebensgeschichte („life story") der Person.

Diese letzte Ebene der Identität als integrierende Lebensgeschichte ergibt sich nach McAdams (1996) aus dem u. a. auch kulturell begründeten Druck der Identitätsbildung. Individuen stehen vor dem Problem, ein zeitüberdauerendes und gleichzeitig entwicklungsfähiges Selbst bilden zu müssen. Das heißt für McAdams, dass Menschen in anderen Kulturen, die nicht von dem Zwang zur Identitätsbildung geprägt sind, möglicherweise gar nicht über diese dritte Persönlichkeitsebene verfügen.

Die Art und Weise der persönlichen „life story" sieht McAdams mitunter auch von den Charakteristika der ersten beiden Ebenen seines Persönlichkeitsmodells beeinflusst. So zeigte sich, dass Personen mit einem hohen Ausprägungsgrad des auf der ersten Ebene befindlichen zeitstabilen Persönlichkeitsmerkmals der Generativität (d. h. das Bestreben, das Wohlergehen für die nächste Generation zu sichern) eher dazu neigen, das eigene Leben in der Rückschau als „Verpflichtungsgeschichte" (commitment-story) zusammenzufassen (McAdams et al. 1997). Dabei spielen Merkmale wie „Sensibilität bezgl. des Leidens anderer"; „aus problematischen Ausgangssituationen einen positiven Weg finden"; „Orientierung an einer persönlichen Ideologie" u. ä. eine Rolle. Auch Abwehrmechanismen, die sich nach McAdams auf der zweiten Ebene seines Persönlichkeitsmodells befinden, können die erzählte Lebensgeschichte maßgeblich beeinflussen.

Vergleichbar mit dem Ansatz bei Thomae werden bei McAdams also auch idographisch gewonnene Erkenntnisse nomothetisch ausgewertet, indem diese nach übergreifenden, inhaltlichen Aspekten analysiert werden. Hierdurch erst werden empirische Studien möglich. Obschon dieses Vorgehen, das versucht, sowohl der Einzigartigkeit des Individuums als auch dem Anspruch der Vergleichbarkeit gerecht zu werden, recht plausibel erscheint, wird es dennoch relativ selten in der Persönlichkeitsforschung angewendet. Dies dürfte primär zwei Ursachen haben: Erstens lehnen strikt idiographisch orientierte Psychologen den Ansatz ab, da ihrer Ansicht nach durch die Überführung der individuellen Aussagen in ein einheitliches Klassifikationssystem solche Informationen verloren gehen, die gerade die Einzigartigkeit des Individuums beschreiben. Eine zweite, wahrscheinlich wesentlichere Ursache liegt darin, dass die Erhebung unstrukturierter Daten und deren anschließende Klassifikation einen erheblichen Untersuchungsaufwand darstellt, der von vielen Wissenschaftlern gescheut wird.

Persönlichkeit: Stabil oder Veränderbar?

8

Bisher wurde Persönlichkeit als etwas Statisches betrachtet und die Möglichkeiten von Veränderungen und Entwicklung außer Acht gelassen. Dabei wird dem aufmerksamen Leser nicht entgangen sein, dass in der Definition (siehe Übersicht 3) Persönlichkeit als die individuelle und einzigartige Variation der genetisch bedingten menschlichen Natur, die sich in einem *entwickelnden* Muster dispositionaler Eigenschaften, charakteristischer Adaptationen und integrierender Lebenserzählungen herausbildet und in komplexer und differentieller Weise von der Kultur beeinflusst wird, beschrieben wurde. Die sehr globale Frage, ob Persönlichkeit stabil oder veränderbar ist, beinhaltet viele konkrete Fragen, z. B. ab welchem Alter man von Persönlichkeit sprechen kann und wie sich Persönlichkeit entwickelt. Ist die Persönlichkeitsentwicklung irgendwann abgeschlossen – und wenn ja, wann? Während für die Phase der Kindheit und Adoleszenz kaum jemand bestreiten wird, dass Entwicklung im Bereich der Persönlichkeit stattfindet, gibt es für die Phasen des Erwachsenalters unterschiedliche Auffassungen darüber, ob Persönlichkeit nun stabil oder veränderbar ist. Diese Frage wurde und wird nach wie vor kontrovers diskutiert (siehe Übersicht 2 Kontroversen der Persönlichkeitspsychologie).

Aufgabe

Bertold Brecht hat in „Das Wiedersehen" folgende kurze Gegebenheit geschildert:

> Ein Mann, der Herrn K. lange nicht gesehen hatte, begrüßte ihn mit den Worten: „Sie haben sich gar nicht verändert." „Oh!" sagte Herr K. und erbleichte.

Häufig wird die Stabilität von Erleben und Verhalten einer Person positiv betrachtet, wie der Mann, dem Herr K. begegnet, es sicher wohlwollend gemeint hat. In unzähligen Filmdialogen drücken die Protagonisten ihre Enttäuschung,

P. Y. Herzberg, M. Roth, *Persönlichkeitspsychologie,* Basiswissen Psychologie, DOI 10.1007/978-3-531-93467-9_8, © Springer Fachmedien Wiesbaden 2014

ihr Missbehagen und andere negative Reaktionen in Sätzen wie „Du hast dich verändert, Du bist mir fremd geworden." aus.
Wie sehen Sie ihre Persönlichkeitsentwicklung in den letzten 6 Jahren? Haben Sie sich verändert? Wenn ja, welche Eigenschaften haben sich verändert? Und wie?

8.1 Formen der Veränderung und Entwicklung

Bevor wir uns diesen Fragen zuwenden, muss geklärt werden, was in der Persönlichkeitspsychologie denn genau unter Persönlichkeitsentwicklung verstanden wird. Während die Entwicklungspsychologie vorrangig alterstypische durchschnittliche Veränderungen untersucht, fokussiert die Persönlichkeitspsychologie auf differentielle Veränderungen, die nicht alterstypisch sind, sondern individuelle Besonderheiten der Entwicklung darstellen. Abbildung 8.1 veranschaulicht die Unterscheidung von durchschnittlichem, individuellem und differentiellem Entwicklungsverlauf am Beispiel einer Person.

Der *durchschnittliche* Entwicklungsverlauf beschreibt eine Entwicklung, wie sie im Durchschnitt der Altersgruppe für ein bestimmtes Merkmal stattfindet. Als Beispiel lassen sich die durchschnittlichen Veränderungen der Big Five über die Lebensspanne heranziehen. Mittels einer Metaanalyse von Längsschnittstudien zu Mittelwertsveränderungen in den Big Five bestimmten Roberts et al. (2006) die normativen Veränderungen der Big Five. Diese durchschnittlichen Entwicklungsveränderungen der Big Five sind in Abb. 8.2 dargestellt.

Mit zunehmendem Alter (die Altersspanne der eingeschlossenen Studien reichte von 10 bis über 70 Jahre) nimmt der Neurotizismus ab, Gewissenhaftigkeit und Verträglichkeit nehmen zu, Offenheit für neue Erfahrungen nimmt in der Adoleszenz zu, bleibt von 20 bis Ende 50 relativ stabil und nimmt danach ab. Für Extraversion ergibt sich ein einheitliches Bild erst, wenn zwischen zwei Komponenten der Extraversion unterschieden wird. Die soziale Dominanz (Unabhängigkeit und Selbstsicherheit) nimmt zu, während die soziale Vitalität (Geselligkeit, Aktivität und positive Affektivität) abnimmt.

Der *individuelle* Entwicklungsverlauf einer Person ist in Abb. 8.1 durch die durchgezogene horizontale Linie dargestellt und bedeutet, dass bei der Person zu verschiedenen Zeitpunkten jeweils dieselbe Ausprägung des Persönlichkeitsmerkmals (z. B. Verträglichkeit) gemessen wurde. Obwohl die individuelle Ausprägung dieser Person im Beispiel äußerst stabil ist und keinerlei individuelle Veränderung festzustellen ist, folgt die auf den ersten Blick paradoxe Schlussfolgerung, dass der *differentielle* Entwicklungsverlauf dieser Person eine Abnahme der Verträglichkeit

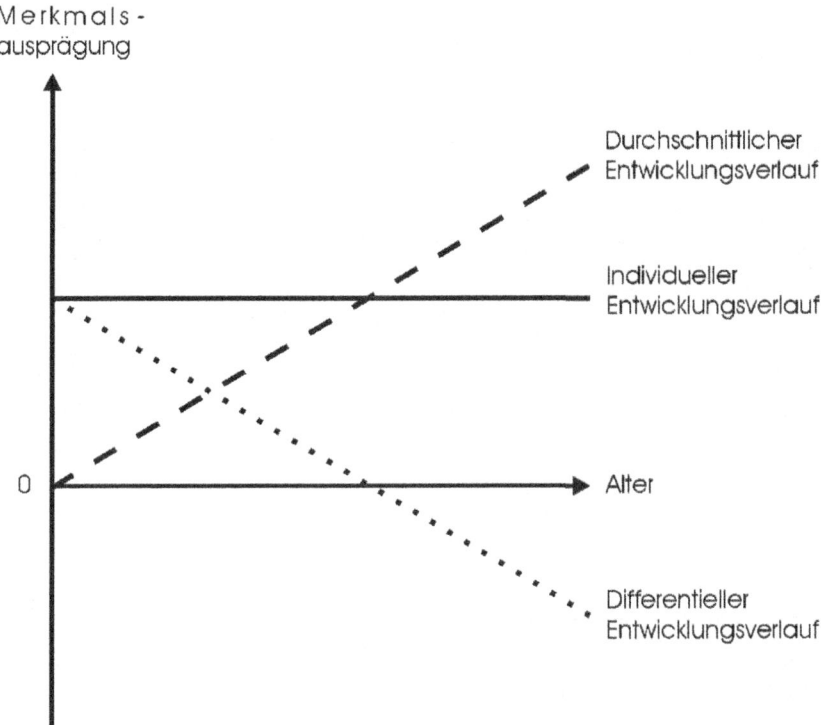

Abb. 8.1 Durchschnittlicher individueller, und differentieller Entwicklungsverlauf (aus Asendorpf 2007)

zeigt (gepunktete Linie in Abb. 8.1). Obwohl die individuelle Verträglichkeit gleich bleibt, ergibt sich eine differentielle Veränderung, da das Merkmal Verträglichkeit im Durchschnitt über die Zeit zunimmt. Ebenso kann der Fall auftreten, dass keine differentielle Entwicklung stattfindet, also die Persönlichkeit gleich bleibt, wenn sich die Ausprägung in einem Persönlichkeitsmerkmal ändert. Dies ist genau dann der Fall, wenn die Merkmalveränderung dem durchschnittlichen, also alterstypischen Entwicklungsverlauf folgt.

Die in Abb. 8.1 und Abb. 8.2 dargestellten Entwicklungsverläufe beziehen sich auf absolute Ausprägungen eines Merkmals bei einer Person (Abb. 8.1) oder Personengruppen (Abb. 8.2).

Davon zu unterscheiden ist die positionale Perspektive, also der Vergleich der Rangordnung verschiedener Personen in einem Persönlichkeitsmerkmal. Für das Verständnis von Entwicklung werden fünf Formen der Konsistenz unterschieden (siehe Übersicht 26).

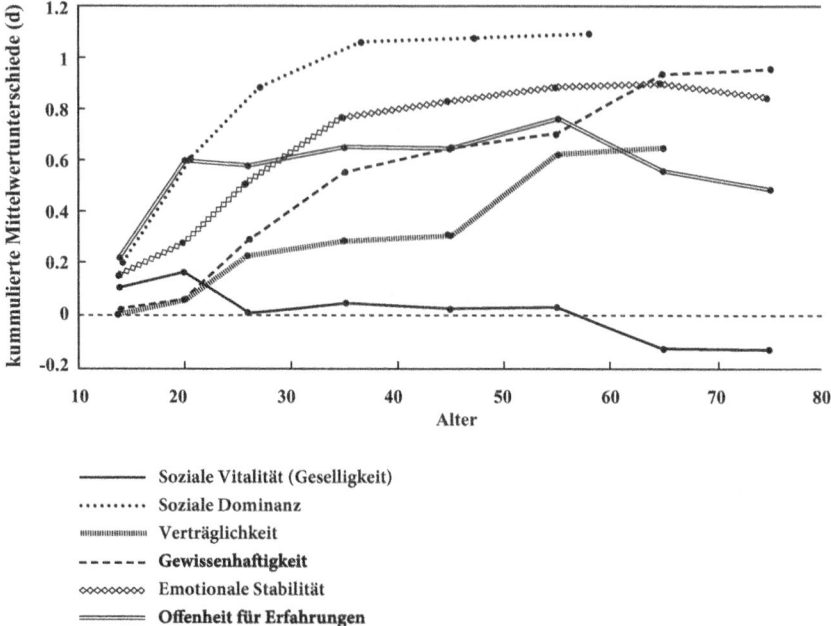

- ———— Soziale Vitalität (Geselligkeit)
- ·········· Soziale Dominanz
- ⅢⅢⅢⅢⅢ Verträglichkeit
- - - - - - Gewissenhaftigkeit
- ∞∞∞∞∞ Emotionale Stabilität
- ═══════ Offenheit für Erfahrungen

Abb. 8.2 Kummulierte Mittelwertsunterschiede (in d-Metrik) für die Big Five Dimensionen über die Lebensspanne (Roberts et al. 2006, S. 15)

Übersicht 26: Formen der Stabilität

1. **Absolute Stabilität:** Konstanz in der Ausprägung eines Merkmals, erfasst als Vergleich von Mittelwerten eines Merkmals verschiedener Altersgruppen (Querschnittstudie) oder als Vergleich von Mittelwerten eines Merkmals im Zeitverlauf (Längsschnittstudie).
2. **Differentielle Stabilität:** Beschreibt die Rangordnung von Personen bezüglich eines Merkmals über die Zeit.
3. **Strukturelle Stabilität:** beschreibt die Ähnlichkeit von Merkmalen bezüglich der Anzahl und deren Beziehungen untereinander, bspw. ob die Varianzen und Kovarianzen zwischen den FFM-Faktoren zu zwei Messzeitpunkten vergleichbar sind.
4. **Ipsative Stabilität (Profilstabilität):** Kontinuität einer Konfiguration bestimmter Variablen innerhalb eines Individuums über die Zeit, also die zeitliche Konstanz der Form eines Ausprägungsmusters (Profils).
5. **Individuelle Unterschiede der Konsistenz:** Beschreibt das intraindividuelle Muster von Kontinuität oder Veränderung eines Individuums über die Zeit.

Strukturelle Stabilität		
	Relativ	**Absolut**
Population	Differentielle Stabilität	Absolute Stabilität
Individuum	Ipsative Stabilität	Individuelle Unterschiede der Konsistenz

Abb. 8.3 Konsistenzarten

Abbildung 8.3 organisiert die Formen der Konsistenz nach den beiden grundlegenden Dimensionen, nämlich ob die Stabilität oder Veränderung absolut oder relativ betrachtet wird und ob Aussagen über Populationen oder Individuen getroffen werden. Die Prüfung der strukturellen Stabilität ist die Voraussetzung für die Untersuchung der anderen Stabilitätsformen, da sie sicherstellt, dass es sich zu verschiedenen Messzeitpunkten um vergleichbare Konstrukte handelt. Für die Big Five zeigt sich eine hohe strukturelle Stabilität nach dem zehnten Lebensjahr. Die Überprüfung der strukturellen Stabilität von Persönlichkeitseigenschaften in jüngeren Altersgruppen stellt für Persönlichkeitsforscher eine Herausforderung dar, auf die wir im Kontext der Persönlichkeitsentwicklung im Kindesalter eingehen werden.

Die berichtete Metaanalyse von Längsschnittstudien von Roberts et al. (2006) ist ein Beispiel zur Untersuchung der absoluten Stabilität. In großen Querschnittstudien findet sich ein mit den Ergebnissen der Metaanalyse übereinstimmendes Muster absoluter Stabilität in den Big Five (Terracciano et al. 2005).

Die differentielle Stabilität von Persönlichkeitsmerkmalen haben Roberts und DelVecchio (2000) auf der Basis von 152 Längsschnittstudien mit mehr als 39.000 Teilnehmern untersucht. Abbildung 8.4 zeigt die Korrelationen zwischen zwei Messzeitpunkten für ein Intervall von sieben Jahren getrennt für 10 Altergruppen.

In der frühen Kindheit ist die Stabilität niedrig, steigt aber deutlich an im Altersbereich 3 bis 5,9 Jahre an und fällt im folgenden Altersabschnitt leicht ab. Für die weiteren Altersabschnitte zeigt sich ein kontinuierlicher Stabilitätszuwachs (kumulatives Stabilitätsprinzip), der nur in der Altersspanne 40–49 Jahre noch mal geringer wird. Das Plateau wird ab dem Alter von 50 Jahren erreicht und liegt mit über 0,70 nur wenig unterhalb der durch Messfehler möglichen maximalen Stabilität der Messungen. Dieses Stabilitätsmuster zeigt sich für alle Big Five Dimensionen und unterscheidet sich nicht für Frauen und Männer.

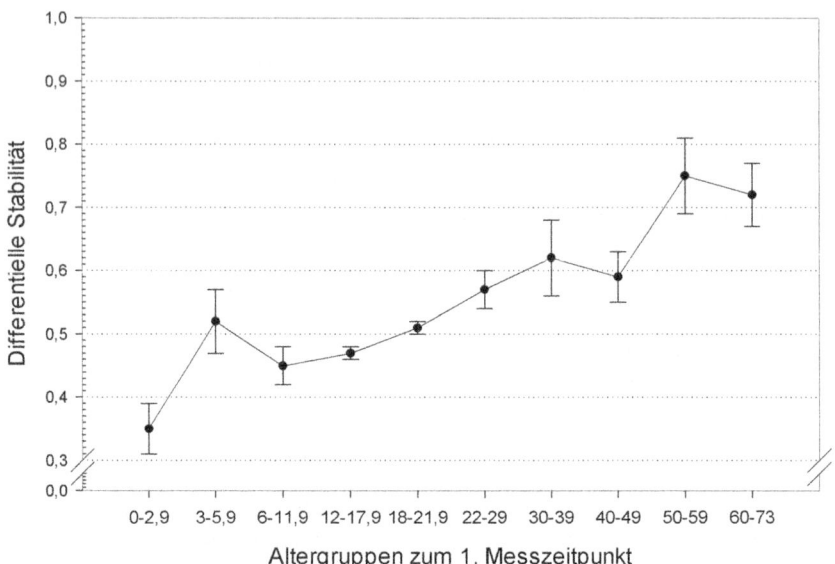

Abb. 8.4 Differentielle Stabilität von dispositionellen Persönlichkeitsmerkmalen über den Zeitraum von sieben Jahren für 10 Altersgruppen mit den zugehörigen 95 % Konfidenzintervallen (nach Roberts und DelVecchio 2000, Tab. 3, S. 15)

Der Median der ipsativen Stabilität der Big Five für einen Zeitraum von 3 Jahren für verschiedene Altergruppen von Kindern zwischen 6 bis 13 Jahren liegt zwischen 0,81 und 0,85 und ist damit erstaunlich stabil (De Fruyt et al. 2006). Die Autoren haben ebenfalls die anderen Formen der Stabilität analysiert und berichten eine hohe Konvergenz der Stabilitätsformen. Das ist insofern bemerkenswert, da absolute und differentielle Stabilität statistisch voneinander unabhängig sind. Daher bedeutet hohe absolute Kontinuität eines Merkmals nicht notwendigerweise eine hohe differentielle Stabilität. Beispielsweise kann sich die differentielle Stabilität markant verändern, während die absolute Stabilität gleich bleibt. Dies wäre der Fall, wenn die Anzahl der Personen, deren Ausprägung des Merkmals über den Zeitraum zunimmt, durch eine Anzahl von Personen, bei den die Ausprägung entsprechend abnimmt, aufgehoben wird. Ebenso kann sich die absolute Stabilität verändern und die differentielle Stabilität hoch bleiben. Geringe absolute Stabilität und gleichzeitige hohe differentielle Stabilität treten gemeinsam auf, wenn in einer Stichprobe für ein Persönlichkeitsmerkmal eine signifikante Veränderung (Zunahme oder Abnahme) stattfindet und für alle Personen ihre relative Position zueinander (ihre Rangordnung) sich dabei nicht verändert. Diese Kombination tritt auf, wenn sich alle Personen um denselben Betrag verändern. Bezogen auf Abb. 18 würde das dem durchschnittlichen Entwicklungsverlauf eines Merkmals entsprechen, der für alle Personen in etwa gleich ausfällt. Aus der Unabhängigkeit beider Stabilitätsformen ergeben sich vier Kombinationen, von denen für eine ein empirisches Beispiel (Übersicht 27) folgt.

Übersicht 27 Studie: Gemeinsames Auftreten hoher absoluter und hoher differentieller Stabilität

Die Kombination hoher absoluter und hoher differentieller Stabilität für eine gesunde Stichprobe im Altersbereich von 28 bis 52 Jahren haben schwedische Kollegen (Gustavsson et al. 1997) demonstriert. Über eine Zeitspanne von 9 Jahren veränderten sich die Mittelwerte verschiedener Persönlichkeitsmerkmale maximal um eine viertel Standardabweichung (Median der Standardabweichung war 0,10) und die differentielle Stabilität lag im Bereich von 0,36 bis 0,86 mit einem Median von 0,61. Berücksichtigt man die relativ niedrigen internen Konsistenzen des eingesetzten Fragebogen (Cronbach's α lag zwischen 0,33 und 0,88) und korrigiert die Korrelationen um die Messfehler zu beiden Messzeitpunkten (Minderungskorrektur), erhöht sich die differentielle Stabilität auf einen Median von größer 0,80, was eine beeindruckende Positionsstabilität für einen solchen Zeitraum darstellt. Die Ergebnisse unterschieden sich nicht für Frauen und Männer.

Aufgabe

Überlegen Sie für die verbleibenden Stabilitätskombinationen auf Populationsebene ein Beispiel. Wie schätzen Sie die Prävalenzen dieser beiden Stabilitätskombinationen im Vergleich zu den beiden beschrieben Beispielen ein?

Die individuelle Veränderung in der Ausprägung von verschiedenen Persönlichkeitsmerkmalen ist nicht nur für die Forschung über die Entwicklung der Persönlichkeit relevant, sondern dürfte im Alltag und in den psychologischen Anwendungsfächern zu den spannendsten Fragen über Persönlichkeitsveränderungen zählen. Zum Beispiel die Frage, ob sich Herr Keuner (siehe S. 113 „Das Wiedersehen") verändert hat oder nicht. Oder hat sich mein Partner verändert und ich nicht? Hat eine Therapie oder ein Training zu einer Veränderung des Selbstbildes oder von Konfliktlösungsstilen geführt?

De Fruyt et al. (2006, siehe oben) haben auch die individuelle Veränderung in der Ausprägung der Big Five analysiert. Die Mehrheit der untersuchten Kinder hat sich im Untersuchungszeitraum von 3 Jahren nicht verändert, etwas mehr als 75 % hatten zu beiden Messzeitpunkten dieselben Werte. Wenn Veränderungen auftraten, dann in der Regel in einer der Big Five Dimensionen (bei ca. 20 % der Kinder), Veränderungen in zwei Big Five Dimensionen waren nur bei 5 % der Veränderungen zu beobachten. Keines der Kinder änderte sich in allen fünf Dimensionen.

8.2   Selbstwahrnehmung von Stabilität und Veränderung

Unabhängig von realen Veränderungen stellt sich die Frage, ob Personen überhaupt Veränderungen an sich wahrnehmen. So ist aus der Reaktion von Herrn Keuner zu schließen, dass er annahm, sich verändert zu haben. Die Arbeitsgruppe von Costa und McCrae ist der Frage nachgegangen, ob Personen Veränderungen ihrer Persönlichkeit korrekt einschätzen können (Übersicht 28).

Übersicht 28 Selbstwahrnehmung von Stabilität und Veränderung
In einer Studie mit 2242 Teilnehmern im Alter von 39 bis 45 Jahren gingen Herbst und Kollegen der Frage nach, ob Personen wissen, ob sie sich verändert haben (Herbst et al. 2000). Zu zwei Messzeitpunkten im Abstand von 6 bis 9 Jahren füllten die Teilnehmer den NEO-PI aus. Zum zweiten Messzeitpunkt wurden Fragen gestellt, in der sie Veränderungen ihrer Persönlichkeit einschätzen sollten. Die drei Antwortmöglichkeiten waren: „Zusammengenommen, denken Sie, Sie haben
a) sich deutlich in ihrer Persönlichkeit verändert?
b) sich ein wenig in ihrer Persönlichkeit verändert?
c) sind ziemlich gleich in ihrer Persönlichkeit geblieben?"
Neben der generellen Einschätzung wurde für jeden Faktor anhand von drei Adjektiven erfragt, wie die Ausprägung vor 6 Jahren war, mit den Antwortmöglichkeiten a) mehr b) weniger und c) gleich.
Die Mehrheit der Teilnehmer (52 %) gab an, gleich geblieben zu sein, 39 % gaben an, sich ein wenig geändert zu haben und 9 % sich deutlich geändert zu haben. Stimmen diese subjektiven Urteile mit den Ergebnissen der beiden Messzeitpunkte überein? Um diese Frage zu beantworten, verglichen die Forscher die Stabilitätskoeffizienten (Rangkorrelationen) der drei Gruppen, die sich für die Faktoren Verträglichkeit und Gewissenhaftigkeit nicht

unterschieden. Die Gruppe, die angab, sich deutlich in ihrer Persönlichkeit verändert zu haben, unterschied sich in den verbleibenden drei Dimensionen statistisch signifikant von der Gruppe der gleich gebliebenen, allerdings waren die Unterschiede eher gering. Da es im ersten Teil der Studie um die globale Frage der Veränderung der Persönlichkeit ging, ist die simultane Auswertung aller Dimensionen mittels der Profilübereinstimmung angemessener. Der Profilübereinstimmungskoeffizient war für alle drei Gruppen gleich, d. h. es gab keine Unterschiede zwischen den Gruppen. Nun stellt sich die Frage, ob die normativen Veränderungen, die in dieser Zeitspanne auftreten (siehe Abb. 8.2) die domänenspezifischen Angaben zur Veränderung widerspiegeln. So müsste die Gruppe, die für die Veränderung in einzelnen Faktoren *mehr* als Antwort angegeben hatte, die entsprechenden absoluten Veränderungen zeigen. Die Teilnehmer, die für sich eine Zunahme ihrer Extraversion, Offenheit und Gewissenhaftigkeit angegeben haben, zeigen keinen korrespondierenden Anstieg in den Mittelwerten. 60 % der Vergleiche in der Gruppe, die für sich einen Zuwachs berichten, sind diskonkordant, für die Gruppe, die für sich keine Veränderung angegeben hat, sind 80 % der Urteile nicht konkordant. Interessanterweise zeigt sich eine hohe Übereinstimmung mit den tatsächlichen Veränderungen in der Gruppe, die eine Abnahme in den 5 Dimensionen angab, lediglich für Verträglichkeit stimmen „subjektive" und „objektive" Einschätzung nicht überein.

Eine Erklärung dafür, dass die Selbstwahrnehmung von Veränderungen der meisten Personen nicht den objektiven Daten entsprechen, könnte sein, dass Personen sich nicht intraindividuell vergleichen, sondern mit Personen ihrer Alterskohorte.

Neben den methodischen Aspekten haben wir etwas über die Kontinuität von dispositionellen Persönlichkeitseigenschaften am Beispiel der Big Five erfahren. Damit ist die Frage, ob Persönlichkeit stabil oder veränderbar ist, natürlich längst nicht erschöpft (siehe Übersicht 29). Wie verändern sich Ziele, Einstellung und Interessen, also die charakteristischen Adaptationen über den Lebenslauf? Wie unsere erlebte Einzigartigkeit? Die Entwicklungsverläufe der drei Ebenen der Persönlichkeit stellen wir für vier Alterphasen dar, die Zeit von der Geburt bis zur Einschulung (Kindheit), die Schul- und Ausbildungszeit (Adoleszenz und junges Erwachsenenalter), die Zeit im (Erwachsenenalter) sowie nach dem Berufsleben (hohes Alter).

Übersicht 29: Kontroversen der Persönlichkeitspsychologie
- Stabilität vs. Veränderung

Während für das Kindes- und Jugendalter die Entwicklung der Persönlichkeit nicht angezweifelt wurde, nehmen einige Autoren (z. B. Costa und McCrae 1994) an, dass die Persönlichkeitsentwicklung nach dem 30. Lebensjahr weitgehend abgeschlossen ist und ab diesem Alter eine hohe Stabilität der Persönlichkeit besteht. Aus heutiger Sicht stellt sich die heftig geführte Kontroverse, ob Persönlichkeit stabil oder veränderbar ist, als Scheindebatte dar. Erstens hat sie nicht die unterschiedlichen Ebenen der Persönlichkeit berücksichtigt. Auf den unterschiedlichen Ebenen der Persönlichkeit können Stabilität und Veränderung koexistieren. Zweitens muss spezifiziert werden, welche Form der Stabilität bzw. Kontinuität gemeint ist (siehe Übersicht 26). So kann über einen bestimmten Zeitraum die Gewissenhaftigkeit unverändert bleiben, sich aber die Ziele, die mit Pflichtbewusstsein, Leistungsstreben und Selbstdisziplin (siehe Tab. 1) erreicht werden sollen, drastisch verändern.

Die Kontroverse, ob Persönlichkeit stabil oder veränderlich ist, ist von den Fragen nach den Ursachen von Konsistenz und Veränderung und deren Zusammenspiel abgelöst worden.

8.3 Persönlichkeitsentwicklung in der Kindheit

Beginnen wir mit der Frage, ab welchem Alter von der Persönlichkeit eines Individuums gesprochen werden kann. Einige Leser werden sicher die Beobachtung gemacht haben, dass sich schon Neugeborene und Babys stark voneinander unterscheiden. Neugeborene unterscheiden sich z. B. darin, ob sie häufig weinen, wie leicht sie sich beruhigen lassen, in ihrer Ablenkbarkeit oder in ihrem Schlafrhythmus. Diese frühen Reaktionsmuster gelten als angeboren und stellen stabile individuelle Unterschiede hinsichtlich der Qualität und Intensität emotionaler Reaktionen, des Aktivierungsniveaus, der Aufmerksamkeit und der emotionalen Selbstregulation dar. Diese frühzeitig auftretenden Eigenarten werden als Temperament bezeichnet und als Grundlage der Persönlichkeit im Erwachsenenalter angesehen.

Übersicht 30 Definition Temperament:
Unter Temperament werden die konstitutionell verankerten individuellen Unterschiede emotionaler, motorischer und aufmerksamkeitsbezogener Reaktionen und der Selbstregulation zusammengefasst. (Rothbart und Bates 2006, S. 100)

Analog zu Modellen der Persönlichkeit gibt es unterschiedliche Temperamentsmodelle, wobei als Basisdimensionen des Temperaments nach Gartstein und Rothbart (2003) die Temperamentseigenschaften *Positiver Affekt und Annäherung, Negativer Affekt* und *aktive Bemühung um Kontrolle* gelten. Positiver Affekt und Annäherung beschreibt Häufigkeit des Ausdrucks positiven Affekts, z. B. Freude und Vergnügen und Zuwendung zu potentiell angenehmen Reizen oder Ereignissen. Negativer Affekt beschreibt die Neigung zu Distress und negativer Emotionalität wie Weinen. Negativer Affekt wird in zwei Subdimensionen aufgeteilt, den eher internalisierten negativen Emotionen wie Furchtsamkeit und Traurigkeit und eher externalisierten negativen Emotionen wie Ärger, Irritierbarkeit und Frustration. Aktive Bemühung um Kontrolle (effortful control) beschreibt die sich entwickelnde Fähigkeit zur selbstregulierenden Kontrolle und beinhaltet die Fähigkeit zur Regulierung der Aufmerksamkeit und Persistenz.

Diese Reaktionsmuster entwickeln sich mit zunehmendem Alter weiter und werden als Grundlage der Persönlichkeit im Erwachsenenalter angesehen. Abbildung 8.5 stellt den hypothetischen Zusammenhang zwischen Temperaments- und Persönlichkeitsmerkmalen dar.

Offenheit für neue Erfahrungen erscheint nicht als eigenständige Dimension in Temperamentsmodellen, obwohl Eltern diese Dimension zur Beschreibung ihrer Kinder benutzen (Mervielde et al. 1998). Als Vorläufer des Merkmals Offenheit wird ein indirekter Einfluss der Tendenz, Stimulation aufzusuchen und aktiv neue Umgebungen zu explorieren, angenommen. Beide Verhaltensweisen sind Prädiktoren für die spätere Intelligenz (Raine et al. 2002), für die wiederum ein Zusammenhang zur späteren Offenheit für neue Erfahrungen angenommen wird.

Die Struktur der Big Five Persönlichkeitsmerkmale lässt sich frühestens ab dem fünften Lebensjahr nachweisen. Ab einem Alter von drei Jahren zeigt sich eine höhere Stabilität der Persönlichkeitsmerkmale, vorher ist die Stabilität gering (siehe Abb. 8.4). Ab diesem Alter sind auf Basis von Temperamentseigenschaften erstaunliche Vorhersagen über Verhaltensweisen im Erwachsenenalter möglich (siehe Übersicht 31).

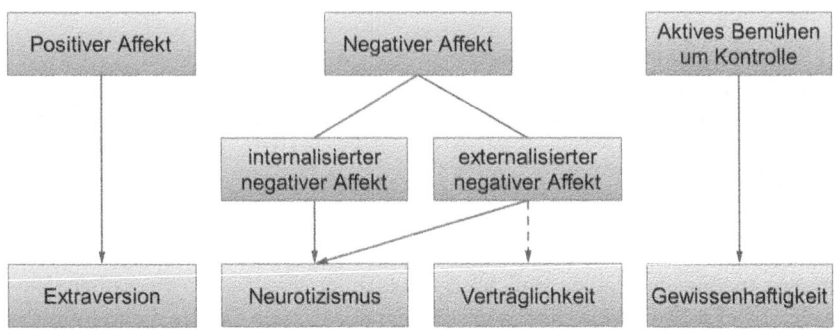

Abb. 8.5 Angenommene Zusammenhänge zwischen Temperament (oben) und. Persönlichkeitsmerkmalen (unten). Durchgehende Pfeile verweisen auf positive Zusammenhänge und gestrichelte Pfeile auf negative Zusammenhänge (nach Caspi und Shiner 2006)

Übersicht 31: Temperamentsunterschiede und die Prädiktion von Verhaltensweisen im Erwachsenenalter

Eine beeindruckende Längsschnittstudie, die den typologischen Zugang aufgriff (siehe Kap. 5.1.2.4.), ist die Dunedin-Studie (Caspi und Silva 1995; Silva und Stanton 1996). Basierend auf einer vollständigen Geburtskohorte einer großen neuseeländischen Stadt nahmen zirka 1000 Kinder im Alter von drei Jahren bis zum 9. Lebensjahr zweijährlich an umfangreichen Untersuchungen teil. Auf Grundlage von Fremdeinschätzungen zahlreicher Verhaltensbeobachtungen, die zu drei Temperamentsdimensionen zusammengefasst wurden (siehe Caspi et al. 1995), haben die Autoren der Studie mittels Clusteranalyse eine Typisierung der Stichprobe vorgenommen.

Kinder, die dem Prototyp Unterkontrolliert zugeordnet werden, sind leicht irritierbar, ablenkbar und haben Schwierigkeiten, still zu sitzen. Ihr Verhalten ist unkontrolliert, impulsiv und grob und sie sind in ihren emotionalen Reaktionen labil. Weiterhin haben sie Schwierigkeiten, ihre Aufmerksamkeit aufrecht zu erhalten. Gehemmte Kinder sind durch Hemmung in neuen Situationen und soziale Zurückhaltung, die sich durch Schüchternheit, Ängstlichkeit, wenig verbaler Kommunikation ausdrückt, gekennzeichnet. Auch Personen dieses Prototyps sind leicht ablenkbar und haben Schwierigkeiten die Aufmerksamkeit aufrecht zu erhalten. Der resiliente Prototyp erscheint als angemessen selbstsicher, kann die anfängliche Scheu in der Untersuchungssituation schnell überwinden und reagiert auf schwierige Aufgaben angemessen. Zahlenmäßig repräsentiert dieser Prototyp die meisten Kinder (ca. 40 % der Gesamtstichprobe).

Als letzter Messzeitpunkt der Dunedin-Studie liegen Ergebnisse für die inzwischen 26jährigen vor (Caspi et al. 2003). Dabei zeigen die drei Prototypen, die auf den Fremdbeurteilungen des Temperaments im Alter von drei Jahren basieren, unterschiedliche Entwicklungsverläufe. So konnten Caspi et al. (Caspi 2000; Caspi et al. 1997; Caspi et al. 2003) zeigen, dass die im Alter von drei Jahren vorgenommene Typisierung der Kinder theoriekonform eine Vielzahl späterer Entwicklungsergebnisse vorhersagt. Beispielsweise lassen sich neben der Persönlichkeitsstruktur im jungen Erwachsenenalter auch psychiatrische Störungen und kriminelles Verhalten vorhersagen. So haben überkontrollierte Kinder eine signifikant höhere Wahrscheinlichkeit, im Alter von 21 Jahren eine Depression diagnostiziert zu bekommen als unterkontrollierte und gut angepasste Kinder. Keines der überkontrollierten Kinder hatte hingegen eine Manie entwickelt. Unterkontrollierte Kinder zeigen eine höhere Wahrscheinlichkeit, später eine antisoziale Persönlichkeitsstörung zu entwickeln und werden als Erwachsene häufiger als alkoholabhängig diagnostiziert. Überkontrollierte Kinder weisen ebenfalls eine erhöhte Affinität zur Alkoholabhängigkeit im Erwachsenenalter auf. Selbstmordversuche werden vorrangig von Unterkontrollierten verübt. Ebenfalls vorhersagen lässt sich späteres kriminelles Verhalten für die Gruppe der unterkontrollierten Kinder, ebenso wie die Rückfallquote für kriminelles Verhalten.

In einer Studie von Weir und Gjerde (2002) zeigten die im Alter von vier Jahren gebildeten drei Prototypen ebenfalls differentielle Entwicklungswege, die z. B. eine Vorhersage späteren Drogenkonsums für den unterkontrollierten Prototyp ermöglichte.

Für die Entwicklung von schulischen Leistungen und Verhaltensproblemen haben Hart et al. (2003) an einer Stichprobe von 2603 Sechsjährigen und 3033 Fünfjährigen im Längsschnitt die differentiellen Entwicklungsverläufe bestätigen können. In Übereinstimmung zu den Ergebnissen der genannten Studien zeichnen sich die Kinder des resilienten Prototyps durch eine adäquate Entwicklung aus, die nur wenig Problemverhalten (z. B. antisoziales Verhalten, sozialer Rückzug), eine positive Persönlichkeitsentwicklung und gute schulische Leistungen aufweist. Überkontrollierte Kinder neigen zu sogenannten Internalisierungsstörungen (z. B. Angst, Depression und sozialer Rückzug), haben eine abhängige und extrem schüchterne Persönlichkeit, sind jedoch in den schulischen Leistungen mit den resilienten Kindern vergleichbar. Kinder des überkontrollierten Typs sind unkooperativ, neigen zu negativen Emotionen und sind aggressiv. Sie weisen einen hohen Grad an sogenannten Externalisierungsstörungen (z. B. Aufmerksamkeitsstörungen, Verhaltensprobleme) auf.

Charakteristische Adaptationen sind nicht nur über Situationen und Rollen, sondern auch über die Zeit kontextualisierte Merkmale der Persönlichkeit. Im Gegensatz zur Entwicklung von dispositionalen Eigenschaften ist ihre Entwicklung an Fähigkeiten der Informationsverarbeitung und des Denkens (z. B. Metakognitionen) gekoppelt. Ziele, Motive und mentale Repräsentationen anderer Personen werden durch den Spracherwerb und die Entwicklung kognitiver Fähigkeiten zunehmend komplexer. Weiterhin wird die Entwicklung charakteristischer Adaptationen in diesem Alter durch Temperamentseigenschaft mit bestimmt. Ein Beispiel für eine sich sehr früh entwickelnde charakteristische Adaptation sind Bindungsbeziehungen, die sich in der zweiten Hälfte des ersten Lebensjahres entwickeln. Eine kognitive Voraussetzung der Bindungsentwicklung ist die Objekt- und Personenpermanenz. Die Temperamentseigenschaften des Säuglings stellen einen wichtigen Einflussfaktor für die Entwicklung von Bindungsbeziehungen dar. Ein schwieriges Temperament (hohe negative Emotionalität und Irritierbarkeit) kann den Aufbau einer sicheren Bindung erschweren, wenn die Eltern nicht angemessen auf das Verhalten des Kindes reagieren (z. B. durch ein stressreiches Umfeld oder aufgrund ihrer eigenen Persönlichkeit nicht dazu in der Lage sind).

Bisher gibt es keine Taxonomie charakteristischer Adaptationen und daher ist es nicht möglich, die Entwicklung charakteristischer Adaptationen hier zusammenfassend darzustellen. Stellvertretend wird die Entwicklung des Selbstwertgefühls über die Lebensspanne dargestellt.

Die affektiv-bewertende Komponente des Selbstkonzeptes, das Selbstwertgefühl, kann im Kleinkindalter aus den Selbstbeschreibungen des Kindes eruiert werden. Kinder beschreiben sich unrealistisch positiv, da sie noch nicht zwischen Wunschbild und Realbild unterscheiden (Feldman 2006). Für Entwicklung der Identität werden in dieser Lebensspanne erste Grundlagen gelegt. Über Erzählungen der Eltern und Erinnerungen entwickeln sich die Anfänge des autobiografischen Selbst ungefähr ab dem zweiten Lebensjahr. Kinder beginnen ab diesem Alter mit dem Erzählen erster Geschichten, mit sich als Subjekt und Erinnerungen kurzer autobiografischer Episoden. Ab dem 3. Lebensjahr können Kinder Ereignisse und Erfahrungen aus ihrer Vergangenheit im Gespräch mit Erwachsenen rekonstruieren. Im Kindergartenalter entwickelt sich das autobiografische Selbst mit zunehmendem Spracherwerb, es wird komplexer und kohärenter. Zwischen dem 3. und 4. Lebensjahr können Kinder Intentionen als Ursachen ihres Verhaltens (und des Verhaltens anderer) benennen. Mit zunehmendem Alter nimmt die Komplexität der Selbstbeschreibungen von Kindern weiter zu, sie bleiben aber auf die Gegenwart bezogen.

Der Umgang mit Gleichaltrigen und Leistungsrückmeldungen in die Schule führen dazu, dass die unrealistisch positiven Selbsteinschätzungen der frühen Kindheit realistischeren Selbsteinschätzungen weichen müssen. Ungefähr ab dem 7. Lebensjahr haben die meisten Kinder einen globalen, aber noch relativ simplen, Blick auf sich entwickelt. Kinder mit hohem Selbstwertgefühl glauben, dass sie relativ erfolgreich in den meisten Bereichen im Vergleich zu anderen Gleichaltrigen sind, während Kinder mit niedrigem Selbstwertgefühl glauben, in den meisten Bereichen nur wenig erfolgreich zu sein. Mit zunehmendem Alter werden häufiger soziale Vergleichsinformationen für die Selbstbewertung herangezogen und vermitteln Rückmeldungen über Fähigkeiten, Beliebtheit und Status in der Gruppe. Das führt zu differenzierteren Einschätzungen des Selbstwertgefühls, das in einigen Bereichen höher und in anderen Bereichen niedriger sein kann.

Verfahren zur Messung des globalen Selbstwertgefühls liegen für Kinder ab ungefähr dem 6. Lebensjahr vor. Die Stabilität des globalen Selbstwertgefühls liegt für einen mittleren Zeitraum von 2,9 Jahren, wenn das Alter der Kinder zum ersten Messzeitpunkt 6 oder 7 Jahre betrug, unter 0,25 (Trzesniewski et al. 2003). Im Alter der Kinder von 8 oder 9 Jahren zum ersten Messzeitpunkt steigt die Stabilität des globalen Selbstwertgefühls etwas an, liegt aber unter 0,40 für einen mittleren Zeitraum von 2,9 Jahren. Erst ab dem 10. Lebensjahr werden Stabilitätskoeffizienten mit Werten etwas über 0,40 erreicht. Die geringe Stabilität des globalen Selbstwertgefühls ist nicht auf Reliabilitätsprobleme bei der Erfassung des Konstruktes zurückzuführen, sondern möglicherweise eine Frage der Validität des Konstruktes globales Selbstwertgefühl. Kinder dieses Alters können sich in spezifischen Bereichen wie Schule oder in Beziehung zu Gleichaltrigen bezüglich ihres Selbstwertgefühls einschätzen. Es bestehen jedoch Bedenken, ob Kinder vor dem 10. Lebensjahr die kognitiven Fähigkeiten besitzen, diese bereichsspezifischen Bewertungen in ein generalisiertes, globales Urteil zu integrieren.

8.4 Persönlichkeitsentwicklung in der Adoleszenz und im jungen Erwachsenenalter

Die Phase der Adoleszenz ist von vielen Veränderungen geprägt. Neben der rasanten körperlichen Entwicklung in der Pubertät (Zunahme der Körpergröße und Veränderungen der primären und sekundären Geschlechtsmerkmale) entwickeln sich die kognitiven Fähigkeiten (Verbesserung kognitiver Strategien, Zunahme der Metakognition, effizientere kognitive Selbstregulation) und das Wissen weiter (Feldman 2006). Die Umwelt reagiert auf diese Veränderungen, z. B. durch neue oder höhere Anforderungen (z. B. steigen die Leistungsanforderungen in der

Schule) oder Anforderungen der Eltern (etwa in der Übernahme von häuslichen Pflichten). Weitere Veränderungen betreffen die Schule (z. B. Übergang von der Grundschule), Freundschaften (z. B. durch neue und mehr gegengeschlechtliche Freundschaften) oder die sich aus den Veränderungen ergebenden neuen Möglichkeiten, etwa nach sexuellen Aktivitäten. Wie wirken sich die vielen Veränderungen auf die Persönlichkeit Jugendlicher und junger Erwachsener aus?

Abbildung 8.2 zeigt die Veränderungen in den Big Five Dimensionen. In der Adoleszenz nehmen die vier Dimensionen Extraversion, Verträglichkeit, Gewissenhaftigkeit und Offenheit für neue Erfahrungen zu und Neurotizismus ab. Die normativen Veränderungen in diesem Altersabschnitt zeigen also eine Zunahme positiv bewerteter und eine Abnahme negativ bewerteter Persönlichkeitsmerkmale. Die differentiellen Stabilitäten sinken unter den Wert von 0,50, sind also relativ gering für diesen Altersabschnitt (siehe Abb. 8.4). Analog zur oben beschriebenen Studie von De Fruyt et al. (2006) haben Robins et al. (2001) die verschiedenen Formen der Veränderung bei Collegestudenten über einen Zeitraum von 4 Jahren untersucht. Die strukturelle Stabilität als Voraussetzung der Prüfung aller inhaltlichen Formen der Veränderung konnte für den NEO-FFI bestätigt werden, d. h. das Interkorrelationsmuster zwischen den Dimensionen war über die Zeit stabil. Die Veränderungen in den Mittelwerten zeigen die Zunahme der positiv konnotierten Merkmale Verträglichkeit, Gewissenhaftigkeit und Offenheit für neue Erfahrungen im Bereich einer viertel bis knapp einer halben Standardabweichung und eine Abnahme des Neurotizismus von einer halben Standardabweichung. Für das Merkmal Extraversion konnten die Wissenschaftler keine Veränderungen nachweisen. Ab dem Alter von ca. 20 Jahren weisen die beiden Komponenten der Extraversion soziale Dominanz und soziale Vitalität gegenläufige Trajektorien auf (siehe Abb. 8.2), die sich im Gesamtwert Extraversion aufheben können, weswegen in Längsschnittstudien beide Komponenten getrennt betrachtet werden sollen, was die Autoren in ihrer Studie aber nicht getan haben. Die differentiellen Stabilitäten liegen im Bereich von 0,53 bis 0,70 und damit etwas höher als die Ergebnisse der Metaanalyse, die in Abb. 8.4 dargestellt sind. Eine formale Erklärung, dass die differentiellen Stabilitäten der Studie höher liegen als die der Metaanalyse, liegt in den unterschiedlichen Zeitspannen (4 Jahre vs. 7 Jahre). Mit zunehmendem Zeitabstand verringern sich die Test-Retest Korrelationen und nähern sich asymptotisch der Größe von 0,20–0,30 an. So beträgt beispielsweise die Langzeitstabilität für ein Intervall von 40 Jahren für Neurotizismus 0,20 (Fraley und Roberts 2005). Individuelle Unterschiede in der Konsistenz zeigen, dass bei 64 % der Stichprobe Veränderungen in zumindest einer der Big Five Dimensionen auftraten. Für die einzelnen Dimensionen sind die Veränderungen in Abb. 8.6 dargestellt. Die Mehrheit der Studenten verändert sich über die Collegezeit nicht signifikant, beispiels-

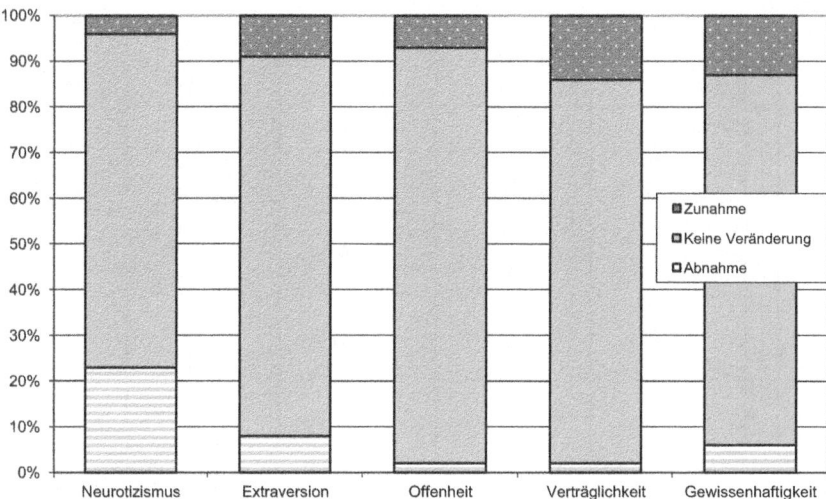

Abb. 8.6 Individuelle Unterschiede in der Konsistenz der Big Five über einen Zeitraum von 4 Jahren (nach Robins et al. 2001, Tab. 1)

weise bleibt die Ausprägung der Gewissenhaftigkeit für 81 % gleich, bei 6 % verringert sich die Ausprägung und 13 % zeigen eine Zunahme der Gewissenhaftigkeit. Der Prozentsatz der Studenten, die sich nicht verändert haben, liegt sogar etwas höher als in der beschriebenen Studie von De Fruyt et al. (2006, siehe oben) bei Kindern, trotzdem das Zeitintervall ein Jahr länger war. Auf der Ebene der dispositionellen Merkmale sind die Veränderungen der Persönlichkeit weniger dramatisch, als das Label *Sturm und Drangzeit* für die Adoleszenz und das junge Erwachsenenalter vermuten lassen. Stimmt diese Einschätzung mit der subjektiven Wahrnehmung von markanten Veränderungen in dieser Lebensphase überein? Analog zur im Übersicht 28 berichteten Studie zur Selbstwahrnehmung von Stabilität und Veränderung bei Erwachsenen haben Robins und Kollegen (Robins et al. 2005) diese Frage in derselben Stichprobe der eben beschriebenen Studie untersucht. Die meisten Studenten gaben an, sich deutlich in ihrer Persönlichkeit verändert zu haben (siehe Abb. 8.7), beispielsweise gaben 54 % an, stärker, 12 % weniger extravertiert zu sein. Fast alle Studenten gaben an (98 %), sich in mindestens einer der Big Five Dimensionen verändert zu haben. In ihrer Wahrnehmung nehmen die Ausprägungen in den vier Dimensionen Extraversion, Verträglichkeit, Gewissenhaftigkeit und Offenheit für neue Erfahrungen zu, hingegen der Neurotizismus abnimmt. Die Einschätzungen entsprechen also den oben berichteten normativen Veränderungen in diesem Altersabschnitt der Zunahme positiv bewerteter und eine

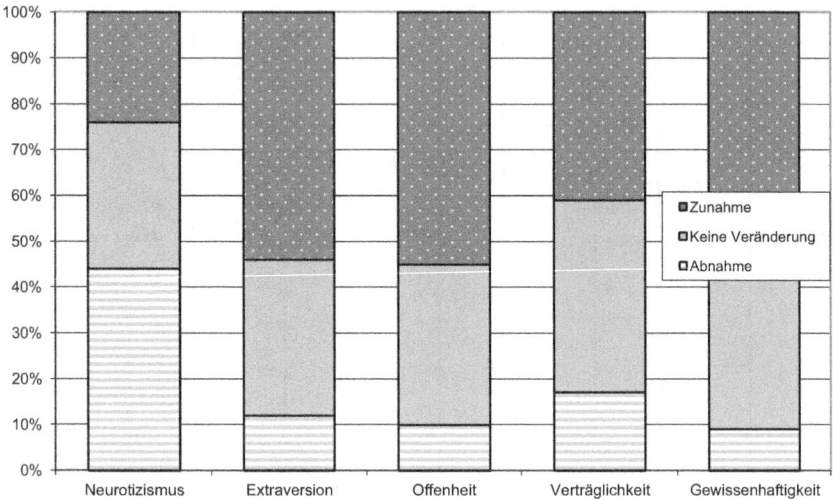

Abb. 8.7 Wahrgenommene Unterschiede in der Konsistenz der Big Five über einen Zeitraum von 4 Jahren (nach Robins et al. 2005)

Abnahme negativ bewerteter Persönlichkeitsmerkmale. Die Übereinstimmung von wahrgenommener und tatsächlicher Veränderung ist jedoch nicht sehr hoch, die Korrelationen reichen von 0,33 für Neurotizismus bis 0,15 für Verträglichkeit.

In einer Querschnittsonlinestudie mit 326.641 Teilnehmern aus vielen Teilen der Welten konnten Robins und Kollegen (Robins et al. 2002) einen deutlichen Abfall des globalen Selbstwertgefühls zwischen dem 13. und 17. Lebensjahr belegen. Während bei Jüngeren kein Geschlechtsunterschied auftritt, zeigt sich in diesem Altersabschnitt ein deutlicher Unterschied zuungunsten der Mädchen, deren Selbstwertgefühl fast eine viertel Standardabweichung unterhalb der Jungen liegt. Neben den sozialen Vergleichsprozessen werden auch die körperlichen Veränderungen während der Pubertät zur Erklärung des starken Rückgangs des Selbstwertgefühls genannt. Insbesondere Mädchen setzen sich sehr kritisch mit diesen Veränderungen auseinander, was möglicherweise den stärkeren Abfall des Selbstwertgefühls in dieser Lebensspanne erklärt.

Nach einer Metaanalyse von Längsschnittstudien zur Stabilität des globalen Selbstwertgefühls liegt die Reteststabilität für ein mittleres Zeitintervall von 2,9 Jahren, wenn die Personen zum ersten Messzeitpunkt zwischen 12. und 17. Jahre alt waren, etwas unter 0,50 (Trzesniewski et al. 2003). Geschlechtsunterschiede konnten in der Metaanalyse nicht nachgewiesen werden, die Stabilität des globalen Selbstwertgefühls ist für Frauen und Männer vergleichbar. Typisch für dieses Alter sind Fluktuationen des Selbstwertgefühls, die möglicherweise auch für die noch ziemlich geringe Stabilität des Selbstwertgefühls verantwortlich sein können. Das Selbstwertgefühl hängt in dieser Altersperiode auch stärker von Ereignissen und Rückmeldungen (z. B. über Leistungen oder von Peers) ab. Generell konnte gezeigt werden, dass die Fluktuationen und die Kontingenzen (Abhängigkeit des Selbstwertgefühls von Ereignissen) des Selbstwertgefühls über die Lebensspanne kontinuierlich abnehmen (Meier et al. 2011).

Die späte Adoleszenz und das frühe Erwachsenenalter ist die Phase einer mehr oder weniger intensiven Auseinandersetzung mit den eigenen Entwicklungsmöglichkeiten und –alternativen, also die Frage nach dem wirklichen Ich und seinem Platz in der sozialen Welt (siehe Übersicht 32). Für Erikson (1959) ist die Identitätssuche und -findung die zentrale Phase der Persönlichkeitsentwicklung im Jugendalter.

Übersicht 32 Wer bin ich?

Der Schriftsteller Jostein Gaarder hat in seinem Bestseller *Sofies Welt*, einem Roman über die Geschichte der Philosophie, eine Frage an den Anfang des Buches gestellt, die für die Entwicklung der eigenen Identität sehr wichtig ist. Hier ein Auszug vom Anfang des Buches:

Heute lag in dem großen, grünen Briefkasten nur ein kleiner Brief- und der war für Sofie.

„Sofie Amundsen" stand auf dem kleinen Brief-umschlag. „Kløverveien 3". Das war alles, kein Absender. Der Brief hatte nicht einmal eine Brief-marke.

Sowie Sofie das Tor hinter sich geschlossen hatte, öffnete sie den Briefumschlag. Darin fand sie nur einen ziemlich kleinen Zettel, nicht größer als der dazugehörige Umschlag.

Auf dem Zettel stand: Wer bist du?

Wie beantworten Sie diese Frage? Notieren Sie auf einem leeren Blatt Papier Ihre Antworten.

In dieser Phase des Suchens und Ausprobierens schreiben viele Jugendliche Tagebücher (Seiffge-Krenke 1985). Auswertungen solcher Tagebücher zeigen, dass die narrativen Erzählungen genutzt werden, um Erlebtes kausal und thematisch in die eigene Biographie einzubetten und damit die Vergangenheit, Gegenwart und Zukunft in ein mehr oder weniger kohärentes Ganzes zu integrieren. Die aktive Konstruktion einer narrativen Identität gibt dem Leben ein notwendiges Ausmaß an Einheit und Sinn. Das Selbstkonzept wird dadurch differenzierter und kohärenter, die Konstruktion der eigenen Identität wird in diesem Alter weniger abhängig von sozialen Vergleichen, sondern orientiert sich stärker an persönlichen Zielen und Standards. Die Identitätsfindung gilt als eine wesentliche Aufgabe des jungen Erwachsenenalters.

8.5 Persönlichkeitsentwicklung im Erwachsenenalter

Im Erwachsenenalter entwickelt sich die Persönlichkeit in Richtung größerer Reifung. Gemeint ist, dass die dispositionellen Persönlichkeitseigenschaften mit positiver Bewertung in ihrer Ausprägung zunehmen. Abbildung 8.2 zeigt einen Anstieg der emotionalen Stabilität, Gewissenhaftigkeit, Verträglichkeit sowie der sozialen Dominanz. Offenheit und soziale Vitalität verändern sich im Erwachsenenalter nicht. Die differentielle Stabilität der Big Five steigt im Erwachsenenalter weiter an und erreicht ihren Höhepunkt in der Alterspanne im sechsten Lebensjahrzehnt (siehe Abb. 8.4).

Die ipsative Stabilität zum Übergang ins Erwachsenenalter wurde für die Teilnehmer der Dunedin-Studie analysiert (siehe Übersicht 31). Die mittlere Profilkonsistenz für den Zeitraum von acht Jahren betrug 0,70, wobei 50 % der Studienteilnehmer eine hohe (zwischen 0,61 und 0,87) und nur 7 % eine geringe Profilstabilität (< 0,30) aufwiesen (Roberts et al. 2001). Eine hohe Profilstabilität war wiederum mit den Mittelwertsausprägungen der Persönlichkeitseigenschaften assoziiert. Personen mit einer reiferen Ausgangspersönlichkeit, d. h. mit geringerem Neurotizismus und höherer Extraversion veränderten sich weniger in den Ausprägungen der Persönlichkeitseigenschaften und wiesen eine höhere Profilstabilität auf.

Das Selbstwertgefühl steigt im Erwachsenenalter bis Mitte des sechsten Lebensjahrzehnts an und erreicht mit Mitte 60 seinen Höhepunkt (Robins et al. 2002).

Die Entwicklungsaufgabe der Identitätsfindung im jungen Erwachsenenalter bedeutet nicht, dass eine Person irgendwann eine feste Identität hat und sich für den Rest des Lebens um diese nicht mehr zu kümmern braucht. Im Gegenteil, die Auseinandersetzung mit der eigenen Lebensgeschichte, den Erfahrungen und Veränderungen im Laufe des Erwachsenenlebens verändert die Sicht auf die eigene Person und das narrative Verständnis des so „Gewordenseins". Im Erwachsenenalter wird die Fähigkeit zum autobiografischen Schlussfolgern komplexer und ermöglicht sowohl positive als auch negative persönliche Erfahrungen in ein kohärentes Narrativ zu integrieren (Pasupathi und Mansour 2006). Die Auseinandersetzung mit den eigenen Persönlichkeitsmerkmalen, Interessen, Werten, Zielen etc. kann zu mehr Klarheit und Konsistenz der eigenen Identität führen, die wiederum mit höherem Selbstwertgefühl und Wohlbefinden einhergeht.

8.6 Persönlichkeitsentwicklung im hohen Erwachsenenalter

Im hohen Erwachsenenalter (ab dem 70. Lebensjahr) nehmen Neurotizismus, Verträglichkeit und Gewissenhaftigkeit leicht zu, Offenheit und Extraversion nehmen etwas ab (Mroczek und Spiro III 2003; Small et al. 2003). Die strukturelle Stabilität für den NEO-PI konnte von den Autoren bestätigt werden.

Die differentielle Stabilität der Big Five verringert sich im Vergleich zum Erwachsenenalter, bleibt aber auch im hohen Erwachsenenalter auf einem hohen Niveau (siehe Abb. 8.4). Untersuchungen zur ipsativen Stabilität im hohen Erwachsenenalter liegen bisher nicht vor.

Das Selbstwertgefühl im hohen Erwachsenenalter nimmt deutlich ab (Robins et al. 2002), die differentielle Stabilität sinkt ab dem 80. Lebensjahr ebenfalls deutlich.

Das Bewusstwerden der Begrenztheit der noch verbleibenden Lebenszeit führt im hohen Erwachsenenalter zu einer Veränderung der Zeitperspektive. Der Fokus wechselt von der verbleibenden Lebenszeit stärker auf die Betrachtung der Vergangenheit (Carstensen et al. 1999). In Bezug auf die narrative Identität ist die Zunahme des Reminiszierens über das eigene Leben im hohen Erwachsenenalter belegt (Cohen und Taylor 1998). Altersgradierte positive kognitive Verzerrungen der Erinnerungen und das Überwiegen globaler - im Vergleich zu spezifischen Gedächtnisinhalten - als adaptive Strategie im Umgang mit den Verlusten des Alters (siehe Baltes et al. 1998), ermöglichen die Aufrechterhaltung einer positiven narrativen Identität.

8.7 Mechanismen der Persönlichkeitsentwicklung

Über die Lebensspanne betrachtet verändert sich die Ausprägung der fünf großen dispositionellen Persönlichkeitseigenschaften um etwa eine Standardabweichung (Roberts et al. 2006). Die differentielle Stabilität über einen Zeitraum von 40 Jahren ist relativ gering, für Extraversion 0,29, für Gewissenhaftigkeit 0,25, für Offenheit

0,16, für Verträglichkeit 0,08 und für Neurotizismus sogar 0,00 (Hampson und Goldberg 2006). Für die charakteristischen Adaptationen und die narrative Identität können Aussagen über die Veränderungen über die gesamte Lebensspanne nicht getroffen werden, weil bisher keine entsprechenden Studien vorliegen.

Aufgabe

Welche Ereignisse und Lebensumstände haben Sie in Ihrer Persönlichkeitsentwicklung geprägt? Welche Ereignisse haben bei Freunden von Ihnen deren Persönlichkeitsentwicklung beeinflusst? Notieren Sie diese Ereignisse und geben Sie an, auf jeweils welcher Ebene der Persönlichkeit diese zu welchen Veränderungen geführt haben!

Was verursacht und beeinflusst die Entwicklung unserer Persönlichkeit? Monokausale Erklärungen werden dem komplexen Wechselspiel von Konsistenz und Veränderung nicht gerecht, zumal die unterschiedlichen Einflüsse auf die Persönlichkeitsentwicklung altersgradiert sind, d. h. die Einflüsse sind abhängig vom Alter der Personen. So nimmt beispielsweise der Einfluss genetischer Faktoren über den Lebenslauf zu.

Die verschiedenen Ebenen der Persönlichkeit werden durch unterschiedliche Mechanismen beeinflusst, wie aus Abb. 2 abzuleiten ist. Die Einflüsse können sowohl direkt als auch indirekt wirken und interagieren untereinander. Die Komplexität der Mechanismen der Persönlichkeitsentwicklung soll hier nicht dargestellt werden, stattdessen werden die grundlegenden Prinzipien der Persönlichkeitsentwicklung kurz erläutert.

Aufgrund von Daten, die in Ländern mit unterschiedlichen Kulturen und historischen Entwicklungen ähnliche Altersverläufe für die Big Five aufzeigen, erklären McCrae et al. (2000) die beschriebenen normativen Persönlichkeitsveränderungen durch biologisch bedingte Reifungsprozesse, die stark genetisch determiniert sind. Neben diesen kulturvergleichenden Studien beziehen sich die Autoren auf Studien mit unterschiedlichen Kohorten, die trotz der rasanten Entwicklungen der letzen 50 Jahre ähnliche Entwicklungsverläufe zeigen. Die normativen Entwicklungsverläufe von Personen, die in der Zeit der großen Depression in den USA geboren wurden, unterscheiden sich kaum von denen, die in Zeiten von Fernsehen und Internet geboren wurden. Die intrinsische Reifung der Persönlichkeitseigenschaften wird über genetische Programme gesteuert. Die Argumentation stützt sich auf Befunde, wonach 50 % ± 10 % der beobachteten Varianz bei den Big Five auf genetische Einflüsse zurück geht (Bouchard und Loehlin 2001).

Allerdings besagt die Schätzung auch, dass der relative genetische Einfluss ungefähr genauso viel Varianz wie systematische Umwelteffekte erklärt. Das heißt, ein genetischer Varianzanteil von ungefähr 50 % lässt erhebliche umweltbedingte Variationen der Persönlichkeitseigenschaften zu. Analog gilt, dass ein umweltbezogener Varianzanteil von 50 % erhebliche genetisch bedingte Variationen der Persönlichkeitseigenschaften zulässt. Beispiele für Umwelteinflüsse sind Lebenskontexte wie Familie, Schule, Arbeitsplatz oder Partnerschaften, aber auch normative (z. B. Einschulung) und nicht normative Lebensereignisse (z. B. Diagnose einer chronischen Erkrankung), die das Leben einer Person mehr oder weniger stark beeinflussen. Anlage- und Umwelteinflüsse wirken aber nicht nur als Haupteffekte, ebenso muss deren Kovariation und Interaktion berücksichtigt werden. Anlage-Umwelt-Kovariation bedeutet, dass die Umwelten, in denen Personen sich entwickeln, nicht unabhängig vom Genotyp sind, weil Personen mit bestimmten genetischen Veranlagungen systematisch bestimmten Umweltbedingungen ausgesetzt sind (siehe Exkurs Person-Umwelt-Transaktionen). Neben den Anlage-Umwelt-Kovariationen sind Anlage-Umwelt-Interaktionen zu berücksichtigen, die bedeuten, dass je nach Genotyp Umwelteinflüsse unterschiedliche Auswirkungen haben können. So zeigte eine viel zitierte Studie von Caspi et al. (2003), dass das für die Wirkung des Neurotransmitters Serotonin wichtige Gen 5 HTTPLR nur in Wechselwirkung mit frühkindlichen Belastungen die Entwicklung von Depressionen vorhersagt: Das Serotonin Transporter Gen kann mit keiner, ein oder zwei Kopien der kurzen Allelform vererbt werden. Dementsprechend wird der Genotyp als l/l, s/l, oder s/s bezeichnet (s = short, l = long). Frühere Befunde hatten gezeigt, dass die s/s-Variante mit Neurotizismus assoziiert ist und hohe Ausprägung Neurotizismus ein Prädiktor von Depression ist (siehe Hoyer et al. 2012). Die Arbeit der Caspi-Gruppe klärt diesen Widerspruch in gewisser Weise auf, denn Personen mit zwei Kopien der kurzen Allelform waren *nur dann* häufiger von Depressionen und Suizidgedanken betroffen, wenn sie in ihrer Kindheit Missbrauch erlebt hatten. Umgekehrt: der 5-HTTLPR Genotyp war für die spätere Psychopathologie irrelevant, so lange die Kinder wohlbehütet aufwuchsen. Einschränkend ist allerdings anzumerken, dass spätere Studien die Ergebnisse von Caspi et al. (2003) nicht replizieren konnten.

Zu den Auswirkungen der Anlage-Umwelt-Kovariation gehört, dass Personen sich entsprechend ihren Möglichkeiten mit zunehmenden Alter die Umwelten suchen oder aktiv gestalten, die mit ihrem Genotyp eine Passung aufweisen. Dieses Prinzip wird als kumulatives Stabilitätsprinzip bezeichnet (Caspi 1998). Eine hohe Person-Umwelt-Passung wirkt stabilisierend auf die Persönlichkeitsentwicklung, da hohe Person-Umwelt-Passungen wiederum relativ stabil sind. So sind z. B. Partnerschaften, in denen die Partner in relevanten Merkmalen (z. B. physische Attraktivität, Werte, Einstellungen, Persönlichkeitsmerkmale) übereinstimmen (assortative mating), stabiler als Partnerschaften, in denen die Partner kaum übereinstimmen (was der bekannten „Gleich und gleich gesellt sich gern" Erfahrung entspricht). Caspi und Herbener (1990) konnten zeigen, dass Personen, die einen ihnen ähnlichen Partner geheiratet haben, eine höhere Kontinuität in der Persönlichkeitsentwicklung aufwiesen als Personen mit unähnlichen Partnern. Die passende Partnerwahl führt dazu, dass sich Personen eine Umwelt schaffen, die ihre ursprünglichen Tendenzen verstärkt. Beispielsweise suchen sich Personen mit liberalen politischen Einstellungen Partner und Freunde mit ähnlichen politischen Einstellungen, was wiederum ihre politischen Einstellungen verstärkt und damit stabilisiert. Allgemein ausgedrückt postuliert dieses Prinzip (*corresponsive principle*), dass die soziale Selektion von Umwelten aufgrund der Anlage-Umwelt-Kovariation über soziale Rückkopplungen Einfluss auf die Persönlichkeitsentwicklung nimmt, indem vor allem die Merkmale verstärkt und akzentuiert werden, auf denen die Selektion der spezifischen Umwelt basiert. Beispielsweise kann eine hohe Ausprägung der Eigenschaft *dominant* dazu führen, dass dominante Personen wahrscheinlicher in Führungspositionen gelangen. Die Anforderungen an die Rolle einer Führungskraft wiederum verstärken die Dominanz dieser Person. Demzufolge wirken die aufgrund der Anlage-Umwelt-Kovariation erfahrenen Umwelteinflüsse eher selektiv, sie beeinflussen nicht alle Merkmale oder eine zufällige Auswahl, sondern verstärken und elaborieren die Merkmale, die mit der Selektion der Umwelteinflüsse kovariieren.

Stabile Umwelten erlauben auch das Beibehalten von Rollen und Funktionen, was ebenfalls stabilisierend auf die Persönlichkeitsentwicklung wirkt.

Zum kumulativen Stabilitätsprinzip gehören auch innere Stabilisierungstendenzen, etwa durch Wahrnehmungs- und Attributionsprozesse. So werden Informationen aus der Umwelt selektiv wahrgenommen und subjektiv, z. B. vor dem Hintergrund gelernter Ursachenzuschreibungen interpretiert. Beispielsweise unterscheiden sich optimistische Personen durch eine internale, globale und stabile Ursachenzuschreibung für positive und eine externale und vor allem variable und spezifische Ursachenzuschreibung für negative Ereignisse (Gillham et al. 2002). Der pessimistische Attributionsstil bezeichnet das hierzu spiegelbildliche Attributionsmuster. Optimisten unterscheiden sich nicht nur in der Ursachenzuschreibung, sondern auch in ihren generalisierten positiven Ergebniserwartungen von Pessimisten (Scheier und Carver 1985). Auch in der Wahrnehmung bestehen Unterschiede zwischen optimistischen und pessimistischen Personen. Optimisten zeigen Wahrnehmungspräferenzen für positive Informationen und eine selektive Unaufmerksamkeit für negative Stimuli im Vergleich zu Pessimisten (Isaacowitz 2005).

Zu den inneren Stabilisierungstendenzen gehören eine Vielzahl weiterer dynamischer Prozesse, die in speziellen Persönlichkeitstheorien (siehe dazu Tab. 1 in der Einleitung) untersucht werden, wie Selbstaktualisierungstendenzen oder Emotionsunterdrückung. Diese Prozesse können bewusst oder unbewusst sein (z. B. Abwehrmechanismen nach Freud) und es ist anzunehmen, dass es interindividuelle Unterschiede in der Nutzung solcher dynamischer Prozesse gibt. Ebenso ist es plausibel anzunehmen, dass verschiedene Mechanismen auf den Ebenen der Persönlichkeit simultan wirksam sein können und deren Zusammenspiel wiederum altersgradiert ist.

Auch wenn die genannten Mechanismen allgemeine Gesetzmäßigkeiten der Persönlichkeitsentwicklung aufzeigen, ergibt das Zusammenspiel dieser Mechanismen auf den verschiedenen Ebenen und deren zeitliche Abfolge eine faszinierende Komplexität, die neben der nomothetischen Forschungstradition auch die idiografische Forschung wieder stärker betonen sollte.

Fazit: Persönlichkeitsentwicklung ist sowohl durch Kontinuität und Veränderung gekennzeichnet. Per Definition setzt Persönlichkeit ein gewisses Maß an Stabilität voraus, was aber langfristige Veränderungen nicht ausschließt.

Von Ebenen zu Prozessen

9

Nachdem wir die drei Ebenen der Persönlichkeit vorgestellt haben, stellt sich die Frage, wie die drei Ebenen miteinander verbunden sind. Im Rahmenmodell von McAdams und Pals (2006) bestehen zwischen den Ebenen wechselseitige Einflüsse, wie der im letzten Kapitel beschriebene Einfluss der Generativität auf die Gestaltung der Lebensgeschichte. Die meisten Studien begnügen sich damit, die Zusammenhänge zwischen zwei Ebenen quantitativ zu bestimmen. Fasst man die Vielzahl von Studien zu einem Themengebiet in einer Metaanalyse zusammen, sind die Zusammenhänge zwischen den Ebenen meist nicht sehr groß. Beispielsweise fallen die Zusammenhänge der Big Five Dimensionen mit verschiedenen Arten von Coping relativ gering aus (Connor-Smith und Flachsbart 2007), siehe Tab. 2.1 in Kap. 2. Viel wichtiger als die Quantifizierung der Zusammenhänge zwischen Elementen der drei Ebenen ist es, deren Zusammenspiel zu analysieren und zu verstehen. Gemeint ist damit die Notwendigkeit eines dynamischen Modells der Persönlichkeit, dass über die Beschreibung der Persönlichkeit hinausgeht und unser Verständnis erweitert, wie die Persönlichkeit organisiert ist und Individuen ihre Welt wahrnehmen, organisieren und in ihr handeln. Ein solches Modell ist von Walter Mischel (1995, 1999) ausgearbeitet worden.

9.1 Das kognitiv-affektive Persönlichkeitssystem (CAPS)

Das kognitiv-affektive Verarbeitungssystem (wahlweise auch als Persönlichkeitssystem benannt) integriert die Annahme einer überdauernden Persönlichkeitsstruktur als auch die enorme Variabilität im Verhalten in verschiedenen Situationen (siehe Person versus Situation Kontroverse in Übersicht 15) auf Basis kognitiver und lerntheoretisch ausgerichteter Persönlichkeitstheorien (siehe Tab. 2). Das CAPS macht dabei zwei grundlegende Annahmen. Erstens wird angenommen, dass sich Personen in ihrer habituellen Verfügbarkeit mentaler Repräsentationen

P. Y. Herzberg, M. Roth, *Persönlichkeitspsychologie,* Basiswissen Psychologie,
DOI 10.1007/978-3-531-93467-9_9, © Springer Fachmedien Wiesbaden 2014

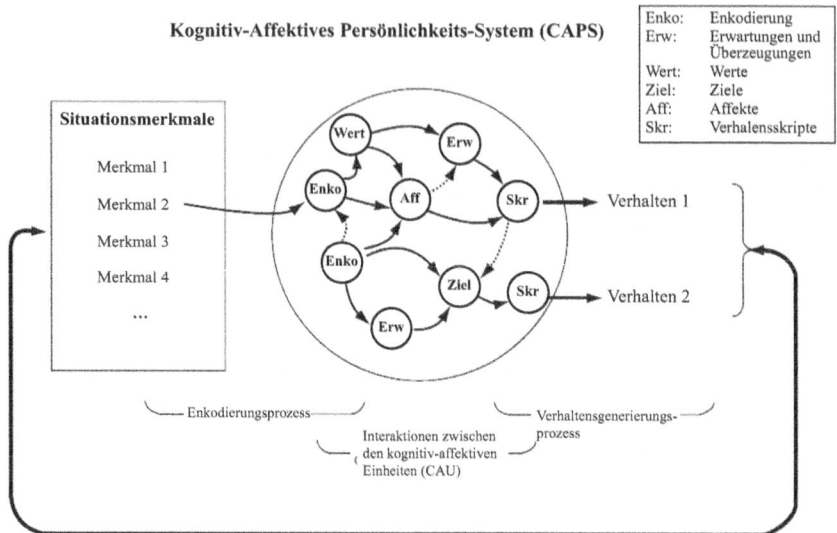

Abb. 9.1 Vereinfachte Darstellung des kognitiv-affektiven Persönlichkeitssystems (*CAPS*) (aus Mischel und Shoda 1995, S. 254). Der große Kreis steht für das kognitiv-affektive Persönlichkeitssystem, die kleinen Kreise bilden die Personenvariablen (*CAU*) ab. Merkmale einer Situation werden enkodiert und führen zur Aktivierung von kognitiv-affektiven Einheiten (*CAU*), die ein charakteristisches Verhaltensmuster als Reaktion auf die Situation generieren. Durchgehende Linien bedeuten eine Aktivierung einer CAU, gestrichelte Linien bedeuten eine Hemmung einer *CAU*

unterscheiden. Habituelle Verfügbarkeit meint die Leichtigkeit, mit der mentale Repräsentationen durch Reize aus der Umgebung aktiviert werden. Mentale Repräsentationen bestehen aus verschiedenen kognitiv-affektiven Einheiten (CAU), deren Aktivierung die für eine Person charakteristischen Konsistenzen im Erleben und Verhalten bewirken. Diese kognitiv-affektiven Einheiten fungieren als Mediatoren, die zwischen Situation und Erleben/Verhalten vermitteln (siehe Abb. 9.1).

CAU sind als Personenvariablen konzipiert, die sich grob in fünf Typen einteilen lassen (siehe Tab. 9.1). Sie beinhalten individuelle Repräsentationen der eigenen Person und anderer Menschen, von Situationen, aber auch Erwartungen und Überzeugungen, emotionale Zustände und Reaktionen, Ziele und Werte, sowie Pläne und Strategien zur Verhaltenssteuerung.

CAU sind das Resultat der individuellen Lerngeschichte und enthalten damit auch Erinnerungen an Personen und vergangene Ereignisse. Die kognitiv-affektiven Einheiten sind keine isolierten, statischen Komponenten, sondern bilden ein

Tab. 9.1   Beispiele kognitiv-affektiver Einheiten (CAU) der Persönlichkeit

Enkodierungsstrategien

- Wahrnehmungsgewohnheiten (kognitive Schablonen), die helfen, eine individuelle Ordnung in die Vielzahl möglicher Sinneseindrücke zu bringen
- Personen nehmen nur solche Merkmale der Situation wahr, für die sie Enkodierungsstrategien besitzen
- Konstruierte Kategorien für
  - das Selbst
  - andere Menschen
  - Ereignisse
  - Situationen
- …

Erwartungen und Überzeugungen

- über die soziale Umwelt im Allgemeinen
- Wirkungen von Verhalten in bestimmten Situationen
- Selbstwirksamkeitserwartungen
- Kontrollüberzeugungen
- ….

Affekte

- Emotionen und affektive Reaktionen einschließlich physiologischer Reaktionen
  - bestimmen Auswahl und Interpretation einer Situation
  - nehmen Einfluss auf das Verhalten in einer Situation
  - werden durch die Erfahrungen in einer Situation aufrecht erhalten oder verändert

Ziele und Werte

- *Ziele*
  - sind wesentlich für die Selbststeuerung
  - kurz- und langfristiger Ziele
  - beziehen sich auf erwünschte und unerwünschte Ereignisse oder Folgen in der Zukunft
  - Ziele beeinflussen Enkodierungsstrategien, indem Situationen daraufhin betrachtet werden, ob sie zielführend sind oder nicht
- *Werte*
  - Ziele, die mit eigenen Wertsystem übereinstimmen, werden langfristig verfolgt
  - auch Selbstbewertungen im Prozess der Zielverfolgung wichtig, da sie Rückmeldungen ermöglichen, ob und wie gut ein Verhalten der Zielerreichung dient

Kompetenzen und selbstregulatorische Pläne

- durch Erfahrungen lernen Personen Fertigkeiten und entwickeln Wissen darüber, über welches Verhaltensrepertoire sie in Situationen verfügen
- Skripts über das, was man tun könnte
- Pläne und Strategien zur Verhaltenssteuerung und die Beeinflussung von Ergebnissen, z.B.
  - Belohnungsaufschub
  - Emotionsregulation

Netzwerk mit mannigfaltigen Beziehungen untereinander. Neben der eingangs genannten Verfügbarkeit der CAUs ist die Organisation der Einheiten für jeden Menschen einzigartig und damit charakteristisch für eine Person. Stabile interindividuelle Unterschiede zwischen Personen ergeben sich also aus der chronischen Verfügbarkeit sowie dem spezifischen Aktivierungsmuster und der Stärke der Assoziationen der CAUs. Die in Tab. 9.1 aufgeführten CAUs sind aber nicht im Sinne einander ausschließender, abgrenzbarer Kategorien zu verstehen, sondern mittels reziproker Aktivierung und paralleler Verarbeitung dynamisch interagierende Personenvariablen.

In Vorlesungen kommt von Studierenden regelmäßig die Frage, ob die Personenvariablen des CAPS-Modells nicht den dispositionellen Persönlichkeitseigenschaften aus den faktoranalytischen Persönlichkeitsmodellen wie beispielsweise dem FFM entsprechen? Die Antwort darauf gibt Übersicht 33.

Übersicht 33 Gibt es einen Unterschied zwischen den Personenvariablen des CAPS-Modells und den dispositionellen Persönlichkeitseigenschaften wie dem FFM?

Interindividuelle Unterschiede im CAPS-Modell resultieren aus den überdauernden Verfügbarkeiten von CAUs und deren spezifischen Aktivierungsmustern und der Stärke der Aktivierung. Mischel betont, dass dispositionelle Persönlichkeitseigenschaften nicht mit den Personenvariablen des CAPS gleichzusetzen sind. Nach dem Modell von McAdams und Pals sind dispositionelle Persönlichkeitseigenschaften ja als breite, nicht konditionale, dekontextualisierte und implizit vergleichende Merkmale, die eine Person in unterschiedlichen Situationen und über die Zeit hinweg immer wieder zum Ausdruck bringt, aufzufassen. Die Personenvariablen des CAPS zeichnen sich dagegen durch einen expliziten Situationsbezug aus und sind auch nicht wie dispositionelle Eigenschaften möglichst unabhängig voneinander, sondern agieren dynamisch miteinander. Schaut man sich die Beispiele in Tab. 9.1 an, sind CAUs nach dem Rahmenmodell von McAdams und Pals eher als charakteristische Adapatationen aufzufassen.

Abbildung 9.1 illustriert, wie eine Person auf ein psychologisch relevantes Merkmal der Situation reagiert und dieser Input verschiedene kognitive und affektive Einheiten aktiviert, die wiederum andere Subsysteme aktivieren oder hemmen. Die in einer spezifischen Situation involvierten Personenvariablen generieren ein für die Person charakteristisches Verhalten, dass seinerseits auf die Situation zurückwirkt.

Das CAPS Modell zeichnet sich dadurch aus, dass sowohl Personenvariablen als auch die Situation einbezogen werden, wobei Person und Situation im dynamischen Wechselspiel stehen. Dabei werden nicht die nominalen Situationsaspekte, sondern die für eine Person bedeutsamen Merkmale einer Situation enkodiert und aktivieren die kognitiven und affektiven Personenvariablen. Die Enkodierungsgewohnheiten sind relativ stabile Personenvariablen. Beispielsweise weisen hochängstliche Personen in für sie potentiell bedrohlichen Situationen ein spezifisches Blickverhalten mit einer niedrigeren Wahrnehmungsschwelle und höherer Aufmerksamkeit für angstspezifische Hinweisreize auf. Das Beispiel soll verdeutlichen, wie die Wahrnehmung von Situationen durch Erwartungen beeinflusst wird. Die spezifischen Enkodierungsmuster erklären, warum Personen sehr unterschiedliche Situationen als hochgradig ähnlich wahrnehmen können. Personen reagieren auf die für sie relevanten psychologischen Merkmale und nehmen Situationen, die diese Merkmale aufweisen, als hochgradig ähnlich war. Auch wenn diese Situationen nominal sehr unterschiedlich sein können, werden sie aufgrund der psychologischen Merkmale als funktional äquivalente Situationsklassen wahrgenommen. Die systematischen Unterschiede in der Wahrnehmung von Situationen führen zu einem für die Person charakteristischen Muster von Aktivierungen von CAUs, das wiederum ein charakteristisches Muster von Verhaltensantworten generiert. Konsistenz im Verhalten resultiert demnach durch ähnliches Verhalten auf als funktional äquivalent wahrgenommene Situationen. Das CAPS unterscheidet zwei Arten der Konsistenz. Die eben beschriebene situationsspezifische Konsistenz wird als Typ 1 Konsistenz oder auch als Kohärenz bezeichnet. Sie kann durch eine konditionale Verknüpfung als spezifische Wenn-Dann-Situations-Verhaltensbeziehung beschrieben werden, die wie eine Unterschrift individuell einzigartig ist und daher auch als Verhaltenssignatur bezeichnet wird.

Durch konsistente Reaktionen auf funktional äquivalente Situationsklassen schätzen Personen ihr Verhalten als stabil ein, auch wenn externe Beobachter eine deutliche Variabilität im Verhalten dieser Person über verschiedene (nominale) Situationen hinweg wahrnehmen. Das bedeutet, dass man sich selbst als hochgradig höflich betrachten kann, obwohl man sich nicht in allen Situationen so verhält, sondern vielleicht nur in Situationen, die Belohnung in Form von Anerkennung, z. B. durch Vorgesetzte und attraktive Personen versprechen.

Als Typ 2 Konsistenz werden stabile Mittelwertunterschiede in den Verhaltensprofilen bezeichnet, damit werden Unterschiede zwischen Personen auf der Ebene der Personenvariablen beschrieben. Abbildung 9.2 stellt intraindividuelle Verhaltensmuster für drei Personen dar, die sich in ihren typischen Wenn-Dann-Situations-Verhaltensbeziehungen (*if ... then* situation-behavior relationships) unterscheiden.

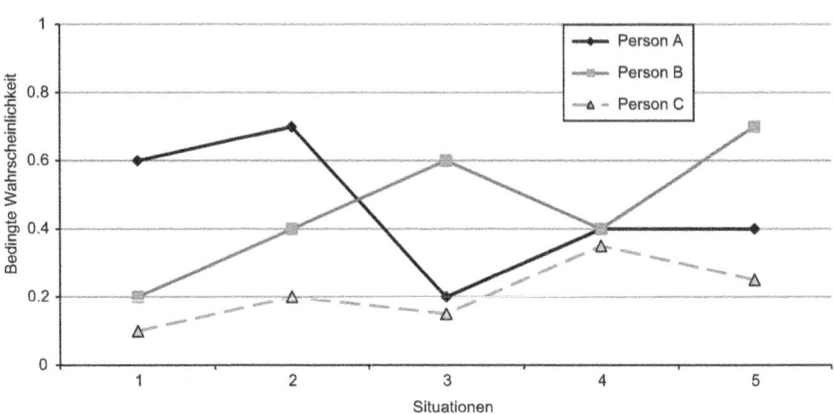

Abb. 9.2 Hypothetische Situations-Verhaltensprofile für drei Personen

Die aggregierten Mittelwertunterschiede in den Verhaltensprofilen sind für Person A und B gleich, d. h. beide Personen haben die gleiche Ausprägung in der Personenvariable, unterscheiden sich aber in ihren situationsspezifischen Verhaltensprofilen. Beispielsweise sind Anton und Barbara beide relativ selbstsichere Personen und unterscheiden sich nicht in ihrer Mittelwertsausprägung. Ihre Selbstsicherheit zeigt sich aber in unterschiedlichen Situationen ganz unterschiedlich. So ist etwa in Situationen mit Vorgesetzten Anton relativ selbstsicher (Situation 1), ebenso in Teamsitzungen (Situation 2), nicht aber in Situationen mit Auftraggebern (Situation 3). Bei seiner Partnerin (Situation 4) und bei Freunden tritt er selbstsicher auf (Situation 5). Barbara ist bei Vorgesetzten nur wenig selbstsicher, auch bei Teamsitzungen nicht so sehr, tritt aber gegenüber Auftraggebern selbstsicher auf. In ihrer Partnerschaft gibt sie sich weniger selbstsicher, dafür aber sehr bei ihren Freunden. Christian hingegen verhält sich insgesamt wenig selbstsicher, am wenigsten im beruflichen Umfeld, etwas stärker im privaten bei seiner Partnerin und bei Freunden. Die Wenn-Dann-Situations-Verhaltensbeziehungen resultieren dabei nicht nur aus externen situativen Bedingungen, sondern können auch von internen Bedingungen aktiviert werden. *Wenn* Anton von Barbara Unterstützung habe möchte, *dann* verhält er sich zum Beispiel hilflos.

Die Arbeitsgruppe um Mischel hat in mehreren Studien die intraindividuelle Konsistenz in Wenn-Dann-Situations-Verhaltensbeziehungen untersucht. Eine inzwischen schon als klassisch zu bezeichnende Studie – obwohl noch gar nicht so lange zurückliegend – ist in Übersicht 34 dargestellt.

Übersicht 34 Verhaltenssignaturen verbaler Aggressivität

Mischel und Kollegen (Shoda et al. 1994) haben in einem Sommerlager zur Behandlung verhaltensauffälliger Kinder über einen Zeitraum von sechs Wochen 84 Kinder im Alter von 10 Jahren mehrere Stunden täglich beobachtet und gefilmt. Ausgewertet wurden fünf Verhaltensweisen (verbale sowie körperliche Aggression; kleinkindliches Verhalten wie Wimmern und Quengeln; Gehorchen oder Nachgeben und sich verbal prosozial verhalten) in fünf Situationen, nämlich wenn a) ein gleichaltriges Kind (Peer) wohlwollenden Kontakt aufnimmt; b) wenn ein Peer ärgert; provoziert und droht. Drei der fünf Situationen bezogen sich auf das Verhalten Erwachsenen gegenüber, nämlich wenn ein Erwachsener das Kind c) lobt; d) verwarnt und e) bestraft. Wichtig ist, dass sich die Beschreibung der fünf Situationen auf den interpersonellen Gehalt der Situationen bezieht. Nominal handelte es sich um den Unterricht im Klassenraum, um Mahlzeiten und verschiedene Freizeitaktivitäten, also recht unterschiedliche Situationen. Das Design der Studie mit fünf Situationsklassen und fünf Verhaltensweisen erlaubt die Untersuchung von 25 situationsabhängigen Verhaltensmustern sowie der Verhaltensstabilität über die Zeit. In Abb. 26 sind die Verhaltensprofile für verbal aggressives Verhalten von drei Kindern zu zwei Zeitpunkten dargestellt.

Die drei Kinder weisen sehr unterschiedliche Wenn-Dann-Situations-Verhaltensverknüpfungen auf, die sich zudem noch in ihrer Stabilität unterscheiden. Beispielsweise reagiert Kind 17 kaum verbal aggressiv, wenn es mit Peers im Kontakt ist, dafür aber in Anwesenheit von Erwachsenen, insbesondere, wenn diese das Kind bestrafen. Kind 28 reagiert dagegen auf Gleichaltrige verbal aggressiv und weniger auf Erwachsene. Die Beschreibung des Profils kann noch verfeinert werden, wenn man berücksichtigt, dass das CAPS-Modell die psychologischen Situationsmerkmale als wesentlich für die Enkodierung von Situationen ansieht. Aus den fünf Situationen lassen sich nach den psychologischen Merkmalen folgende Kombinationen bilden, nämlich einmal, ob es sich um Peers oder Erwachsene handelt und ob deren Verhalten positiv oder negativ ist. Aus dieser Perspektive reagiert das Kind 28 auf positives Verhalten von Peers verbal sehr aggressiv und auch – wenn etwas weniger ausgeprägt – auf positiven Verhalten (Lob) von Erwachsenen, hingegen es auf negatives Verhalten keine verbale Aggression zeigt. Beide Kinder unterscheiden sich auch in der Stabilität ihrer verbalen Aggression, Kind 17 reagiert zu beiden Zeitpunkten sehr ähnlich, hingegen Kind 28 insbesondere auf das Lob der Erwachsenen unterschiedlich reagiert. Sehr unterschiedliche Reaktionen zu beiden Zeitpunkten zeigt Kind 48, die Korrelation zwischen beiden Messzeitpunkten über die Situationen hinweg zeigt eine sehr geringe Stabilität im Verhalten. Die mittlere Stabilität der Situations-Verhaltensverknüpfungen konnte für 53 Kinder berechnet werden und war für verbale Aggression mit $r = 0.47$ höher als für verbales prosoziales Verhalten mit $r = 0.19$, die Stabilitäten der anderen Verhaltensweisen lagen zwischen diesen beiden Werten (Abb. 9.3).

Anhand der Ergebnisse konnten die Autoren zeigen, dass Personen dieselbe Ausprägung für ein Persönlichkeitsmerkmal (z. B. verbale Aggressivität) aufweisen können, sich aber in verschiedenartigen Situationen in ihrem Verhalten deutlich voneinander unterscheiden können. Würde das Verhalten über die verschiedenen Situationen hinweg aggregiert werden (siehe dazu den Vorschlag in der Person-Situation-Kontroverse von Epstein im Kap. 5.3.2), so würden diese charakteristischen Unterschiede in den Wenn-Dann-Situations-Verhaltensverknüpfungen verwischt werden. Die relevante Information, unter welchen Umständen bzw. in welchen Situationen sich eine Person wie verhält, fällt der Mittelwertsbildung über die Situationen zum Opfer. Kohärenz im Verhalten zeigt sich damit weniger aus einer transsituativen Perspektive, sondern wird als relativ stabile Variation des Verhaltens über funktional unterschiedliche Situationsklassen sichtbar.

Im Gegensatz zu den nomothetisch orientierten Traittheorien präferiert das CAPS-Modell einen personenbezogenen Zugang zur Persönlichkeit, da die individuellen Konfigurationen des kognitiv-affektiven Netzwerkes einer Person im Fokus stehen. Dies erschwert die empirische Überprüfung des Modells, da einzelne Personen intensiv beobachtet und befragt werden müssen. So betrug die Beobachtungszeit der im Übersicht 34 beschriebenen Studie pro Kind im Durchschnitt 167 Stunden.

Die für den wissenschaftlichen Fortschritt notwendigen Generalisierungen lassen sich anhand der individuellen Verhaltenssignaturen erreichen, indem Personen, die sich in ihren Verhaltenssignaturen ähnlich sind, zu Persönlichkeitstypen zusammengefasst werden.

Das CAPS ermöglicht Beschreibungen von Persönlichkeitstypen, die auf der Organisation der CAUs und der Verarbeitung von Situationsmerkmalen auf Seiten des Individuums basieren. Ein Persönlichkeitstyp konstituiert sich demnach aus Personen, deren CAUs ähnlich organisiert sind und daher vergleichbare Wenn-Dann-Situations-Verhaltensbeziehungen zeigen. Ziel solcher Persönlichkeitstypo-

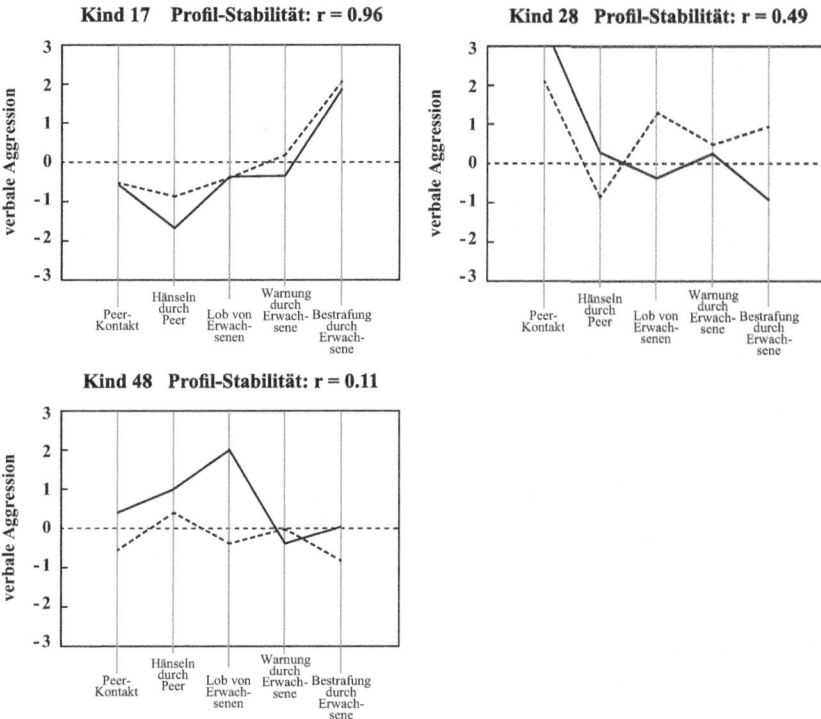

Abb. 9.3 Verhaltensprofile für verbale Aggression in fünf verschiedenen Situationen zu jeweils zwei Messzeitpunkten für drei verschiedene Kinder. Die durchgehende Linie zeigt das Profil zum Zeitpunkt 1, die gestrichelte Linie zum Zeitpunkt 2. Abbildung nach Shoda et al. (1994, S. 678).

logien sind spezifische Verhaltensvorhersagen für die Personen eines Types, also wie sich bestimmte Personen in bestimmten Situationen in bestimmter Art und Weise verhalten. Vansteelandt und Van Mechelen (1998, 2004) zeigen am Beispiel von Frustrations- und Ärgerreaktionen, wie sich Personengruppen in ihren Situations-Verhaltensprofilen unterscheiden lassen. Empirisch unterscheiden die Autoren sieben Prototypen, für die in drei Situationsklassen die Verhaltenshäufigkeiten in sechs Verhaltensklassen bestimmt werden können. Beispielsweise verhalten sich Personen eines Typs, wenn sie gering (z. B. längeres Warten auf Bedienung im Restaurant) oder auch moderat frustriert werden (z. B. sie warten an einer Haltestelle und der Bus hält nicht an) mit fluchen, erhöhter Erregung und Verunsicherung. Die zwei Situationsklassen, auf die ähnlich reagiert wird sind geringe und modera-

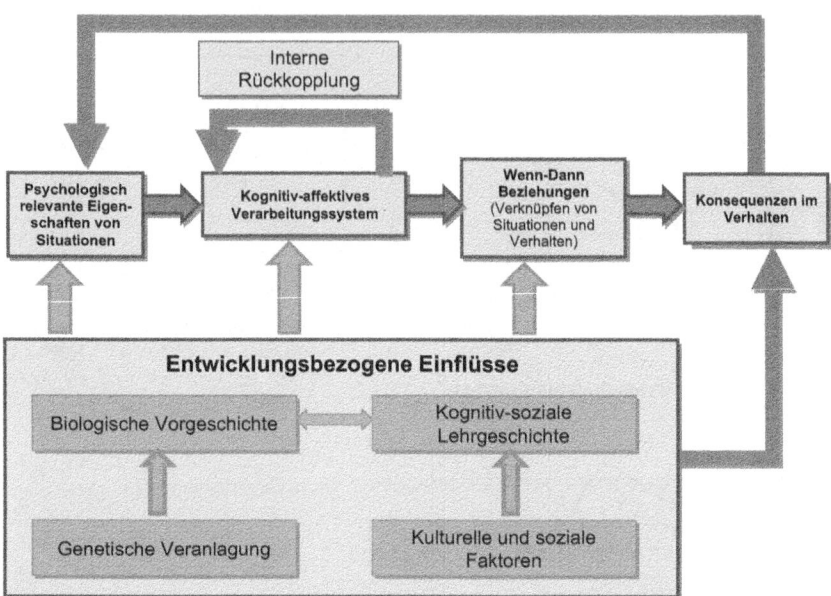

Abb. 9.4 Das kognitiv-affektive Persönlichkeitssystem (CAPS) von Mischel und Shoda (1995). (Abbildung nach Maltby, Macaskill & Day (2010). *Personality, Individual Differences and Intelligence*, Harlow: Prentice Hall (Pearson Education), Abb. 4.7, S. 181). © Pearson Verlag, genehmigter Abdruck

te Frustration (die wiederum aus unterschiedlichen nominalen Situationen bestehen). Auf die dritte Situationsklasse (hohe Frustration) wird mit einer anderen Verhaltenssignatur reagiert (z. B. Zittern und Schwitzen). Ebenso lassen sich die Verhaltensantworten zu Verhaltensklassen zusammenfassen (z. B. Zittern, Schwitzen, Stammeln als blockierte Reaktionen). Wichtig ist der Hinweis, dass nicht nur die Prototypen, sondern auch die Situations- und die Verhaltensklassen aus den Daten extrahiert, d. h. empirisch gewonnen wurden.

Während im Fünf-Faktoren-Modell die Untersuchungseinheiten, nämlich Faktoren und deren Facetten genau bestimmt sind, geben Mischel und Kollegen nur Beispiele für affektiv-dynamischen Einheiten (siehe Tab. 9.1 und die abstrakten Benennungen der Kreise in Abb. 25) an. Im Gegensatz zu anderen Persönlichkeitsmodellen ist das CAPS als Metatheorie konzipiert (siehe Übersicht 35). Das CAPS soll als Rahmenmodell die Bausteine zum Verständnis, wie Individuen sich organisiert und kohärent verhalten, liefern, indem die Prozesse und die Dynamik der zugrundeliegenden kognitiv-affektiven Einheiten und deren Ausdruck im Verhalten untersucht werden (Abb. 9.4).

> **Übersicht 35 Metatheorie**
> Metatheorie bezeichnet eine wissenschaftliche Theorie, deren Gegenstand eine oder eine Menge von Theorien ist. Beispiel für eine Metatheorie in der Biologie ist, dass die DNA ein in allen Lebewesen vorkommendes Biomolekül in Form einer Doppelhelix ist, in dem die Erbinformationen durch die Anordnung von vier Basen kodiert werden. Zum Verständnis einer spezifischen Art wird die generelle Theorie über die DNA auf diese Art angewendet, um beispielsweise artspezifische Entwicklungsprozesse zu analysieren.

Im CAPS-Modell kann die Situation auch aus anderen Personen bestehen, so dass das Modell auf Dyaden erweiterbar ist (Zayas et al. 2002). Wenn zwei Personen in einer stabilen Beziehung zueinander stehen, wird diese Zweierbeziehung als Dyade bezeichnet. Kennzeichnend für eine Dyade sind wechselseitige und aufeinander bezogene Handlungsmuster der Partner, wie sie etwa in einer romantischen Partnerschaft oder Ehe auftreten. Das CAPS-System einer Person interagiert mit dem CAPS-System einer anderen Person, indem das Verhalten des einen Partners (z. B. Frau) einen bedeutsamen Anteil der Situation des anderen Partners (z. B. Mann) darstellt, dessen Verhalten dann wiederum die Situation für den ersten Partner (im Beispiel die Frau) darstellt. Diese interpersonale Systemperspektive ermöglicht die Beschreibung und Erklärung von paartypischen Interaktionsmustern, wie sie für Dyaden typisch sind, z. B. Forderungs-/Rückzugmuster, bei denen die Forderungen des einen Partners zu einem Rückzug des anderen Partners führen, was wiederum zu mehr Forderungen (auf den dann mit mehr Rückzug reagiert wird) führt.

9.2 Bewertung des CAPS-Modells

Die Vorteile und das Potential des CAPS-Modell liegen in der differenzierten Betrachtung des charakteristischen Zusammenspiels zwischen den Merkmalen der Person und der gegebenen Situation. Individuelle Unterschiede in der Auswahl und Wahrnehmung von Situationen aktivieren ein spezifisches Muster in den kognitiven und affektiven Einheiten, die wiederum zu einem für jede Person charakteristischen Verhaltensrepertoire führt. Die CAU operieren nicht isoliert, sondern agieren dynamisch miteinander. Der in anderen Wissenschaften längst etablierte systemische Gedanke hält mit dem CAPS-Modell Einzug in die Persönlichkeitspsychologie. Auch die vehemente Abkehr von der idiographischen Forschungstradition hin zur rein nomothetischen Forschung in der Persönlichkeitspsychologie (pars pro toto steht dafür der programmatische Titel eines Beitrages von Eysenck „The science of personality: Nomothetic!" (Eysenck 1954)), die bis heute Bestand hat, kann durch das CAPS-Modell überwunden werden. Das CAPS-Modell bietet die Möglichkeit, die Polarität idiographischer versus nomothetischer Forschungstradition zu überbrücken, indem einerseits Personen intensiv beobachtet werden (siehe als Beispiel die Studie in Übersicht 34) und sowohl individuelle Unterschiede zwischen (interindividuell) als auch über Zeit und Situationen (intraindividuell) innerhalb von Personen untersucht werden. Eine Generalisierung kann über die Zusammenfassung von Personen mit vergleichbaren Verhaltenssignaturen zu Persönlichkeitsprototypen erfolgen. Die Abkehr von der dominierenden nomothetischen Forschungstradition mit dem Fokus auf durchschnittliche Verhaltenstendenzen vieler Personen hin zum Studium des Verhaltens des Indiviuums in seiner Welt (Thomae 1996) ist eine längst überfällige Besinnung auf die persönlichkeitspsychologischen Forschungsgrundlagen. Die Gründungsväter des Faches, Gordon Allport und William Stern haben den idiographischen Ansatz gleichberechtigt zum nomothetischen Ansatz verstanden, wie die vielzitierte Definition von Persönlichkeit durch Allport (1937, S. 48) deutlich macht: *„the dynamic organization within the individual of those psychophysical systems that determine his unique adjustments to the environment".* Die Flexibilität des CAPS-Modells ermöglicht auch eine stärkere Integration persönlichkeitspsychologischer Ansätze in andere Disziplinen, beispielsweise die klinische oder medizinische Psychologie und Psychotherapie, wo der Nutzen und die Akzeptanz traitorientierter Ansätze wie den Big Five nicht sehr hoch bewertet wird (zum Überblick siehe Hoyer et al. 2012).

Der wesentliche Unterschied des CAPS-Modells zu den eigenschaftstheoretischen Modellen, wie dem FFM, besteht in der Ablehnung kontextfreier und situationsunspezifischer Dispositionen zugunsten eines dialektischen Situationsbezuges, der die reziproke Interaktion zwischen sozialer Umwelt und Verhalten betont. Vermittelt über die CAUs resultieren situationsspezifische Wenn-dann-Beziehungen, die ein über Situationsklassen replizierbares intraindividuelles Verhaltensmuster ergeben. Mit der Einführung dieser kontextspezifischen Konsistenz, die in der Terminologie von Mischel als Kohärenz bezeichnet wird, wurde ein wichtiger Beitrag zur Lösung des Konsistenzparadoxes geleistet.

Kritik am CAPS-Modell bezieht sich darauf, dass es sich nicht um eine ausformulierte Theorie handelt. So sind beispielsweise die Personenvariablen nicht klar voneinander abgrenzbar, da es sich um relativ breit angelegte Kategorien handelt. Auch die Prozesse, die das systemische Zusammenwirken der Personenvariablen bedingen, sind nicht weiter spezifiziert. Die hohe Komplexität des CAPS-Modell erschwert die systematische empirische Prüfung. Auch wenn einige dieser Kritikpunkte ihre Berechtigung haben, so ist entgegenzusetzen, dass das CAPS-Modell wichtige Bausteine und Anregungen für das Verständnis des Verhaltens von Personen geliefert hat. Der hohe Komplexitätsgrad des CAPS-Modell sollte eher Ansporn denn Abschreckung sein, Einsicht in das Erleben und Verhalten von Personen zu gewinnen.

9.3 Ausblick: Ein integriertes Modell der Person?

Eigenschaftsmodelle der Persönlichkeit wie das Fünf-Faktoren-Modell beschreiben, wie sich Personen im Vergleich zu anderen Personen im Durchschnitt verhalten. Sie beschreiben Unterschiede zwischen Personen auf Basis der Ausprägungen auf den Persönlichkeitsdimensionen. Personen unterscheiden sich aber nicht nur durch stabile interindividuelle Unterschiede in ihrem typischen Verhalten, sondern auch in der intraindividuellen Organisation und Dynamik der Persönlichkeit. Das CAPS-Modell fokusiert, wie im vorhergehenden Kapitel beschrieben, auf diese funktionalen Aspekte. Möglicherweise lassen sich beide Modelle in ein Modell integrieren, das sowohl die inter- als auch intraindividuelle Organisation der Persönlichkeit beschreiben und erklären kann. Aus einer integrativen Perspektive lassen sich Persönlichkeitseigenschaften als biologisch basierte interindividuelle Unterschiede mit der Prädisposition für konsistente Erlebens- und Verhaltensmuster auffassen, die durch dynamische Interaktionen mit der Umwelt ausdifferenziert werden und so die für ein Individuum zu einem bestimmten Zeitpunkt charakteristische intraindividuelle Organisation entsteht.

Glossar

Abhängige Variable Variable, auf welche die Wirkung einer anderen Variablen (der unabhängigen Variable) untersucht wird

assortative mating Wahl eines Partners mit ähnlichen Merkmalen

Bedürfnisse motivierendes Verhalten, das auf basale biologische Zustände bezogen ist (z. B. Durst)

Bindungsbeziehung enge Beziehung, wobei eine der beiden Personen Sicherheit und Schutz gewährt

Biographische Verfahren Idiographische Verfahren, bei denen der Lebenslauf von Personen hinsichtlich bestimmter Fragestellungen systematisch analysiert wird

Charakter Umgangssprachliche (oftmals wertend gebrauchte) Bezeichnung für Persönlichkeit

Copingstile Bezeichnung für unterschiedliche Formen der Bewältigung von Alltagsproblemen, Stress sowie kritischen Lebensereignissen

Daseinstechniken Bezeichnung für zeitstabile Formen eines Menschen bezüglich der Bewältigung von Problemen

Daseinsthemen Bezeichnung für immer wiederkehrende Themen im Leben eines Menschen

differentieller Entwicklungsverlauf nicht alterstypische Entwicklung, die ausschließlich auf individuelle Besonderheiten ihrer Entwicklung zurück geht

Disposition Überdauernde Verhaltenstendenz einer Person

Durchschnittlicher Entwicklungsverlauf alterstypische Entwicklung ohne individuellen Besonderheiten

Effektstärke eine Standardisierung von statistischen Kennwerten, welche die ermittelten Effekte vergleichbar macht

Eigenschaft Überdauerndes Merkmal einer Person (Trait)

Einstellung Bewertung spezieller Personen, Objekte, Handlungen oder Ereignisse, die wahrgenommen oder vorgestellt werden

P. Y. Herzberg, M. Roth, *Persönlichkeitspsychologie,* Basiswissen Psychologie, 151
DOI 10.1007/978-3-531-93467-9, © Springer Fachmedien Wiesbaden 2014

Faktoranalyse Statistisches Verfahren zur Reduktion eines Variablensatzes auf wenige Faktoren

Fallstudie Studie, die ausschließlich auf der Untersuchung eines Einzelfalls basiert

Fragebogen Verfahren, welches durch standardisierte Selbstbeschreibungen, Aussagen über die Eigenschaften von Personen ermöglicht

Fundamentaler Attributionsfehler Tendenz, dass ein Beobachter bei der Analyse des Verhaltens eines Menschen den Einfluss der Situation unter- und den Einfluss der persönlichen Veranlagung überschätzt.

Fünf-Faktoren-Modell Faktoranalytisches Persönlichkeitsmodell, bestehend aus den Eigenschaften „Neurotizismus", „Extraversion", „Offenheit für Erfahrungen", „Verträglichkeit" und „Gewissenhaftigkeit"

Genom Gesamtheit der in einem Organismus vorhandenen Erbanlagen

Halbstrukturiertes Interview Befragung eines Probanden, bei der zumeist die Fragen standardisiert und die Antwortmöglichkeiten offen vorgegeben werden

Hierarchisches Strukturmodell Bezeichnung für ein Modell, welches Konstrukte auf verschiedenen Ebenen definiert, wobei Konstrukte auf einer Ebene jeweils als Abstraktionen verschiedener Konstrukte auf der darunterliegenden Ebene aufgefasst werden

Hypothese Annahme, die anhand einer empirischen Studie überprüft werden soll

Idiographie/ idiographisch einzelfallbezogen

Impliziter Assoziationstest Tests, in denen Eigenschaften indirekt über Assoziationen, die sich zwischen verschiedenen Wörtern (Konzepte und Adjektive) ergeben, erfasst werden.

Interessen Zeitstabile Präferenz für bestimmte Tätigkeiten

Interindividuell zwischen Personen

intraindividuell Innerhalb einer Person

Item Kleinste Einheit (z. B. Frage, Aussage oder Aufgabe) in Messerfahren zur Erfassung von Eigenschaften

Kohärenz Korrelation zweier Messungen derselben Eigenschaft in derselben Situation

Komparationsforschung Eine auf William Stern zurückgehende Bezeichnung für eine Forschungsstrategie in der Differentiellen Psychologie, in der viele verschiedene Eigenschaften an zwei oder mehr Personen untersucht werden, die hinsichtlich dieser Eigenschaften miteinander verglichen werden

Konstrukt Bezeichnung für ein theoretisches Konzept, welches an sich nicht beobachtbar ist, auf dessen Existenz allerdings aufgrund beobachtbarer Indikatoren geschlossen wird.

Kontingenz die Kovariation, d. h. das Miteinanderauftreten zweier qualitativer Merkmale (z. B. Geschlecht und Berufsgruppe)

Korrelation statistisches Maß für den linearen Zusammenhang zwischen zwei Variablen

Korrelationsforschung Eine auf William Stern zurückgehende Bezeichnung für eine Forschungsstrategie in der Differentiellen Psychologie, in der der Zusammenhang zwischen zwei (oder mehreren) Eigenschaften in einer Population untersucht wird

Korrelationsstudien Studien, in denen der Zusammenhang von zwei oder mehr Variablen analysiert werden

kumulatives Stabilitätsprinzip kontinuierlicher Stabilitätszuwachs über die Altersspanne

Kurtosis Wölbung, statistische Maßzahl für die Breite einer Werteverteilung oder einer Wahrscheinlichkeitsverteilung

Lebenserzählung (life story) Berichte von Personen, in denen diese ihr Leben als ein Buch oder einen Roman mit verschiedenen Kapiteln konzipieren und dabei für jedes Kapitel einen Titel angeben und skizzieren, worüber das Kapitel handelt und wie es in das nächste Kapitel übergeht

Metatheorie Bezeichnung für eine Theorie, deren Forschungsgegenstand eine andere Theorie oder eine Menge anderer Theorien ist.

Minderungskorrektur Die Minderungskorrektur liefert eine Schätzung für die Korrelation der wahren Werte zweier Variablen, wenn deren Reliabilitätskoeffizienten bekannt sind.

Motive Motivation, die auf psychologische Verhaltensziele gerichtet ist (z. B. Motiv nach Anerkennung)

Nomothetik/nomothetisch bezogen auf allgemeine Gesetzmäßigkeiten

Normative Veränderungen Gleichartige Veränderungen der meisten Personen einer Kultur in einem bestimmten Zeitraum

Objekt- und Personenpermanenz Fähigkeit, die andauernde Existenz eines Objekts oder einer Person und seiner Eigenschaften unabhängig von der aktuellen Wahrnehmung und Handhabung intern (mental) zu repräsentieren

Objektivität Unabhängigkeit der Durchführung, Auswertung oder Interpretation einer Messung vom Testleiter

ökologischen Validität die empirische Gültigkeit einer psychologischen Aussage für das Alltagsgeschehen

Peer Gleichaltrige/Gleichaltriger

Phänotyp äußeres Erscheinungsbild, Summe der aus der Gesamtheit der Erbanlagen ausgebildeten Merkmale

Physiognomie Äußeres Erscheinungsbild eines Menschen, insbesondere bezogen auf die Gesichtszüge

Population Gesamtheit einer bestimmten Gruppe

Projektive Verfahren diagnostische Verfahrensklasse, denen gemeinsam ist, dass Probanden mehrdeutige Reize vorgelegt werden und sie diese interpretieren sollen. Dabei wird angenommen, dass die Antworten der Probanden dem Vorgang der Projektion entspringen, also unbewusste Einstellungen, Motive und Bedürfnisse die Antworten indirekt provozieren

Psychographie Eine auf William Stern zurückgehende Bezeichnung für eine Forschungsstrategie in der Differentiellen Psychologie, in der eine einzelne Person in Bezug auf verschiedene Merkmale untersucht wird.

Qualitative Variable Kategoriale Variable, deren Ausprägung Zuständen oder Kategorien entsprechen (z. B. Familienstand, Geschlecht)

Quantitative Variable Numerische Variablen, deren Ausprägung sich in Zahlenwerten ausdrücken lässt (z. B. Intelligenz, Gewicht)

Randomisieren Zufallszuteilung von Versuchspersonen zu unterschiedlichen Untersuchungsgruppen

Reliabilität Zuverlässigkeit einer Messung

Selbstkonzept subjektive Bild, das eine Person von sich selbst hat

Selbstwertgefühl Bewertung der eigenen Person

Sensation Seeking Interindividuell unterschiedlich stark ausgeprägtes Bedürfnis nach Stimulation

Situationsstärke beschreibt den Einfluss der Situation auf das Verhalten als Kontinuum zwischen Situationsbedingungen mit starkem Aufforderungscharakter (z. B. an einer roten Ampel anzuhalten) und schwachem Aufforderungscharakter

Spearman-Brown-Formel Formel zur Vorhersage der Reliabilitätssteigerung eines Messverfahrens durch die Hinzunahme von homogenen Items

Standardabweichung statistischer Kennwert der Streuung einer Verteilung

Standardisierung Vereinheitlichung der Durchführung (z. B. der Itemantworten bei Fragebogen), Auswertung, und Interpretation psychologischer Testverfahren.

State bezeichnet den Zustand einer Person zu einem bestimmten Zeitpunkt

Temperament Einerseits Ausdruck für den Anteil der Persönlichkeit, der sich auf Formaspekte des Verhaltens bezieht, andererseits Bezeichnung für konstitutionell bedingte basale interindividuelle Unterschiede, die ontogenetisch schon früh beobachtbar sind und die Basis der späteren Persönlichkeit darstellen.

Trait überdauerndes Merkmal (Eigenschaft) einer Person

transsituative Konsistenz Kovariation von Eigenschaftsmessungen oder Verhaltensmessungen zwischen Situationen

Typus/Typ Bezeichnung für eine bestimmte Konfiguration von Eigenschaften, die eine Gruppe von Menschen gemeinsam aufweisen

Unabhängige Variable (erklärende) Variable deren Wirkung auf eine andere (abhängige) Variable untersucht wird

Validität Gültigkeit einer Messung

Variationsforschung Eine auf William Stern zurückgehende Bezeichnung für eine Forschungsstrategie in der Differentiellen Psychologie, in der eine Eigenschaft an vielen Individuen einer Population untersucht und damit die Verteilung dieser Eigenschaft in dieser Gruppe bestimmt wird.

Verhaltensgenetik Analyse der genetischen Einflüsse auf Persönlichkeitsunterschiede mit Hilfe der Ähnlichkeit genetisch verwandter Familienmitglieder (z. B. Vergleich eineiiger und zweieiiger Zwillinge)

Werte normative Standards, an denen sowohl das eigene Verhalten wie auch das Verhalten der Mitmenschen gemessen und bewertet wird

Literaturverzeichnis

Abelson, R. P. (1985). A variance explanation paradox: When a little is a lot. *Psychological Bulletin*, 97, 129–133.

Adams, G. (2005). The cultural grounding of personal relationship: Enemyship in North American and West African worlds. *Journal of Personality and Social Psychology*, 88, 948–968.

Alfermann, D. (2005). Geschlechtsunterschiede. In H. Weber & T. Rammsayer (Eds.), *Handbuch der Persönlichkeitspsychologie und Differentiellen Psychologie* (pp. 305–313). Göttingen: Hogrefe.

Allport, G. W. (1937). *Personality: A psychological interpretation.* New York: Holt.

Almagor, M., Tellegen, A. & Waller, N. G. (1995). The big seven model: A cross-cultural replication and further exploration of the basic dimensions of natural language trait descriptors. *Journal of Personality and Social Psychology*, 69, 300–307.

Altmann, T., Sierau, S. & Roth, M. (2013). I guess you're just not my type: Personality types and similarity between types as predictors of satisfaction in intimate couples. *Journal of Individual Differences*, 34, 105–117.

Alwin, D. F., Cohen, R. L. & Newcomb, T. M. (1991). *Political attitudes over the life span.* Madison: University of Wisconsin Press.

Anastasi, A. (1982). *Psychological testing* (5th ed.). New York: Macmillan.

Andresen, B. (1995). Risikobereitschaft* – der sechste Basisfaktor der Persönlichkeit. *Zeitschrift für Differentielle und Diagnostische Psychologie*, 16, 210–236.

Aronson, E., Wilson, T. D. & Akert, R. M. (2005). *Social psychology* (5th ed.). New Jersey: Pearson Education International.

Asendorpf, J. B. (2007). *Psychologie der Persönlichkeit.* Berlin: Springer.

Asendorpf, J. B., Banse, R. & Mücke, D. (2002). Double dissociation between implicit and explicit personality self-concept: The case of shy behavior. *Journal of Personality and Social Psychology*, 83, 380–393.

Ashton, M. C. & Lee, K. (2005). Honesty-humility, the Big Five, and the Five-Factor Model. *Journal of Personality*, 73, 1321–1354.

Bäckström, M. (2007). Higher-order factors in a five-factor personality inventory and its relation to social desirability. *European Journal of Psychological Assessment*, 23, 63–70.

Baltes, P. B., Lindenberger, U. & Staudinger, U. M. (1998). Life-span theory in developmental psychology. In R. M. Lerner (Ed.), *Handbook of child psychology: Vol. 1. Theoretical models of human development* (5 ed., pp. 1029–1143). New York: Wiley.

Baumeister, R. F., Smart, L. & Boden, J. M. (1996). Relation of threatened egotism to violence and aggression: The dark side of high self-esteem. *Psychological Review, 103*, 5–33.

Benet-Martínez, V. & John, O. P. (1998). Los Cinco Grandes across cultures and ethnic groups: Multitrait-multimethod analyses of the Big Five in Spanish and English. *Journal of Personality and Social Psychology, 75*, 729–750.

Binet, A. & Simon, T. (1905). Methodes nouvelles pour le diagnostique du niveau intellectuel des anormaux. *L'Annee Psychologique, 2*, 411–463.

Bleidorn, W., Kandler, C., Riemann, R., Angleitner, A. & Spinath, F. M. (2009). Patterns and sources of adult personality development: Growth curve analyses of the NEO PI-R scales in a longitudinal twin study. *Journal of Personality and Social Psychology, 97*, 142–155.

Block, J. (1995). A contrarian view of the five-factor approach to personality description. *Psychological Bulletin, 117*, 187–215.

Bogg, T. & Roberts, B. W. (2004). Conscientiousness and health-related behaviors: A meta-analysis of the leading behavioral contributors to mortality. *Psychological Bulletin, 130*, 887–919.

Bolger, N. & Schilling, E. A. (1991). Personality and the problems of everyday life: The role of neuroticism in exposure and reactivity to daily stressors. *Journal of Personality, 59*, 355–386.

Bouchard, T. J. & Loehlin, J. C. (2001). Genes, evolution, and personality. *Behavior Genetics, 31*, 243–273.

Brickenkamp, R., Schmidt-Atzert, L. & Liepmann, D. (2010). *Test d2 – Revision. Aufmerksamkeits- und Konzentrationstest.* Göttingen: Hogrefe.

Brunstein, J. C. (2006). Implizite und explizite Motive. In J. Heckhausen & H. Heckhausen (Eds.), *Motivation und Handeln* (pp. 235–253). Berlin: Springer.

Buse, L. (1996). Differentielle Psychologie der Interessen. In M. Amelang (Ed.), *Temperaments- und Persönlichkeitsunterschiede (Enzyklopädie der Psychologie, Themenbereich C Serie VIII* (Bd. 3, pp. 441–475). Göttingen: Hogrefe.

Buss, A. H. (1989). Personality as traits. *American Psychologist, 44*, 1378–1388.

Buss, D. M. (1987). Selection, evocation, and manipulation. *Journal of Personality and Social Psychology, 53*, 1214–1221.

Caprara, G. V., Schwartz, S., Capanna, C., Vecchione, M. & Barbaranelli, C. (2006). Personality and politics. *Political Psychology, 27*, 1–28.

Carstensen, L. L., Isaacowitz, D. M. & Charles, S. T. (1999). Taking time seriously: A theory of socioemotional selectivity. *American Psychologist, 54*, 165–181.

Carver, C. S. & White, T. L. (1994). Behavioural inhibition, behavioural activation, and affective responses to impending reward and punishment: The BIS/BAS scales. *Journal of Personality and Social Psychology, 67*, 319–333.

Caspi, A. (1998). Personality development accross the life course. In W. Damon & N. Eisenberg (Eds.), *Handbook of child psychology. Vol. 3. Social, emotional, and personality development (pp. 311–388).* New York: Wiley.

Caspi, A. (2000). The child is the father of the man: Personality continuoties from childhood to adulthood. *Journal of Personality and Social Psychology, 78*, 158–172.

Caspi, A., Begg, D., Dickson, N., Harrington, H., Langley, J., Moffit, T. E., et al. (1997). Personality differences predict health-risk behaviors in young adulthood: Evidence from a longitudinal study. *Journal of Personality and Social Psychology, 73*, 1052–1063.

Caspi, A., Harrington, H., Milne, B., Amell, J. W., Theodore, R. F. & Moffit, T. E. (2003). Children's behavioral styles at age 3 are linked to their adult personality traits at age 26. *Journal of Personality, 71*, 495–514.

Caspi, A., Henry, B., McGee, R. O., Moffit, T. E. & Silva, P. A. (1995). Temperamental origins of child and adolescent behavior problems: From age three to age fifteen. *Child Development, 66,* 55–68.

Caspi, A. & Herbener, E. S. (1990). Continuity and change: Assortative marriage and the consistency of personality in adulthood. *Journal of Personality and Social Psychology, 58,* 250–258.

Caspi, A. & Shiner, R. L. (2006). Personality development. In W. Damon, R. Lerner & N. Eisenberg (Eds.), *Handbook of child psychology.* (6th ed., Vol. 3., Social, emotional, and personality development, pp. 300–365). New York: Wiley.

Caspi, A. & Silva, P. A. (1995). Temperamental qualities at age three predict personality traits in young adulthood: Longitudinal evidence from a birth cohort. *Child Development, 66,* 486–498.

Caspi, A., Sugden, K., Moffitt, T. E., Taylor, A., Craig, I. W. & Harrington, H., et al. (2003). Influence of life stress on depression: Moderation by a polymorphism in the 5-HTT gene. *Science, 301,* 386–389.

Cattell, J. M. (1890). Mental tests and measurement. *Mind, 15,* 373–380.

Cattell, R. B. (1946). *Description and measurement of personality.* Yonkers-on-Hudson: World Book company.

Cattell, R. B. (1965). *The scientific analysis of personality.* Harmondsworth: Penguin.

Cattell, R. B. (1979). *Personality and learning theory, Vol. 1: The structure of personality and its environment.* New York: Springer.

Cattell, R. B. & Warburton, F. W. (1967). *Objective personality and motivation tests.* Urbana: University of Illinois Press.

Cohen, G. & Taylor, S. (1998). Reminiscence and ageing. *Ageing and society, 18,* 601–610.

Collani, G. & Herzberg, P. Y. (2003). Eine revidierte Fassung der deutschsprachigen Skala zum Selbstwertgefühl von Rosenberg. *Zeitschrift für Differentielle und Diagnostische Psychologie, 24,* 3–7.

Connor-Smith, J. K. & Flachsbart, C. (2007). Relations between personality and coping: A meta-analysis. *Journal of Personality and Social Psychology, 93,* 1080–1107.

Coopersmith, S. (1967). *The antecedents of self-esteem.* San Francisco: Freeman.

Costa, P. T. Jr., Busch, C. M., Zonderman, A. B. & McCrae, R. R. (1986). Correlations of MMPI factor scales with measures of the five factor model of personality. *Journal of Personality Assessment, 50,* 640–650.

Costa, P. T. Jr. & McCrae, R. R. (1992a). Four ways five factors are basic. *Personality and Individual Differences, 13,* 653–665.

Costa, P. T. Jr. & McCrae, R. R. (1992b). *Revised NEO Personality Inventory (NEO-PI-R) and NEO Five-Factor Inventory (NEO-FFI) professional manual.* Odessa: Psychological Assessment Resources.

Costa, P. T. Jr. & McCrae, R. R. (1994). Set like plaster? Evidence for the stability of adult personality. In T. F. Heatherton & J. L. Weinberger (Eds.), *Can personality change?* (pp. 21–40). Washington, DC: American Psychological Association.

Costa, P. T. Jr., Terracciano, A. & McCrae, R. R. (2001). Gender differences in personality traits across cultures: Robust and surprising findings. *Journal of Personality and Social Psychology, 81,* 322–331.

De Fruyt, F., Bartels, M., Van Leeuwen, K. G., De Clercq, B., Decuyper, M. & Mervielde, I. (2006). Five types of personality continuity in childhood and adolescence. *Journal of Personality and Social Psychology, 91,* 538–552. doi: 10.1037/0022-3514.91.3.538.

Deffenbacher, J. L., Filetti, L. B., Lynch, R. S., Dahlen, E. R. & Oetting, E. R. (2002). Cognitive-behavioral treatment of high anger drivers. *Behaviour Research and Therapy, 40,* 895–910.

Deusinger, I. M. (1986). *Die Frankfurter Selbstkonzeptskalen.* Göttingen: Verlag für Psychologie Hogrefe.

Digman, J. M. (1997). Higher-order factors of the Big Five. *Journal of Personality and Social Psychology, 73,* 1246–1256.

Dixon, R. A. & Lerner, R. M. (1999). History and systems in developmental psychology. In M. H. Bornstein & M. E. Lamb (Eds.), *Developmental psychology: An advanced textbook* (4th ed., pp. 3–45). Mahwah: Erlbaum.

Dodge, K. A. (1980). Social cognition and children's aggressive behavior. *Child Development, 51,* 162–170.

Duval, S. & Wicklund, R. A. (1972). *A theory of objective self awareness.* New York: Academic Press.

Ebbinghaus, H. (1885). *Über das Gedächtnis.* Leipzig: Duncker & Humblot.

Egloff, B. & Schmuckle, S. C. (2002). Predictive validity of an Implicit Association Test for assessing anxiety. *Journal of Personality and Social Psychology, 83,* 1441–1455.

Epstein, S. (1979). The stability of behavior: On predicting most of the people much of the time. *Journal of Personality and Social Psychology, 37,* 1097–1126.

Epstein, S. (1991). Cognitive-experiential self-theory: An integrative theory of personality. In R. C. Curtis (Ed.), *The relational self. Theoretical convergences in psychoanalysis and social psychology* (pp. 111–137). New York: The Guilford Press.

Epstein, S. (2007). Problems with McAdams and Pals's (2006) proposal of a framework for an integrative theory of personality. *American Psychologist, 62,* 59–60.

Erdle, S., Irwing, P., Rushton, J. P. & Park, J. (2010). The general factor of personality and its relation to self-esteem in 628, 640 internet respondents. *Personality and Individual Differences, 48,* 343–346.

Erikson, E. H. (1959). *Identity and the life cycle.* New York: International University Press.

Eysenck, H. J. (1954). The science of personality: Nomothetic! *Psychological Review, 61,* 339–342.

Eysenck, H. J. (1967). *The biological basis of personality.* Springfield: Thomas.

Eysenck, H. J. (1971). Social attitudes and social class. *British Journal of Social and Clinical Psychology, 10*(3), 201–212.

Eysenck, H. J. (1992). Four ways five factors are not basic. *Personality and Individual Differences, 13,* 667–673.

Eysenck, H. J. & Eysenck, S. B. G. (1969). *Personality structure and measurement.* London: Routledge & Kegan Paul.

Fazio, R. H. (2000). Accessible attitudes as tools for object appraisal: Their costs and benefits. In G. Maio & J. Olson (Eds.), *Why we evaluate: Functions of attitudes* (pp. 1–36). Mahwah: Erlbaum.

Feldman, R. S. (2006). *Development across the life span.* London: Pearson.

Fenigstein, A., Scheier, M. F. & Buss, A. H. (1975). Public and private self-consciousness: Assessment and theory. *Journal of Consulting and Clinical Psychology, 43*(4), 522–527.

Filipp, S. H. (1979). Entwurf eines heuristischen Bezugsrahmens für die Selbstkonzeptforschung. In S. H. Filipp (Ed.), *In Selbstkonzeptforschung. Probleme, Befunde, Perspektiven* (pp. 129–152). Stuttgart: Klett-Cotta.

Fisseni, H.-J. (1984). *Persönlichkeitspsychologie.* Göttingen: Verl. für Psychologie Hogrefe.

Fisseni, H. J. (Ed.). (1998). *Persönlichkeitspsychologie. Ein Theorienüberblick* (4. überarbeitete und erweiterte Aufl ed.). Göttingen: Hogrefe.

Fleeson, W. (2001). Towards a structure- and process-integrated view of personality: Traits as density distributions of states. *Journal of Personality and Social Psychology, 80,* 1011–1027.

Fooken, I. (2003). Die Bonner gerontologische Längsschnittstudie (BOLSA) – Ausgangspunkt einer Differentiellen Gerontologie. In F. Karl (Hrsg.), *Sozial- und verhaltenswissenschaftliche Gerontologie. Alter und Altern als gesellschaftliches Problem und individuelles Thema* (S. 251–260). Einheim: Juventa.

Fraley, R. C. & Roberts, B. W. (2005). Patterns of continuity: A dynamic model for conceptualizing the stability of individual differences in psychological constructs across the life course. *Psychological Review, 112,* 60–74.

Friedman, H. S. & Booth-Kewley, S. (1987). The „disease-prone personality". A meta-analytic view of the construct. *American Psychologist, 42,* 539–555.

Funder, D. C. (1999). *Personality judgment: A realistic approach to person perception.* San Diego: Academic Press.

Funder, D. C. & Ozer, D. J. (1983). Behavior as a function of the situation. *Journal of Personality and Social Psychology, 44,* 107–112.

Gartstein, M. A. & Rothbart, M. K. (2003). Studying infant temperament via the Revised Infant Behavior Questionnaire. *Infant Behavior & Development, 26,* 64–86.

Gillham, J. E., Shatté, A. J., Reivich, K. J. & Seligman, M. E. P. (2002). Optimism, pessimism, and explanatory style. In E. C. Chang (Ed.), *Optimism & pessimism: Implications for theory, research, and practice* (pp. 53–74). Washington, DC: American Psychological Association.

Goldberg, L. R. (1981). Language and individual differences: The search for universals in personality lexicons. In L. Wheeler (Ed.), *Review of personality and social psychology* (Vol. 2, pp. 141–166). Beverly Hills: Sage.

Gray, J. A. (1991). *The psychology of fear and stress.* Cambridge: Cambridge University Press.

Gray, J. A. & McNaughton, N. (2000). *The neuropsychology of anxiety.* Oxford: Oxford University Press.

Greenwald, A. G. & Farnham, S. (2000). Using the Implicit Association Test to measure self-esteem and self-concept. *Journal of Personality and Social Psychology, 79,* 1022–1038.

Greenwald, A. G., McGhee, D. E. & Schwartz, J. L. K. (1998). Measuring individual differences in implicit cognition: The implicit association test. *Journal of Personality and Social Psychology, 74,* 1464–1480.

Guilford, J. P. (1959). *Personality* (2nd ed.). New York: McGraw-Hill.

Gustavsson, J. P., Weinryb, R. M., Göransson, S., Pedersen, N. L. & Asberg, M. (1997). Stability and predictive ability of personality traits across 9 years. *Personality and Individual Differences, 22,* 783–791.

Hampson, S. E. & Goldberg, L. R. (2006). A first large cohort study of personality trait stability over the 40 years between elementary school and midlife. *Journal of Personality and Social Psychology, 91,* 763–779.

Hart, D., Atkins, R. & Fegley, S. (2003). Personality and development in childhood: A person-centered approach. *Monographs of the Society for Research in Child Development, 68,* vii-109.

Hartshorne, H. & May, M. A. (1928). *Studies in the nature of character. Vol. 1: Studies in deceit.* New York: MacMillan.

Hathaway, S. R. & McKinley, J. C. (1951). Minnesota Multiphasic Personality Inventory (MMPI) deutsche Ausgabe von O. Spreen (1963, Nachdruck 1991). Bern: Huber.

Heiman, M. (1966). *Die Wahrheit liegt nicht in der Mitte. Essays.* Frankfurt: a. M.: Fischer.

Herbst, J. H., McCrae, R. R., Costa, P. T. Jr., Feaganes, J. R. & Siegler, I. C. (2000). Self-perceptions of stability and change in personality at midlife: The UNC Alumni Heart Study. *Assessment, 7,* 379–388.

Herzberg, P. Y. (2009). Beyond „accident-proneness": Using five factor model prototypes to predict driving behavior. *Journal of Research in Personality, 43,* 1096–1100.

Herzberg, P. Y. (2011). Selbstdarstellung in Persönlichkeitsfragebögen: Das Phänomen der sozialen Erwünschtheit. In L. F. Hornke, M. Amelang & M. Kersting (Eds.), *Verfahren der Persönlichkeitsdiagnostik. Enzyklopädie der Psychologie, B/II/4* (S. 121–154). Göttingen: Hogrefe.

Herzberg, P. Y. & Brähler, E. (2006). Assessing the Big-Five personality domains via short forms: A cautionary note and a proposal. *European Journal of Psychological Assessment, 22,* 139–148.

Herzberg, P. Y. & Roth, M. (2006). Beyond resilients, undercontrollers, and overcontrollers? An extension of personality prototype research. *European Journal of Personality, 20,* 5–28.

Hirsh, J. B., DeYoung, C. G. & Peterson, J. B. (2009). Metatraits of the Big Five differentially predict engagement and restraint of behavior. *Journal of Personality, 77,* 1085–1101.

Holland, J. L. (1973). *Making vocational choices.* Englewood Cliffs: Prentice-Hall.

Hoyer, J., Franke, G. H. & Herzberg, P. Y. (2012). Persönlichkeit und Krankheit. In E. Brähler & B. Strauß (Eds.), *Enzyklopädie der Psychologie. Band Medizinische Psychologie* (S. 201–225). Göttingen: Hogrefe.

Isaacowitz, D. M. (2005). The gaze of the optimist. *Personality and Social Psychology Bulletin, 31,* 407–415.

Jackson, D. N. (Ed.). (1997). *Personality research form.* Port Huron: SIGMA.

James, W. (1890). *Principles of psychology.* New York: Holt.

Joerin, S., Stoll, F., Bergmann, C. & Eder, F. (2003). *EXPLORIX – Das Werkzeug zur Berufswahl und Laufbahnplanung.* Göttingen.

John, O. P. & Srivastava, S. (1999). The big five trait taxonomy: History, measurement, and theoretical perspectives. In L. A. Pervin & O. P. John (Eds.), *Handbook of personality theory and research* (pp. 102–138). New York: Guilford Press.

Kluckhohn, C., Murray, H. A. & Schneider, D. M. (1953). *Personality in nature, society, and culture.* New York: Knopf.

Kubinger, K. D., Ortner, T. M., Schrott, A., Radinger, R. & Litzenberger, M. (2002). *BAcO-D: Belastbarkeits-Assessment: computerisierte Objektive Persönlichkeits-Testbatterie.* Frankfurt a. M: Harcourt Test Services.

Lang, F. R. & Carstensen, L. L. (2002). Time counts: Future time perspective, goals and social relationships. *Psychology and Aging, 17,* 125–139.

Lazarus, R. S. & Folkman, S. (1984). *Stress, appraisal and coping.* New York: Springer.

Lee, K., Ogunfowora, B. & Ashton, M. C. (2005). Personality traits beyond the big five: Are they within the HEXACO space? *Journal of Personality, 73,* 1437–1463.

Lehr, U. & Thomae, H. (1987). *Formen seelischen Alterns. Ergebnisse der Bonner Gerontologischen Längsschnittstudie (BOLSA).* Stuttgart: Enke.

Lienert, G. A. & Raatz, U. (1998). *Testaufbau und Testanalyse* (6. ed.). Weinheim: Beltz.

Maltby, J., Day, L. & Macaskill, A. (2009). *Personality, individual differences, and intelligence* (2nd ed.). New York: Prentice Hall.

Maslow, A. H. (1954). *Motivation and personality.* New York: Harper & Row.

Maslow, A. H. (1987). *Motivation and personality (3. Aufl.).* New York: Harper & Row.

McAdams, D. P. (1988). *Power, intimacy, and the life story.* New York: Guildford Press.

McAdams, D. P. (1995). What do we know when we know a person? *Journal of Personality, 63,* 365–396.

McAdams, D. P. (1996). Personality, modernity, and the storied self. *Psychological Inquiry, 7,* 295–321.

McAdams, D. P. (2001). The psychology of life stories. *Review of General Psychology, 5,* 100–122.

McAdams, D. P. (2008). *The life story interview.* Evanston: Northwestern University.

McAdams, D. P., Anyidoho, N. A., Brown, C., Huang, Y. T., Kaplan, B. & Machado, M. A. (2004). Traits and stories: Links between dispositional and narrative features of personality. *Journal of Personality, 72,* 761–784.

McAdams, D. P., Diamond, A., de, St., Aubin, E. & Mansfield, E. (1997). Stories of commitment: The psychosocial construction of generative lives. *Journal of Personality and Social Psychology, 72,* 678–694.

McAdams, D. P. & Pals, J. (2006). A new Big Five. Fundamental principles for an integrative science of personality. *American Psychologist, 61,* 204–217.

McAdams, D. P., Reynolds, J., Lewis, M., Patten, A. H. & Bowman, P. (2001). When bad things turn good and good thinks turn bad. *Personality and Social Psychology Bulletin, 27,* 474–485.

McCrae, R. R. (1989). Why I advocate the five-factor model: Joint analyses of the NEO-PI and other instruments. In D. M. Buss & N. Cantor (Eds.), *Personality psychology: Recent trends and emerging directions* (pp. 139–153). New York: Springer.

McCrae, R. R. & Costa, P. T. Jr. (1999). A five-factor theory of personality. In L. A. Pervin & O. P. John (Eds.), *Handbook of personality theory and research* (pp. 139–153). New York: Guilford Press.

McCrae, R. R. & Costa, P. T. Jr. (2004). A contemplated revision of the NEO Five-Factor-Inventory. *Personality and Individual Differences, 36,* 587–596.

McCrae, R. R. Costa, P. T. Jr. Ostendorf, F. Angleitner, A. Hrebickova, M. Avia, M. D., et al. (2000). Nature over nurture: Temperament, personality, and life span development. *Journal of Personality and Social Psychology, 78,* 173–186.

McCrae, R. R., Jang, K. L., Ando, J., Ono, Y., Yamagata, S., Riemann, R., et al. (2008). Substance and artifact in the higher-order factors of the Big Five. *Journal of Personality and Social Psychology, 95,* 442–455.

McCrae, R. R. & Terracciano, A. (2005). Universal features of personality traits from the observer's perspective: Data from 50 cultures. *Journal of Personality and Social Psychology, 88,* 547–561.

Mead, G. H. (1936). *Mind, self, and society.* Englewood Cliffs: University of Chicago Press.

Meier, L. L., Orth, U., Denissen, J. J. A. & Kühnel, A. (2011). Age differences in instability, contingency, and level of self-esteem across the life span. *Journal of Research in Personality, 45,* 604–612.

Mervielde, I., De Fruyt, F. & Jarmuz, S. (1998). Linking openness and intellect in childhood and adulthood. In G. A. Kohnstamm, C. F. Halverson, I. Mervielde & V. Havill (Eds.), *Parental descriptions of child personality: Developmental antecedents of the Big Five?* (pp. 105–126). Mahwah: Erlbaum.

Meyer, G. J., Finn, S. E., Eyde, L. D., Kay, G. G., Moreland, K. L., Dies, R. J., et al. (2001). Psychological testing and psychological assessment. *American Psychologist, 56,* 128–165.

Mischel, W. (1968). *Personality and Assessment.* New York: Wiley.

Mischel, W. & Shoda, Y. (1995). A cognitive-affective system theory of personality: Reconceptualizing situations, dispositions, dynamics, and invariance in personality structure. *Psychological Review, 102,* 246–268.

Mischel, W. & Shoda, Y. (1999). Integrating dispositions and processing dynamics within an unified theory of personality: The cognitive-affective personality system. In L. A. Pervin & O. P. John (Eds.), *Handbook of personality theory and research* (pp. 197–219). New York: Guilford Press.

Mroczek, D. K. & Spiro, A. III (2003). Modeling intraindividual change in personality traits: Findings from the normative aging study. *Journal of Gerontology, 58B*, P153–P165.

Murray, H. A. (1938). *Exlorations of personality*. New York: Oxford.

Murray, H. A. (1943). *Thematic apperception test manual*. Cambridge Mass: Harvard University Press.

Musek, J. (2007). A general factor of personality: Evidence for the Big One in the five-factor model. *Journal of Research in Personality, 41*, 1213–1233.

Olver, J. M. & Mooradian, T. A. (2003). Personality traits and personal values. *Personality and Individual Differences, 35*, 109–125.

Ostendorf, F. & Angleitner, A. (2003). *NEO-Persönlichkeitsinventar (revidierte Form, NEO-PI-R) nach Costa und McCrae*. Göttingen: Hogrefe.

Ozer, D. J. & Benet-Martínez, V. (2006). Personality and the prediction of consequential outcomes. *Annual Review of Psychology, 57*, 401–421.

Pasupathi, M. & Mansour, E. (2006). Adult age differences in autobiographical reasoning in narratives. *Developmental Psychology, 42*, 798–808.

Pervin, L. A. (1994). A critical analysis of current trait theory. *Psychological Inquiry, 5*, 103–113.

Petty, R. E. & Cacioppo, J. T. (1981). *Attitudes and persuation*. Berlin: Springer.

Piaget, J. (1936). *La naissance de l'intelligence chez l'enfant*. Stuttgart: Klett.

Proyer, R., Ortner, T. M. & Kubinger, K. D. (2006). *Theorie und Praxis Objektiver Persönlichkeitstests*. Bern: Huber.

Raine, A., Reynolds, C., Venables, P. H. & Mednick, S. A. (2002). Stimulation seeking and intelligence: A prospective longitudinal study. *Journal of Personality and Social Psychology, 82*, 663–674.

Rauthmann, J. F. & Kolar, G. P. (2010). Implicit simplicity at low acquaintanceship: Evidence for a g-factor of personality in personality judgments. *Personality and Individual Differences, 48*, 522–526.

Roberts, B. W., Caspi, A. & Moffit, T. E. (2001). The kids are alright: Growth and stability in personality development from adolescence to adulthood. *Journal of Personality and Social Psychology, 81*, 670–683.

Roberts, B. W. & DelVecchio, W. F. (2000). The rank-order consistency of personality from childhood to old age: A quantitative review of longitudinal studies. *Psychological Bulletin, 126*, 3–25.

Roberts, B. W., Kuncel, N. R., Shiner, R. L., Caspi, A. & Goldberg, L. R. (2007). The power of personality. The comparative validity of personality traits, socioeconomic status, and cognitive ability for predicting important life outcomes. *Perspectives on Psychological Science, 2*, 313–345.

Roberts, B. W., Walton, K. E. & Viechtbauer, W. (2006). Patterns of mean-level change in personality traits across the life course: A metaanalysis of longitudinal studies. *Psychological Bulletin, 132*, 3–27.

Robins, R. W., Fraley, R. C., Roberts, B. W. & Trzesniewski, K. H. (2001). A longitudinal study of personality change in young adulthood. *Journal of Personality, 69*, 617–640.

Robins, R. W., John, O. P. & Caspi, A. (1998). The typological approach to studying personality. In R. B. Cairns, L. Bergman & J. Kagan (Eds.), *Methods and models for studying the individual* (pp. 135–160). Thousand Oaks: Sage.

Robins, R. W., Noftle, E. E., Trzesniewski, K. H. & Roberts, B. W. (2005). Do people know how their personality has changed? Correlates of perceived and actual personality change in young adulthood. *Journal of Personality, 73*, 489–521.

Robins, R. W., Trzesniewski, K. H., Tracy, J. L., Gosling, S. D. & Potter, J. (2002). Global self-esteem across the life-span. *Psychology and Aging, 17*, 423–434.

Roccas, S., Sagiv, L., Schwartz, S. H. & Knafo, A. (2002). The Big Five personality factors and personal values. *Personality and Social Psychology Bulletin, 28*, 789–801.

Rogers, C. (1959). A theory of therapy, personality, and interpersonal relationships, as developed in the client-centered framework. In S. Koch (Ed.), *Psychology. A study of a science* (3rd ed., Vol. 3, pp. 184–259). New York: McGraw-Hill.

Roid, G. H. & Fitts, W. H. (1988). *Tennessee self-concept scale*. Los Angeles: Western Psychological Services.

Rokeach, M. (1973). *The nature of human values*. San Francisco: Jossey-Press.

Rösche, J., Uhlmann, C. & Weber, R. (2004). Wandel der Krankheitsverarbeitung bei Patienten mit therapierefraktärer Epilepsie im Rahmen einer multimodalen Komplextherapie. *Psychotherapie Psychosomatik Medizinische Psychologie, 54*, 4–8.

Rosenberg, M. (1965). *Society and the adolescent self-image*. Princeton: Princeton University Press.

Rosenberg, M. J. & Hovland, C. I. (1960). Cognitive, affective, and behavioral components of attitudes. In C. I. Hovland & M. J. Rosenberg (Eds.), *Attitude organization and Cchange* (Vol. 3, pp. x, 239). New Haven: Yale University Press.

Roth, M., Decker, O., Herzberg, P. Y. & Brähler, E. (2008). Dimensionality and norms of the Rosenberg Self-Esteem Scale in a German general population sample. *European Journal of Psychological Assessment, 24*, 190–197.

Roth, M. & Hammelstein, P. (2012). The Need Inventory of Sensation Seeking (NISS). *European Journal of Psychological Assessment, 28*, 11–18.

Roth, M. & Herzberg, P. Y. (2008). Stand der Psychologischen Diagnostik in der Praxis: State of the art? *Klinische Diagnostik und Evaluation, 1*, 5–18.

Roth, M., Hammelstein, P. & Brähler, E. (2007). Beyond a youthful behavior style – age and sex differences in sensation seeking based on need theory. *Personality and Individual Differences, 43*, 1839–1850.

Rothbart, M. K. & Bates, J. E. (2006). Temperament. In W. Damon, R. Lerner & N. Eisenberg (Eds.), *Handbook of child psychology.* (6th ed., Vol. 3. Social, emotional, and personality development, pp. 99–166). New York: Wiley.

Rushton, J. P., Bons, T. A. & Hur, Y.-M. (2008). The genetics and evolution of a general factor of personality. *Journal of Research in Personality, 42*, 1173–1185.

Rushton, J. P., Brainerd, C. J. & Pressley, M. (1983). Behavioral development and construct validity: The principle of aggregation. *Psychological Bulletin, 94*, 18–38.

Saucier, G. & Goldberg, L. R. (1998). What is beyond the Big Five? *Journal of Personality, 66*, 495–524.

Scheier, M. F. & Carver, C. S. (1985). Optimism, coping, and health: Assessment and implications of generalized outcome expectancies. *Health Psychology, 4*, 219–247.

Schmidt, L. R. (1975). *Objektive Persönlichkeitsmessung in diagnostischer und klinischer Psychologie.* Weinheim: Beltz.

Schmitt, M. (1990). *Konsistenz als Persönlichkeitseigenschaft?* Berlin: Springer.

Schmitz, B. (2000). Auf der Suche nach dem verlorenen Individuum: Vier Theoreme zur Aggregation von Prozessen. *Psychologische Rundschau, 51*, 83–92.

Schumann, S. (2005). *Persönlichkeit. Eine vergessene Größe in der empirischen Sozialforschung.* Wiesbaden: Verlag für Sozialwissenschaften.

Schütz, A. (2003). *Psychologie des Selbstwertgefühls (2. Aufl.).* Stuttgart: Kohlhammer.

Schwartz, S. H. (1992). Universals in the content and structure of values: Theoretical advances and empirical tests in 20 countries. *Advances in Experimental Social Psychology, 25,* 1–65.

Schwartz, S. H. (2006). *Basic human values: An overview.* Jerusalem: The Hebrew University of Jerusalem.

Schwartz, S. H. & Boehnke, K. (2004). Evaluation the structure of human values with confirmatory factor analysis. *Journal of Research in Personality, 38,* 230–255.

Sedlmeier, P. & Renkewitz, F. (2008). *Forschungsmethoden und Statistik in der Psychologie.* München: Pearson Studium.

Seiffge-Krenke, I. (1985). Die Funktion des Tagebuchs bei der Bewältigung entwicklungspsychologischer Probleme im Jugendalter. In R. Oerter (Hrsg.), *Lebensbewältigung im Jugendalter* (pp. 131–159). Weinheim: Edition Psychologie.

Shavelson, R. J., Hubner, J. J. & Stanton, G. C. (1976). Validations of construct interpretations. *Review of Educational Research, 46,* 407–441.

Shoda, Y., Mischel, W. & Wright, J. C. (1994). Intraindividual stability in the organization and patterning of behavior: Incorporating psychological situations into the idiographic analysis of personality. *Journal of Personality and Social Psychology, 67,* 674–687.

Silva, P. A. & Stanton, W. (1996). *From child to adult: The Dunedin study.* Auckland: Oxford University Press.

Small, B. J., Hertzog, C., Hultsch, D. F. & Dixon, R. A. (2003). Stability and change in adult personality over 6 years: Findings from the Victoria longitudinal study. *Journal of Gerontology, 3,* P166–P176.

Smillie, L.D. (2008) What is reinforcement sensitivity? Neuroscience paradigms for approach avoidance process theories of personality. European Journal of Personality, 22, 359–384

Snyder, M. (1987). *Public appearance/private realities: The psychology of self-monitoring.* New York: Freeman.

Snyder, M. & Kendzierski, D. (1982). Acting on one's attitudes: Procedures for linking attitudes and behavior. *Journal of Experimental Social Psychology, 18,* 165–183.

Spranger, E. (1927). *Lebensformen: Geisteswissenschaftliche Psychologie und Ethik der Persönlichkeit* (6. Aufl.). Halle: Niemeyer.

Stern, W. (1911). *Die differentielle Psychologie in ihren methodischen Grundlagen.* Leipzig: Barth.

Stumpf, H., Angleitner, A., Wieck, T., Jackson, D. N. & Beloch-Till, H. (1985). *Deutsche personality research form.* Göttingen: Hogrefe.

Terracciano, A., McCrae, R. R., Brant, L. J. & Costa, P. T. Jr. (2005). Hierarchical linear modeling analyses of the NEO-PI-R scales in the Baltimore Longitudinal Study of Aging. *Psychology and Aging, 20,* 493–506. doi: 10.1037/0882-7974.20.3.493.

Thomae, H. (1968). *Das Individuum und seine Welt.* Göttingen: Hogrefe.

Thomae, H. (1996). *Das Individuum und seine Welt* (3. erweiterte und verbesserte Aufl.). Göttingen: Hogrefe.

Totton, N. & Jacobs, M. (2001). *Character and personality types.* Philadelphia: Open University Press.

Trzesniewski, K. H., Donnellan, M. B. & Robins, R. W. (2003). Stability of self-esteem across the life span. *Journal of Personality and Social Psychology, 84,* 205–220.

van der Linden, D., te Nijenhuis, J. & Bakker, A. B. (2010). The general factor of personality: A meta-analysis and a criterion-related validity study. *Journal of Research in Personality, 44,* 315–327.

Vansteelandt, K. & Van Mechelen, I. (1998). Individual differences in situation-behavior profiles: a triple typology model. *Journal of Personality and Social Psychology, 75,* 751–765.

Vansteelandt, K. & Van Mechelen, I. (2004). The personality triad in balance: Multidimensional individual differences in situation–behavior profiles. *Journal of Research in Personality, 38,* 367–393.

Veselka, L., Just, C., Jang, K. L., Johnson, A. M. & Vernon, P. A. (2012). The general factor of personality: A critical test. *Personality and Individual Differences, 52,* 261–264.

Vollrath, M. (2006). Personality types, Personality traits, and risky health behavior. In M. E. Vollrath (Ed.), *Handbook of personality and health* (pp. 215–233). New York: Wiley.

Vollrath, M. & Torgersen, S. (2002). Who takes health risks? A probe into eight personality types. *Personality and Individual Differences, 32,* 1185–1197.

Weber, H. & Rammsayer, T. (2005). *Handbuch der Persönlichkeitspsychologie und Differentiellen Psychologie.* Göttingen: Hogrefe.

Weir, R. C. & Gjerde, P. F. (2002). Preschool personality prototypes: Internal coherence, cross-study replicability, and developmental outcomes in adolescence. *Personality and Social Psychology Bulletin, 28,* 1229–1241.

Windelband, W. (1894). *Geschichte und Naturwissenschaft.* Straßburg: Heitz.

Wood, A. & Joseph, S. (2007). Grand theories of personality cannot be integrated. *American Psychologist, 62,* 57–58.

Woodworth, R. S. (1918). *Personal data sheet.* Chicago: Stoelting.

Zayas, V., Shoda, Y. & Ayduk, N. (2002). Personality in context: An interpersonal systems perspective. *Journal of Personality, 70,* 851–900.

Zuckerman, M., Kuhlman, D. M., Joireman, J. & Teta, P. (1993). A comparison of three structural models for personality: The Big Three, the Big Five, and the Alternative Five. *Journal of Personality and Social Psychology, 65,* 757–768.

The manufacturer's authorised representative in the EU is Springer
Nature Customer Service Centre GmbH, Europaplatz 3, 69115 Heidelberg,
Germany. If you have any concerns regarding our products, please
contact ProductSafety@springernature.com

Printed and bound by CPI Group (UK) Ltd, Croydon, CR0 4YY
27/04/2026
02097640-0008